JN063857

# 長寿ファミリー企業の
# アントレプレナーシップと
# 地域社会

## 時代を超える京都ブランド

辻田素子

編著

新評論

# まえがき

　本書は、京都を舞台に時代を超えて事業を展開してきた、革新的な長寿ファミリー企業のダイナミズムを描き出すものである。京都という地域性、各企業が属する産業、その企業風土やファミリーの価値観、経営者や一族が依拠するコミュニティーなどが複雑に絡み合って生じる革新活動の発現や継続性に注目する。

　欧米では、ファミリービジネス（同族経営）への関心が高く、スイスのビジネススクールの IMD（International Institute for Management Development）は1988年から、フランスの INSEAD（欧州経営大学院）でも1997年から、ファミリービジネスの研究や教育プログラムに注力している。かつてファミリービジネスは、経済合理性を欠いた前近代的な事業形態と見なされていたが、近年は「長期的視点での事業展開」や「迅速な意思決定」が、その強みとして評価されるようになってきた。我が国においても、ファミリービジネスを対象とする研究への関心は高まっており、講座も相次いで開設されている。

　2019年に明治大学が『ファミリービジネス MBA 講座』を上梓し、2022年4月には、関西学院大学が経営戦略研究科に「Family Business Management Program」を開設、神戸大学は経営学研究科に「ファミリービジネス研究教育センター」を設置したことなどがその一例として挙げられる。

　このように、ファミリービジネスが脚光を浴びつつあるわけだが、どちらかと言えば日本では、老舗企業、つまり「長寿企業」が早くから注目されていた。日本経済の低迷で上場企業でさえも倒産し、少子高齢化によって中小企業の事業承継問題も深刻さを増すなかで老舗企業はなぜ長期にわたって存続し得たのか、いかに事業を承継してきたのかといった問いを掲げ、先人の叡智に学ぼうという風潮が広がっている。本書は、こうしたファミリービジネス研究と老舗企業研究の交差点に立地するものである。

　我々メンバーは、顔ぶれが少しずつ異なるものの、テーマや時期によって龍谷大学の研究者を中心にグループを結成し、学内外からの様々な支援を得ながら老舗企業の事業承継や革新活動を主題とする調査に長年にわたって取り組んできた。研究拠点とする京都は長寿出現率（企業数に占める長寿企業数の割合）が全国で最も高い。行政もその価値を認め、京都府は100年以上事業を継続している企業を顕彰し、それらを組織した「京都老舗の会」を立ち上げている。

　そうした地の利を生かして、老舗企業を対象とするアンケートやヒアリングを重ねるなか、一口に「老舗」と言っても多種多様であることが改めて浮き彫りになった。挑戦意欲の高いベンチャーさながらのところもあれば、後継者不在で廃業を余儀なくされるケースも珍しくない。その成果は、松岡憲司編『事業承継と地域産業の発展——京都老舗企業の伝統と革新』（2013年）、同『京都からみた、日本の老舗、世界の老舗』（2019年）として出版されており、本書は、その老舗企業研究の続編として位置づけられる。

　老舗企業研究では、無批判に礼賛したり、直近の革新活動のみを取り上げて、歴史的な経緯や産業特性、地域特性が十分に考慮されていなかったりするものが少なくない。また、老舗企業の大半がファミリービジネスであるにもかかわらず、欧米で蓄積されてきたファミリービジネスに関する知見が十分には反映されてこなかったようにも思われる。

　こうした状況を踏まえ、本書では自戒の念も込めて、老舗企業をファミリービジネスの長寿版と捉え、研究対象を老舗企業ではなく「長寿ファミリービジネス」（以下、長寿FB）と明示した。さらに、従来の老舗研究がその対象としてきた伝統産業だけでなく、電子部品や産業機械、航空機部品といった近代産業も含めた様々な業種の革新的な長寿FBを事例として取り上げた。

　これらの長寿FBは創業以来、どのような革新をいかに創出してきたのか、革新性は世代を超えて継承されるのか、同一地域の長寿FBのなかで、企業家活動や企業家的志向性に顕著な差が生じているのはなぜか、といった具体的な議論を展開している。そこには、彼らの革新性やその方向性は、企業の発展経路や産業特性、地域特性、彼らが依拠する独自のコミュニティーなどによって規定されるのではないかという問題意識がある。

　なかでも本書が注目したのは、地域社会やコミュニティーである。長寿FBが経営危機に陥ると、地域社会が一丸となって支援する場合が少なくない。「のれん会」や「老舗の会」といった緩やかなネットワーク組織に参画している企業も多い。そうしたコミュニティーによる社会的牽制がコーポレートガバナンスの役割を果たしている可能性も指摘される。つまり、地域の様々な人や組織との「相互依存」関係が長寿性につながっているかもしれないのだ。

　ここで、我々の研究グループを紹介しておきたい。中核を担ってきたのは松岡憲司である。松岡は、風力発電の意義や可能性などの研究をライフワークとする一方、龍谷大学に着任した1999年以降、地元地域の産業構造や企業の事業活動を分析するため、現場に出向いての調査やアンケートに精力的に取り組んできた。

　松岡と本書の編者である辻田素子は、いずれも地域産業や地域経済、中小企業、イノベーションなどに強い関心があったことから、ごく自然に問題意識が共有された。国内に留まらず、イタリア、フランスといった海外の現場にも足を運び、議論を積み重ねてきた。また、老舗研究においては、「京都老舗の会」の特別会員として国内外の研究者や行政関係者との交流も深めた。そうしたなかで、地域という空間の重要性が改めて認識され、京都の長寿FBを多面的に分析するという本書の構想に思い至った。

　伊達浩憲は、自動車産業やサプライチェーン、労働問題などに造詣が深く、松岡とともに2006年に『自動車産業と生産システム』（晃洋書房）を執筆している。本書でも航空機部品や熱処理といった近代産業の長寿企業を担当し、労働組合のリーダーが中心になって再建を果たした企業事例で主導的な役割を担った。

　商法・金融法を専門とする神吉正三は、都市銀行で約10年間、業界調査・企業調査業務に専念した。本書では、その経験を生かして各企業と会社法との接点を探り、長寿FBがどのような管理・監督体制を敷いているかという視点をもち込んだ。その結果、各事例研究で、取締役会のメンバーや機能、株主構成などに言及することができた。

　白須正は、1978年から2016年まで京都市役所に勤務し、うち20年にわたって産業行政に携わった。スーパーテクノシティ推進室長、公益財団法人京都高度技術研究所（ASTEM）専務理事などを経て、産業観光局長、産業戦略監として京都経済の振興をリードした。京都市の政策を直接担ってきた当事者による深い洞察が本書に反映されている。

　神戸大学経営学研究科の原泰史は、大学や企業、官公庁などでデータサイエンスの講義や講演を精力的に行っている。我々との共同研究は、原が一橋大学に勤務していた際にスタートした。一橋大学が、100万社以上の企業情報を保有する帝国データバンクと2018年に立ち上げた「一橋大学経済学研究科　帝国データバンク企業・経済高度実証センター」（TDB-CAREE）で中心的な役割を担い、本書においても、同センターを通じて帝国データバンクから提供を受けた京都企業のデータを活用している。

　このように多彩なメンバーが集っていることから、各自が設定したそれぞれのテーマに沿って個別に調査研究にあたったという印象を与えるかもしれないが、実際には、ヒアリング先の選定段階から議論し、経営者らへのインタビューも共同で行い、その後、各企業の担当を決定している。

　各企業への最初のインタビューは2019年夏に行った。2020年春以降は、新型コロナウイルス感染症が広がるなか、オンライン方式に切り替えて、それぞれの担当者が事例分析の結果を発表する研究会を月1回以上の頻度で実施し、草稿を重ねてきた。専門性の異なるメンバーによる共同執筆の章も少なくない。

　ただ、「革新的な長寿FB」というキーワードの下、メンバーによる協働作業がどこまで機能し、多様な知見として統合できたのかどうかについては、読者の皆様からの忌憚のないご批判、ご指摘をいただきたい。

　なお、本書では、原則として敬称を略させていただいている。ご容赦賜りたい。

　6人で書き進めてきた本書だが、2022年夏、研究グループを長年にわたって統率してきた松岡憲司が病のために急逝した。彼に最終原稿の進捗状況を確認

するメールを送信した日の夕方、訃報が届いた。あまりにも突然のことで、我々は大きな悲しみと寂寥感に襲われた。だが、メンバーをつないで長寿FB研究を推進してきたことへの深い感謝の思いが本書刊行に向かう強力なモチベーションとなり、我々はその志を継ぎ、遺された原稿を結実させることができたことを記しておきたい。

2022年12月

編者　辻田素子

vi

もくじ

第6章 　**京仏壇・京仏具の(株)小堀**
　　　　——納骨壇で先陣を切る　　　　　　135

第7章 　**原点回帰のイノベーション、(株)丸嘉**
　　　　——材木商から古材のネット販売へ　　169

第11章 ▶ **金属熱処理業の(株)KOYO熱錬**
——京都が育てた製造技術を基礎に航空機部品分野に参入 255

第12章 ▶ **伸銅機の世界的メーカー、生田産機工業(株)**
——海外への事業展開 271

## 第13章 航空宇宙用ボルト・ナットの(株)寺内製作所
### ——組合主導で経営再建・第二創業 285

## 第14章 調査先9社の登記事項とこれに関する分析
### ——長寿企業は会社法をどのように活用しているか 307

# 長寿ファミリー企業のアントレプレナーシップと地域社会

## ——時代を超える京都ブランド——

本書を、松岡憲司氏の御霊に捧ぐ。

第1章

# 老舗ファミリービジネス、アントレプレナーシップ、地域社会

## はじめに

　本書は、長寿ファミリー企業（以下、ファミリー企業を「ファミリービジネス」、「FB」とも称す）のダイナミズムを扱う。日本企業の大半は、経営と所有が明確に分離していない FB である。また、特定の地域を拠点に何世代にもわたって事業を承継してきた長寿企業が少なくない。旧態依然とした長寿 FB も存在するが、新しい製品の開発、市場の開拓、ビジネスモデルの構築といった革新活動を通じて企業価値を向上させてきた長寿 FB も多く、彼らは地域経済の再生や発展の牽引役となってきた[1]。

　しかし、長寿 FB は中堅・中小規模が圧倒的多数を占め、特定の事業領域に特化する傾向が認められる。そのため、当該地域や当該事業が衰退すると突如その存続が危ぶまれるリスクに直面する。本書の目的は、FB における企業家活動のダイナミズムを、「社歴100年以上という時間軸」と「地域という空間軸」で捉え、長寿 FB の世代を超えるアントレプレナーシップ（企業家活動）と地域社会との関係性を多面的に分析することである。

　長寿 FB は、ファミリー（先祖や子孫を含む）メンバーとしての誇りや使命感といった「家」と、生活の場であり経済活動の場である「地域社会」の両面

---

[1]　世界の全企業の約9割が FB と見なされ（Aldrich and Cliff [2003]）、国や地域の経済発展に多大な影響を及ぼしてきた（Zahra and Sharma [2004]）。日本でも圧倒的多数が FB である。『ファミリービジネス白書2022年版』によると、上場企業でも49.3％（2020年度）と約半数を FB が占めている。

から大きな影響を受ける。長寿 FB の経営者や継承者は総じて、「家」からも「地域社会」からも容易には離脱できない状況に置かれてきた。

ファミリーメンバーとして生まれると、日々の何気ない生活の中で「家」や「地域社会」から期待される役割、「家」や「地域社会」への帰属意識、そこから派生する忠誠心などが育まれていく。そして、社会人になると、「家業」の継承者として事業継続に向けた諸活動に努めることが求められる。場合によっては、強いアントレプレナーシップが不可欠となるが、その実現可能性を高める、あるいは阻害する機能を「家」や「地域社会」の社会関係資本が果たし得る。つまり、長寿 FB とは、「家」と「企業」と「地域社会」が表裏一体となっている状況であると想定される。

本書では、従来あまり議論されてこなかった「地域社会」の側面に焦点を当てる。我々はこれまでの研究で、同一地域、同一業種の長寿 FB でも、企業家的志向性や利用できる諸資源、企業家活動の成果は実に様々であるという事実を繰り返し目の当たりにしてきた（松岡編 [2013、2019]）。

長寿企業の倒産、廃業も目立つ。世代を超えたアントレプレナーシップが十分に機能しているとは言い難い。特定地域の特定産業に属する長寿 FB にも明暗があり、革新活動を通じて寿命をさらに伸ばす企業もあれば、倒産、廃業などで姿を消す企業もある。つまり、長寿 FB と「家」および「地域社会」の関係性を多面的に分析するには、異なる地域の長寿 FB を比較するだけでなく、同一地域を対象に、業種の異なる「優良」な長寿 FB を分析するとともに、当該業界の動向や同業の長寿 FB も検討する必要があるということだ。

そこで本書は、京都という地域を対象に、そこに立脚する長寿 FB の革新的な志向や活動に、どのような地域要因が、いかなる論理で、どのような影響を及ぼしているのかについて考察する。本書全体を通じて取り組むのは、以下の三つを中心とした疑問の解明である。

　①革新的な長寿 FB にはどのような特徴が認められるのか。
　②アントレプレナーシップや変化への適応力はいかに醸成、継承されてきたのか。
　③アントレプレナーシップや適応力を規定する要因は何か、地域の歴史や社

会・文化（帰属意識、価値観、規範、慣行など）、制度（教育、労使関係、公的支援など）、企業を取り巻くコミュニティーやネットワークはどのような影響を与えてきたのか。

　これらを踏まえて、京都という同一地域で業種の異なる長寿 FB を分析対象とし、彼らが属する業界の盛衰にまで分け入ることで、当該企業がなぜアントレプレナーシップを発揮し、存続できたのかについても浮き彫りにする。

　革新的な長寿 FB の研究にあたっては、京都市が2002年に中小企業の支援育成策として始めた「オスカー認定制度」に着目した。この制度は、企業が策定した革新的な事業計画を評価し、その実現に取り組む企業を継続的に支援する仕組みである。アメリカ映画界最高の栄誉とされるアカデミー賞にちなんだ「オスカー」との命名には、認定を受けること自体が企業の名誉となり、当該企業が地域の模範的企業となることへの期待と敬意が込められている。

　本書では、オスカー認定企業は革新性に関して一定の「お墨付き」を得た企業であると判断し、オスカー認定の長寿 FB を革新的な長寿 FB として分析している。分析にあたっては、民間信用調査会社、帝国データバンクの企業データを活用し、オスカー認定長寿 FB の特徴を定量的に明らかにしたうえで、伝統産業企業、近代産業企業、伝統産業から近代産業に転じた企業を研究事例とする。

## ❶ 長寿ファミリービジネス

　ファミリービジネス（FB）とは何か。統一された定義があるわけではない。ファミリービジネス学会編［2016］では、「創業家の一族がその企業の所有あるいは経営に携わる企業」（21ページ）と定義している。ただ、創業家に限る必要はあるのか。所有か経営のいずれか一方に携わるだけでよいのか。「携わる」といっても様々なレベルがあるが、どのレベル感を意味しているのか。論者によって見解はそれぞれだろう。

　本研究では、前述したように、創業家の一族が所有し、かつ経営している企

業を FB とする。長寿企業に関しても明確な定義はないが、創業後100年以上
経過している企業を「長寿」とし、「長寿 FB」とは、創業家の一族が100年以
上にわたって経営し、所有してきた企業を指す。FB が非 FB と決定的に異な
るのは、「ファミリー」が「企業」の中に埋め込まれている点にあり、それか
ら派生する FB の特性が様々な視点で議論されてきた。

　その一つが、コーポレートガバナンスに関するエージェンシー理論である。
FB は株主（依頼人、プリンシパル）と経営者（代理人、エージェント）が一
致しているため、依頼人と代理人の利害不一致に伴う費用や解消のための費用
が生じない。株主による制約を受けないため、長期的な視点に立った経営や大
胆な戦略の採用も可能である。経営者の暴走や優秀な経営者をファミリーメン
バーから輩出し続けられるかどうかといった懸念はあるが、長期的志向は FB
の大きな強みである。

　他方、経営者の自己利益追求を前提としないスチュワードシップ理論は、依
頼人の意図に沿って行動をするよう経営者が動機づけられているとする。FB、
とりわけ長寿 FB の経営者は、先祖や子孫の意図を汲み、企業存続のために最
善を尽くす。駅伝ランナーとして、自分の区間で果たすべき役割を考え、懸命
に「襷をつなぐ」というのである。

　FB には容易に模倣できない希少な資源があるとの立場は、資源ベース理論
に立脚している。その代表とも言えるのが「ファミリー性（familiness）」である。
Pearson et al.［2008］は、ファミリー性を「ビジネスにおける家族の関与と相
互作用に特有の資源と能力（resources and capabilities that are unique to the family's
involvement and interactions in the business）」（p.949）と説明する。

　ファミリー性は、家族と企業の結合による結果であり、企業固有のアイデン
ティティを生み出すことができる。こうした社会関係資本は FB にとって重要
な資源である。家族内および家族外の人や組織との信頼関係やネットワークの
多寡が、企業の競争優位を左右しうる。

　そして、「社会情緒資産（social-emotional wealth: SEW）」理論の論者が強調
するのは、FB は非財務的・情緒的効用の追求に動機づけられているという点
である（Gomez-Mejia et al.［2007］）。社会情緒資産とは、ファミリーアイデンテ

ィティ、管理、調和、企業の存続、名声、企業名、ブランド名、家名などを意味している。経済合理性を第一義とする非FBに対し、FBの経営者は、自らのアイデンティティと企業および家が混然一体となっている。そのため、ビジネスにファミリーメンバーとしての個人的感情が入り込んでくる。FBの経営者はビジネスを通じて得られる非財務的価値を重視し、社会情緒資産の損失を極度に恐れ、それが維持されるかどうかに高い優先順位を置いているとする。

　Gomez-Mejia et al.［2011］は、社会情緒資産に基づいて行動するFB企業の経営パフォーマンスがどのような要因によって規定されるかを整理し、社会情緒資産が、「管理プロセス（management process）」、「戦略的選択（strategic choice）」、「組織的ガバナンス（organizational governance）」、「ステークホルダーとの関係（stakeholder relationships）」、そして「ビジネス・ベンチャリング（business venturing）」に影響を与え、それが経営パフォーマンスの良し悪しを左右するという枠組みを提示した。

　FBは、後継者育成、専門化、人事管理などの管理プロセスで、非FBと異なる可能性がある。また、戦略的な意思決定において、FBはそれぞれ独自の選好（例えば、「企業を大きくしない」など）を有し、それを企業経営の指針にしているケースが少なくない。取締役会のメンバーや株の所有者といったガバナンス（統治）も、FBと非FBでは異なる。

　一般的にFBは、経営者の在職期間が非FBに比べて格段に長く、非ファミリーメンバーへの株式売却に対して否定的である。株主、従業員、顧客、地域社会といった数多くのステークホルダーに対してもFBは、家族、地域社会といった特定のステークホルダーを重視する傾向にある。起業や新規事業創出における家族の役割も軽視しえない。通常、FBでは、経営者一族の間で経営に関与し続けることが合意されている。

　もっとも、社会情緒資産は、FBのアントレプレナーシップに対して積極的な側面と消極的な側面の二面性をもっている。Miller and Breton-Miller［2014］は、後継世代を意識した長期的繁栄を優先事項とする社会情緒資産と現世代を優先させる社会情緒資産を区別し、前者を「拡張的社会情緒資産（extended SEW）」、後者を「限定的社会情緒資産（restricted SEW）」と呼んだ。

　企業の存続、繁栄を望む拡張的社会情緒資産では、人やモノへの投資に積極的で、多様な利害関係者とのつながりのなかで事業を展開するが、限定的社会情緒資産では身近なファミリーメンバーの短期的利益が追求されるため、リスク回避的で閉鎖的な組織となりがちである。よって、企業の存続、発展可能性も低くなる（20ページの**図1−1**参照）。

　ここまでの議論を踏まえると、FBと革新性との間に一貫した法則性を認めることは困難である。革新的なFBもあれば、そうでないFBも存在する。例えば、市場が安定的であれば、安全に襷をつなぐためにリスクを回避するが、市場が壊滅状態に陥れば襷をつなぐためにリスクをとるFBが増えるかもしれない。また、地域社会や取引先、同業者といった世間の評価を気にして大胆な挑戦ができない状況が想定される一方、短期的利益を求める株主の声を聞く必要がないため、長期的視点で大規模な投資を行うこともできる。

　革新的な経営者によって事業が継承されている場合は、「革新的であれ」との価値観やそのノウハウが共有され、後継者が革新活動を志向する可能性が高くなるかもしれないが、変化を好まない経営者によって襷を託された場合は、その後継者が新しいことに挑戦するハードルは高くなるだろう。

　このようにFBの革新性は、「組織文化」（Habbershon and Pistrui［2002］）、「世代の関与」（Kellermanns and Eddleston［2006］）といった内的要因と企業を取り巻く環境といった外部要因に規定されると推察される。

## ❷ アントレプレナーシップ

　長寿FB研究において近年盛り上がりを見せているテーマの一つが、企業の革新性を規定する「企業家的志向性（entrepreneurial orientation: EO）」であり、世代をまたいで継承される「世代を超えた企業家活動（transgenerational entrepreneurship）」である。その分析にあたっては、ファミリーが創業以来蓄積してきた様々な資源や能力の束であるファミリー性、社会関係資本、社会情緒資産といった枠組みが提示されている。

## （1）企業家的志向性（Entrepreneurial Orientation :EO）

事業環境が大きく変化するなかで企業が長期にわたって生き延びるためには、事業の再構築などに取り組み、価値を創出し続ける必要がある。つまり、企業家的志向をもち、自らを変革する能力が求められる。

企業家的志向性（EO）とは、企業家活動を主導する戦略的な姿勢を意味している（Miller［1983］、Lumpkin and Dess［1996、2001］）。江島［2018］は、「新たな価値を生み出す戦略行動の型」（42ページ）、「企業家活動を通じて、経営成果を高める戦略エンジン」（同）などと記し、中小企業の存続・発展のカギと主張する。

EO を構成する要素として、Lumpkin and Dess［1996、2001］が五つのモデルが提示している。彼らは、Miller［1983］や Covin and Slevin［1989、1991］による、革新性（innovation）、積極性・先駆性（proactiveness）、リスクテイク（risk taking）をベースに、競争的攻撃性（competitive aggressiveness）と自律性（autonomy）を追加した。

革新性とは、現状に満足せず、新製品の開発やサービスの提供、新市場の開拓、新しい事業モデルの構築といった未知の領域に挑戦する行動や能力を示す。積極性・先駆性は、新しい機会をつかもうとする企業努力を指し、競争に先駆けての新製品やサービスの導入、将来の需要を見越しての行動などが含まれる。そして、リスクテイクは、新たな市場への参入、不確実性の高い案件への大規模な投資といった、大胆な行動に踏み出す傾向を示している。

競争的攻撃性は、業界のライバルをしのぐための企業努力の強さを反映したもので、戦闘姿勢とライバル企業への強力な対応を特徴とする。自律性とは、「ビジネスのコンセプトやビジョンを導き出し、それを完成させる際の個人またはチームの独立した行動」（Lumpkin and Dess［2001］p.431）を意味し、プロセス全体を通して、独立して重要な決定を下し、実行できるだけの能力と意思があるかどうかが問われている。

長寿 FB の EO は、全次元がすべて一貫して高レベルにあるわけではない。アントレプレナーシップが中・低レベルでも企業の長期存続は可能で、企業の

長期的成功には EO の経時的適応が必要となる（Zellweger & Sieger［2012］）。

## （2）世代を超えた企業家活動／企業家的志向性

　長寿 FB 研究では、企業家的志向性の世代間連鎖も大きなテーマで、世代を超えた企業家活動（transgenerational entrepreneurship）という概念が提唱された。Zellweger et al.［2012］は、企業家的志向性（態度）とファミリー性（資源と能力）の相互作用が FB の経営パフォーマンスに影響を与え、それが世代を超えた価値創造につながり、企業が長期繁栄する可能性を示唆した。

　世代を超えた企業家活動とは、「家族が、世代を超えて、企業家的、財務的および社会的価値の新しい流れをつくるために、企業家の考え方と家族の影響を受けた能力を使用し開発するプロセス」[2]とされる（Habbershon et al.［2010］p.1）。

## （3）企業家レガシー

　では、企業家的志向性はいかに継承されるのか。そこで重要な役割を担うとされているのが「企業家レガシー（entrepreneurial legacy）」である。それは、「過去の企業家の業績や復元力を修辞的に再構築した家族の物語（the family's rhetorical reconstruction of past entrepreneurial achievements or resilience）」（Jaskiewicz et al.［2015］p.30）と定義される。Jaskiewicz et al.［2015］は、企業家レガシーが、現世代および次世代の経営者が企業家活動を行う重要な動機になっていると指摘する。レガシーを伝える手段としては、物理的オブジェクト、書籍、絵画などの有形資産と、ストーリーテリング、イベント、儀式、知識と能力のストックなどの無形資産が挙げられる。

　現世代や次世代の経営者は、過去の顕著な成功や危機的状況からの復興といった自社の歴史を学ぶことによって企業家的志向性に意味を見いだせるようになり、企業家活動が動機づけられる。FB の初期段階の価値観や行動ルールが刷り込まれ、世代を超えた企業家精神が育まれる（または抑制される）という論理である。

　しかし、これだけでは、後続世代の新しい企業家活動の出現を十分には説明

できない。FB の未来予測が企業家レガシーと一致する場合、既存ストーリーが継承されるが、対立する場合には特定ストーリーの省略や再解釈などが行われうる（Barbera et al.［2018］）。

企業家レガシーは解釈・再解釈の継続的プロセスであり、「将来予測」、「期待未来」に影響を受ける。また、長寿 FB は、世代をまたぐ継続的な学習が行われる場ともみなすことができ、ファミリーメンバーによる積極的な学習が企業家活動の促進に寄与する可能性もある（Clinton and Gamble［2019］）。

ところで、長寿 FB において、伝統と革新は対立するものではない。伝統には、変化への制約と競争優位の源泉といった二面性がある。そのため、「伝統への固執」も「単なる革新」も競争力の喪失につながりかねない。革新的な長寿 FB を見ていると、伝統は長寿 FB の革新にとって重要な資産であり、革新は伝統を守るための手段となっている。つまり、革新的な長寿 FB では、革新のために過去（伝統）が呼び出され、伝統のために革新が追求されている（De Massis et al.［2016］、Kammerlander et al.［2015］）。

## ❸ 京都を選んだ理由

数多くある地域のなかで、本書は「京都」を研究対象としている。以下では、その理由について説明したい。

### （1）老舗出現率1位の京都

日本には、100年、200年と続く長寿企業が多い（**表1−1**参照）。日経 BP コンサルティング・周年事業ラボの調査によると、世界には創業100年以上の企業が7万4,037社を数え、その半数以上が日本企業だという。創業200年以上に絞ると2,129社と激減するが、1位はやはり日本（1,388社）で、その比率は65.2％まで上昇する。日本が「老舗大国」と呼ばれる所以である。

---

⑵ "the processes through which a family uses and develops entrepreneurial mindsets and family influenced resources and capabilities to create new streams of entrepreneurial, financial and social value across generations"

表1−1　老舗企業の国別ランキング

| 順位 | 創業100年以上 | | | 創業200年以上 | | |
|---|---|---|---|---|---|---|
| | 国 | 企業数 | 比率（%） | 国 | 企業数 | 比率（%） |
| 1 | 日本 | 37,085 | 50.1 | 日本 | 1,388 | 65.2 |
| 2 | アメリカ | 21,822 | 29.5 | アメリカ | 265 | 12.4 |
| 3 | ドイツ | 5,290 | 7.1 | ドイツ | 223 | 10.5 |
| 4 | イギリス | 1,984 | 2.7 | イギリス | 81 | 3.8 |
| 5 | イタリア | 1,182 | 1.6 | ロシア | 38 | 1.8 |

出典：日経 BP コンサルティング・周年事業ラボ（2022）「2022年版100年企業（世界編）」。
注：日本企業の集計は、帝国データバンクの COSMOS2収録の企業情報（100年企業の算出は
　　2022年8月時点で創業・設立いずれかが100年を超えている企業。200年企業は同条件で200
　　年を超えている企業）、海外企業の集計は、ビューロー・ヴァン・ダイク社の orbis の企業情
　　報（2022年9月調査）による。

　では、その日本で長寿企業が多い地域はどこか。民間信用情報会社の帝国デ
ータバンク［2019］によると、創業100年以上の企業が多いのは、東京都（3,363
社）、大阪府（1,909社）、愛知県（1,758社）である[3]。京都府（1,403社）は、
東京都や大阪府に及ばないが、全企業に占める長寿企業の割合（老舗出現率）
は4.73％で最も高い。企業の永続性を語る場合、日本、そして京都には「一日
の長」があると言えるだろう[4]。

## （2）京都企業の革新性

　京都企業の革新性についてはこれまで繰り返し議論されてきた（末松［2002］、
蒲田［2006］、村山［2008］、北・西口［2009］、川北・奥野［2015］、財部［2015］、
徳賀［2016］）。その多くが好んで取り上げるのは、「京セラ」、「日本電産」、「村
田製作所」、「任天堂」といった日本を代表するとも言える大企業である。

　個性的な高収益企業がなぜ京都に集まっているのか。彼らはなぜ世界に存在
感を示し続けられるのか。共通する特性は何か。一連の著作は、京都のユニー
クな大企業に魅了され、その秘密を解明したいという誘惑に駆られたものであ
り、エッセイから本格的な研究書まで多岐にわたる。

　末松［2002］は、そうした京都企業の共通項目として、①系列を否定し、自
主独立路線を貫き、自己資本比率が高い、②最終製品にこだわらず、一つの技

術に特化している、③その市場で、あらゆる企業とオープンな取引を有し、高いシェアを握っている、の３点を挙げている。

また、京都で成長・発展した企業のダイナミズムに着目した北・西口［2009］は、京都の風土や歴史あるいは京都人気質などを背景に醸成されてきた永続性重視の経営手法、高い技術水準、高付加価値の追求、希少価値性、個性化志向、堅実経営といった特性を挙げ、そうした特性の企業を「京都モデル」と呼んだ。世界的な京都企業にも、京都の長寿企業と類似の価値観や商法が認められるというのである。

京都の長寿企業を取り上げたものも増えてきた。竹原［2010］は、「ほんものの京都企業」として、京都を代表する非上場の長寿企業７社（イシダ、タキイ種苗、龍村美術織物、福寿園、松栄堂、月桂冠、鶴屋吉信）を取り上げ、なぜ何百年も愛され続けているのかに迫り、塩見［2018］は、京都の長寿企業を多数紹介しながら、ファミリーで後継者を育成し、時代の変遷に対応しながら伝統を紡いできた京都の長寿企業の秘訣に言及している。

我々のグループも、『事業承継と地域産業の発展──京都老舗企業の伝統と革新』を2013年に、『京都からみた、日本の老舗、世界の老舗』を2019年に刊行した。前者は、中小企業の課題とされる事業承継のお手本として長寿企業に光を当て、事業承継と経営革新の関係を検討した。長寿企業といってもその繁

---

(3) 全国レベルで、老舗の多い業種は、貸事務所（894社）、清酒製造（801社）、旅館・ホテル（618社）である。貸事務所が多いのは、主業が衰退するなかで、自前の土地にオフィスビルなどを建て、賃料収入を得る企業が増加しているためである。企業規模に関して言えば、「年商１億円未満」が13,786社で最も多く、「年商１億〜10億円未満」が僅差の12,986社で続く。両者を合わせると全体の80％を超えており、規模の小さなFBが長寿企業の圧倒的多数を占めていることが分かる。とはいえ、老舗企業の出現率は「年商500億円以上」が15.05％で最も高い。「年商１億円未満」が1.69％、「年商１億〜10億円」は2.43％に留まる。年商規模が大きい企業ほど、長寿企業の割合は高くなっている。企業規模が大きく、経営資源に余裕があると、災害をはじめとするリスクへの準備も、直面時の対応力も高くなると推察される。

(4) なお、入稿後に帝国データバンクが公表した2022年８月時点の調査によると、創業100年以上の企業は全国で４万409社を数えた。全国の老舗出現率2.54％に対し、京都府は5.15％で、唯一５％を超えている。同調査は、市区群別老舗出現率も発表しており、京都府内では、京都市の東山区（16.49％、１位）、上京区（11.60％、３位）、下京区（10.40％、５位）、中京区（9.85％、６位）がトップ10入りしている。

盛度合いはまちまちで、繁盛企業では新事業の展開や事業領域の再定義に取り組む企業が目立ち、後継者難とは程遠い傾向にあった。

　後者では、京都の長寿企業にも、伝統重視、革新重視といった複数の類型があり、革新に対して積極的か消極的かという姿勢は「社風」としてそれぞれの企業に定着し、世代を超えて継承される傾向が強いことを明らかにした。また、先に述べた「企業家的志向性の世代間連鎖」が京都の長寿 FB にも認められた。同書では、京都の長寿企業の特徴が京都固有のものなのかどうかを検討するため、比較対象として、東京、金沢、イタリアなどの長寿企業も取り上げている。

　このように、京都企業や京都の長寿企業の革新性に関する研究は蓄積されつつあり、京都の歴史や文化、コミュニティーといった地域要因が繰り返し指摘されてきた。世界的なハイテク企業と伝統産業の共存に着目する村山［2008］は、リチャード・フロリダの「クリエイティブ・クラス」という概念に賛同し、従業員のモチベーションを高める独特のマネジメント、付加価値の高い製品を生み出す開発力、事業継続のための革新活動などの背景にはクリエイティブ都市としての京都があるという。

　論者によって、「京都企業としての DNA」、「京都の地の利」、「京都地域の固有価値」などとその表現は異なるが、京都という地域がそこに立脚する企業に及ぼしている影響は、いくら強調しても強調しすぎることはないと推察される。

## （3）京都の長寿ファミリービジネスと地域社会

　既述の通り、長寿企業の出現率は京都が全国トップである。そうした京都の特性を踏まえ、地元自治体も早くから長寿企業を評価してきた。京都府は、堅実に家業の理念を守り、伝統の技術や商法を継承し、他の模範となってきた創業100年以上の企業を「京の老舗」として1968年から顕彰している。「家業の理念」という表記があることから、単なる長寿企業ではなく、長寿 FB を意識していることがうかがえる。

「京の老舗」の顕彰は京都府開庁100年を記念して始めた制度で、これまでに2,001社（2022年３月現在）が表彰されている。長寿 FB の研究を通じて事業の継続に価値を置く京都ならではの企業モデルを創出したいと、2012年には「京

都老舗の会」も発足している。

　このように京都府は、早くから地域挙げて長寿企業を評価し、支援してきた。また、数多くの長寿企業を輩出している伝統産業分野では、高度に発展した社会的分業に組み込まれることで存立している企業が少なくない。

　京都大学経営管理大学院・特定非営利活動法人アントレプレナーシップ開発センター・大阪商工会議所［2011］が大阪と京都の長寿企業を比較したところ[5]、経営者の地域社会への意識は両地域で顕著な違いがあった。「今の地域で創業していなければ、商売は成功しなかったか」という設問に対し、京都府の長寿企業は、「大いにそう思う」もしくは「そう思う」の回答が55.6％と過半を占めたが、大阪府の長寿企業では34.3％に留まった。自らが立脚する地域の重要性を京都企業は強く認識しており、地域社会という社会関係資本が京都企業の長寿化を促進している可能性が示唆される。

　京都府が編纂した700ページを超える大著『老舗と家訓』（1970年）の中でも、自己革新、人材養成とともに地域への責任が指摘されている。

> 　老舗はつねに地域社会への奉仕を心がけるべきであろう。京都における老舗はひとり自らの歴史と伝統を誇るだけで［はなく］、それが地域社会の恩恵によるものであることを忘れてはならない。（京都府編［1970］669ページ、［　］内は筆者補足）

　京都の長寿企業の経営者は、地域社会との共存の重要性を長年にわたって意識し続けてきたことがうかがえる。

## ❹ 研究のアプローチ

　長寿FBといっても、変化をいとわない革新的な企業から伝統を墨守する保守的な企業までその顔ぶれは実に多彩である。今回は、長寿FBの革新性やア

---

(5)　京都府および大阪府に本社を置き、創業100年以上企業2,540社を対象にアンケート調査を実施し、323社から回答を得た。

ントレプレナーシップに着目し、そうした企業特性がいかに醸成、継承されて
きたのかに焦点を当てる。どのような内的および外的要因が、企業の革新性や
アントレプレナーシップを醸成してきたのか。また、そうした企業特性はいか
に継承され、進化していくのか。本書はこうした側面を検討するが、特に注力
するのが地域社会との関係性である。

　長寿 FB を革新性やアントレプレナーシップの視座から分析したものとして
は、曽根秀一による『老舗企業の存続メカニズム』(2019年) がある。「金剛組」
や「竹中工務店」といった宮大工を祖業とする超長寿 FB を対象に、創業から
現在に至る歴史的変遷を分析し、存続・衰退メカニズムを議論している。経営
学、経営史学のスタンスから書かれた大著だが、当然、地域に対する視点はあ
まり強くない。

　長寿 FB のアントレプレナーシップと地域社会に関する研究として、山田編
[2020] がある。同書は、取引関係者や地域関係者が果たしている役割の重要
性を指摘し、以下のように結論づけている。

　　地域を拠点として長く存続するファミリービジネスは、創業者の理念と
　重代の事業活動を通じて、地域との相互作用の中で形成してきた社会情緒
　的資産を保持し、それが制御要因となって「利益よりも存続」「競争より
　は共存」という基本戦略の下でファミリーアントレプレナーシップを発揮
　する。(山田編 [2020] 186ページ)

　中山大学の李新春も『日本百年老店──日本の老舗：伝統と革新の再発見』
の中で老舗企業を「伝統と地域が組み込まれた組織」と表現し、「長寿企業は、
基本的に特定地域環境と資源賦存の下で成長しており、地区の伝統と文化に深
く根をおろしている」(52ページ) と強調する。

　彼は、月桂冠が本社を構える京都・伏見（清酒）、福寿園の宇治（お茶）、香
蘭社の有田（焼き物）などを例に特定地域の天賦資源、産業の歴史、産業集積、
企業と地域社会の関係性などに着目し、伝統による革新は歴史と地域文化の中
に組み込まれていると指摘する。

　本書は、彼らと問題意識を共有しつつ、長寿FBの地域社会への埋め込みは当該企業あるいは当該産業に限定的なのか、それとも同一地域の他の長寿FBにも広く認められるものなのかを、京都という地域に限定して分析する。その際、個別企業の経営分析に留まらず、当該企業が属する業界史にも踏み込む。

　京都という地域の立地特性や各企業が属する産業特性といったマクロレベルの分析、個別企業のガバナンスや経営戦略といったミクロレベルの分析、さらに、その両者をつなぐメゾレベルの分析として、長寿FBやファミリーメンバーが属するコミュニティー（異業種交流グループ、サプライチェーン、同窓会、町内会、ボランティア組織など）に着目する。そして、経営者の地域への愛着、貢献意識と同時に、地域にある活用可能な諸資源、つまり社会関係資本が企業の革新活動や存続に及ぼす影響についても議論を深める。

　本書は、以下の三つのレベルを意識している。

①**地域**——当該企業および当該企業が属する産業の盛衰と地域との関係を考える。京都という地域（地域社会）はどのような影響を与えているのか。

②**産業**——当該企業の盛衰を当該企業が属する産業との関係で考える。産業が衰退するなか、当該企業はなぜ存続・発展できたのか。同業他社との違いは何か。

③**企業**——当該企業の革新活動では、どのような資産がいかに活用されたのか。アントレプレナーシップはいかに醸成され、継承されているのか。

　この三つの視点を導入することで、各企業のアントレプレナーシップに及ぼした企業固有の要因、産業固有の要因、地域固有の要因を浮き彫りにしていく。

## （1）調査対象と調査方法

　本書が革新的な長寿FBとして分析したのは、先に述べた通り、地元自治体が事業計画の革新性を評価し、その実現を支援してきた中小企業である。具体的には、京都市が2002年に始めた「オスカー制度」に基づいて認定を受けた企業のうち、100年以上の歴史を有する企業を「長寿企業」、それ以外を「非長寿企業」と分類した。

　オスカー認定企業には、創業者が牽引する「一代目企業」や同族経営でない企業も含まれているが、「長寿企業」ではほぼ9割が同族で承継していたことから、オスカー認定「長寿企業」の特性は、革新的な長寿FBの特性と重なる部分が大きいと想定してもあながち的外れではないだろう。

　研究にあたっては、民間信用情報会社の帝国データバンクが有する企業データを活用し、オスカー認定長寿企業の特徴を定量的に明らかにした。そのうえで、西陣織、電子部品、産業機械といった異なる業種の企業9社を選び、各企業のアントレプレナーシップや地域社会との関係性などを定性的に分析した。「ファミリーの企業家的志向性」、「世代を超えた企業家活動」、「ファミリー性」は、創業時にまで遡って検討する必要がある。データの収集にあたっては、当該企業の経営者らへインタビューを実施したほか、必要に応じて同業他社や業界団体なども訪問し、業界の動向や当該企業の立ち位置などに関する情報を得た。また、企業や業界の沿革に関しては社史や業界史なども活用している。

　事例分析9社の内訳は、伝統産業が3社、近代産業が4社、伝統産業から近代産業に転じた企業が2社である。業種が異なるだけでなく、革新の内容も新技術、新市場、新ビジネスモデルなど多岐にわたる[6]。

　京都という同じ舞台で、また、西陣織や電子部品といった同じ業界で、数多くの企業が事業を展開してきたが、倒産、廃業などで姿を消した企業も少なくない。そうしたなかで、今回取り上げる企業は、業種、業態を変えながら代を重ねてきた。彼らは世代を超えて事業を継承するなかで「革新的な企業」として評価されるに至ったのである。

　彼らと平均的な同業者とは何が異なっていたのか。社会情緒資産、企業家的志向性、ファミリー性などの面でほかの企業と明確な違いがあったのだろうか。

　特定地域を対象に個別企業のケースを過去に遡って詳細に分析することによって、当該企業の革新性やアントレプレナーシップがいかに醸成され、また継承されていったのか、どのような資源がいかに活用されたのかが明らかになる。さらに、そうしたケースを積み重ねることで、当該地域の革新的な長寿FBに共通する論理が析出できる可能性がある。将来的には、同様の手法で他地域の革新的な長寿ファミリー企業を分析すれば、企業が立脚する地域性がより鮮明

になると考えられる。

## （2）分析枠組み

　すでに何度も述べてきたが、本書全体を通じて試みるのは、革新的な長寿FBのアントレプレナーシップと地域社会との関係性の解明である。もっとも、現実社会においては様々な要因が複雑に絡み合っており、地域社会の要因だけを切り取ることは困難である。そのため、ケースとして取り上げる企業については、関連データを過去に遡って収集し、以下に示す三つの問いかけに対する解を導出する。その結果として、各企業の地域社会に対する認識や地域社会が果たしている役割などを浮き彫りにしていきたい。

　①事業環境が変化するなかで、革新的な長寿ファミリー企業はどのような目標を掲げ、いかなる使命を認識していたのか。

　②革新的な長寿FBのファミリー性および企業家的志向性は、いかに蓄積され、また継承されてきたのか。その際、どのようなレガシーがいかに解釈あるいは再解釈され、いかなる企業家活動がとられてきたのか。

　③企業家的志向性とファミリー性は、企業の（1）管理プロセス、（2）戦略的選択、（3）組織的ガバナンス、（4）ステークホルダーとの関係、（5）ビジネス・ベンチャリングなどにどのような影響を与えているのか。その結果として、どのような企業パフォーマンスが得られたのか。

　なお、こうした問いかけは、Habbershon et al.［2010］が提示する世代を超えた企業家活動の分析枠組みに依拠した、次の前提に基づいている。

　社会情緒資産は、企業家的志向性およびファミリー性と、相互に影響を及ぼしあい、さらに、企業家的志向性とファミリー性も相互に深く関与している。そして、この両者が企業のパフォーマンスを規定し、それが世代をまたぐアントレプレナーシップにつながっていく。

(6)　国レベルでの革新的企業認証としては、経済産業省が選ぶ「グローバルニッチトップ企業」、「地域未来牽引企業」がある。9社のうち2社（生田産機工業、西村陶業）が地域未来牽引企業に選ばれている。

20

図1-1 革新的長寿FBのアントレプレナーシップをテーマとする本書の分析枠組み

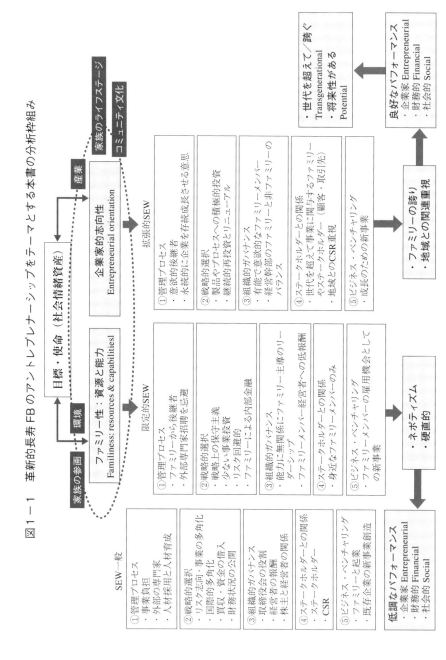

　企業家的志向性およびファミリー性が企業パフォーマンスをいかに規定するかについては、Gomez-Mejia et al.［2011］が社会情緒資産の概念モデルで提示している管理プロセス、戦略的選択、組織的ガバナンス、ステークホルダーとの関係、ビジネス・ベンチャリングの5項目を援用した。

　社会情緒資産の二面性については、Miller and Breton-Miller［2014］を参照している。**図1-1**に、本研究における分析枠組みの全体像を示しておく。

## ❺　本書の構成

　京都の長寿FBはその沿革から、創業以来伝統産業を担ってきた企業（伝統産業型）、近代産業でスタートした企業（近代産業型）、さらに「任天堂」のように伝統産業から近代産業に転じた企業に分類できる[7]。次章ではまず、その背景となる京都の産業史を概観する。

　続く第3章では、帝国データバンクの企業データを基に、京都の長寿FBの特徴を整理する。また、革新的企業を支援育成する京都の公的支援体制を叙述し、本章の研究対象であるオスカー認定制度がどのような目的を掲げ、いかに運用されてきたのかについても説明する。さらに、オスカー認定された企業にはどのような特徴があるのか、同じオスカー認定企業でも長寿か非長寿かといった社歴による違いはあるのかなどを考察する。

　第4章以降は、オスカー認定の長寿企業に焦点を当てた事例分析である。第4～6章では、同一業種で事業を継続してきた伝統産業型の企業3社を取り上

---

(7)　長島［2018］は、京都府が実施した3回の老舗調査（1968年、1985年、1986年）データを使って、京都市内の老舗845社の全体像を分析している。小規模企業が圧倒的多数で、不明分を除いた714社のうち、「従業員10名未満」が59.8%、「10名以上50名未満」が28.3%で、両者を合わせた「50名未満」が88.1%を占めた。また、老舗企業は、「伝統的商品・地域市場型企業」、「伝統的商品・全国市場型企業」、「近代的商品・全国市場型企業」の3タイプに分類でき、規模の小さい「伝統的商品・地域市場型企業」が最も多く、規模の大きい「近代的商品・全国市場型企業」は少ないことを明らかにした。他方、京都企業のダイナミズムに焦点を当てた北・西口［2009］は、京都企業を、創業時期によって、老舗、明治維新期の殖産興業に連動して成長した企業、戦後の好景気に下支えされた企業など五つに分類している。

げる。西陣織の「秋江」、京黒紋付染の「京都紋付」、京仏壇・京仏具の「小堀」である。これらはいずれも、経済産業大臣が指定する「伝統的工芸品」を生産してきたが、生活スタイルや価値観が変化するなかで市場は縮小している。こうした産業は日本の伝統・文化を支えている側面があり、残存者利益を享受する戦略もありうるかもしれないが、3社は新しい市場の開拓やビジネスモデルの構築といった革新活動を積極的に推進してきた。

「秋江」は現在も西陣織工業組合のメンバーで、西陣織を生産しているが、その主力は寺社仏閣関連商品を扱う商社業である。「京都紋付」は、和装の黒染めから洋装の黒染めに転じ、SDGs（Sustainable Development Goals・持続可能な開発目標）を意識したアパレルのリサイクル、アップサイクル事業を本格化させている。そして「小堀」は、納骨堂にあるアルミ製やスチール製の納骨壇を生産し、近年は既存の仏壇仏具にこだわらない、新しい「祈りの形」も提案している。

　第7章と第8章は、伝統産業から近代産業へと変化した、つまり産業の高度化に対応した企業2社に注目する。「丸嘉」の現社長は伝統的な材木商から転じ、フローリング材や古民家の古材などをインターネットを通じて販売している。江戸時代に麻糸や綿布などを商っていた「近江屋ロープ」（当時は「つな屋」）は、明治に入るとロープや綿ロープを製造販売するようになり、第2次世界大戦後は産業資材や林業機械の卸を始めた。現在の稼ぎ頭は、イノシシやサルなどの野生動物を撃退する獣害防止ネットの製造販売である。

　製造業者と需要者の中間に位置してきた問屋（卸売）業は、「中抜き」とも言われる流通経路の簡素化で苦境に陥るところが少なくないが、両社は社会課題を解決するという新しい価値の創出に取り組んだ。

　明治維新後に台頭した近代産業については第9章以降で検討する。まず第9章で、「長寿ファミリー企業の革新とコミュニティーの関係」に着目し、明治時代の京都で花開いた伸銅・電線業を取り上げた。伸銅工場の立地や動力をめぐる企業家たちの適応行動を考察し、伸銅業、電力業、電気鉄道業、電機製造業といった産業連関の形成過程を検証する。

　続く第10章以降は、そうした京都の産業連関のなかで生まれ育った企業にス

ポットを当てた。工業用陶磁器でスタートした「西村陶業」は、その生産で培った製造ノウハウを生かし、ニューセラミックスの分野に進出した。材料開発へのあくなき挑戦は同社の社風となっている。

第11章で取り上げる「KOYO熱錬」の祖業（そぎょう）は、伸銅業を支えた伸銅機械の製造である。伸銅関連の産業集積誕生の一翼を担っていた同社（当時は「杉本鉄工所」）がなぜ熱処理業に転じることになったのか、いかにしてその転換を成しえたのかなどを検証する。

第12章の「生田産機工業」も、伸銅業に関連する企業である。伏見の酒蔵を支える酒造設備などを生産していたが、1950年に伸銅設備機械の製造に乗り出し、現在では伸銅用面削装置の製造・販売で国内シェア9割を誇る。海外での評価も高く、中国、トルコに生産・販売拠点を構えている。

第13章の「寺内製作所」は長寿企業ではあるが、家族経営ではない唯一のケースである。同社は、1913年に寺内梅次郎（1886〜1959）が創業した。第2次世界大戦中は陸・海軍の指定工場としてネジ部品を製造し、9,000名超（学徒動員などを含む）が働く一大工場となったが、戦後、業績は低迷し、大企業の子会社として存続を図った。しかし、それも奏功せず、組合が中心になって大企業から独立し、再建を果たした。その過程で、創業家（寺内家）との関係も断ち切った。現在は、航空機用のネジやボルト・ナットなどを手掛けている。

詳述したこの9社について、ガバナンスの視点からまとめたのが第14章である。そして、最後に、全体を通して浮き彫りになった京都の革新的長寿FBの特徴をまとめ、革新的長寿FBのファミリー性および企業家的志向性の蓄積および継承について考察する。さらにそれらが企業の管理プロセス、戦略的選択、組織的ガバナンスなどに与えている影響や地域社会が果たしてきた役割などについて議論する。

---

## 参考文献一覧（アルファベット順）

・Aldrich, Howard. E., and Jennifer E. Cliff [2003] "The Pervasive Effects of Family on

Entrepreneurship: Toward a Family Embeddedness Perspective." *Journal of Business Venturing*, 18 (5), 573-596。

・Barbera, Francesco, Isabell Stamm, and Rocki-Lee DeWitt［2018］"The Development of an Entrepreneurial Legacy: Exploring the Role of Anticipated Futures in Transgenerational Entrepreneurship." *Family Business Review*, 31(3), 352-378。

・Clinton, Eric, and Jordan Robert Gamble［2019］"Entrepreneurial Behavior as Learning Processes in a Transgenerational Entrepreneurial Family." In Maura McAdam, and James A. Cunningham, eds., *Entrepreneurial Behaviour Individual, Contextual and Microfoundational Perspectives*, Palgrave Macmillan。

・Covin Jeffrey G., and Dennis Patrick Slevin［1989］"Strategic Management of Small Firms in Hostile and Benign environments." *Strategic Management*, 10(1), 75-87。

・Covin, Jeffrey G., and Dennis P. Slevin［1991］"A Conceptual Model of Entrepreneurship as a Firm Behavior." *Entrepreneurship Theory and Practice*, 16(1), 7-25。

・De Massis, Alfredo, Josip Kotlar, Federico Frattini, Antonio Messeni Petruzzelli, and Mike Wright［2016］"Innovation through Tradition: Lessons from Innovative Family Businesses and Directions for Future Research." *Academy of Management Perspectives*, 30(1), 93-116。

・江島由裕［2018］『小さな会社の大きな力──逆境を成長に変える企業家的志向性（EO)』中央経済社。

・ファミリービジネス学会編［2016］『日本のファミリービジネス──その永続性を探る』中央経済社。

・ファミリービジネス白書企画編集委員会編［2021］『ファミリービジネス白書2022年版──未曾有の環境変化と危機突破力』白桃書房。

・Gomez-Mejia, Luis R., Cristina Cruz, Pascual Berrone, and Julio De Castro［2011］"The Bind that Ties: Socioemotional Wealth Preservation in Family Firms." *Academy of Management Annals*, 5(1), 653-707。

・Gómez-Mejía, Luis R., Katalin Takács Haynes, Manuel Núñez-Nickel, Kathryn J. L. Jacobson, and José Moyano-Fuentes［2007］"Socioemotional Wealth and Business Risks in Family-controlled Firms: Evidence from Spanish Olive Oil Mills." *Administrative Science Quarterly*, 52(1), 106-137。

・Habbershon, Timothy G., and Joseph Pistrui［2002］"Enterprising Families Domain: Family-influenced Ownership Groups in Pursuit of Transgenerational Wealth." *Family Business Review*, 15 (3), 223-237。

・Habbershon, Timothy G., Mattias Nordqvist, and Thomas M. Zellweger［2010］"Transgenerational Entrepreneurship." in Nordqvist, Mattias, and Thomas M. Zellweger, eds., *Transgenerational Entrepreneurship: Exploring Growth and Performance in Family Firms Across Generations*, Cheltenham, UK: Edward Elgar。

・Jaskiewicz, Peter, James G. Combs, and Sabine B. Rau［2015］"Entrepreneurial Legacy: Toward a Theory of How Some Family Firms Nurture Transgenerational Entrepreneurship." *Journal of Business Venturing*, 30(1), 29-49。

・蒲田春樹［2006］『京都人の商法──"伝統"と"革新"を両立させるビジネス感覚に学ぶ』

サンマーク出版。

・Kammerlander, Nadine, Cinzia Dessì, Miriam Bird, Michela Floris, and Alessandra Murru［2015］"The Impact of Shared Stories on Family Firm Innovation: a Multicase Study." *Family Business Review*, 28(4), 332-354。

・川北英隆・奥野一成［2015］『京都企業が世界を変える――企業価値創造と株式投資』金融財政事情研究会。

・Kellermanns, Franz W., and Kimberly A. Eddleston［2006］"Corporate Entrepreneurship in Family Firms: A Family Perspective." *Entrepreneurship Theory and Practice*, 30(6), 809-830。

・北寿郎・西口泰夫［2009］『ケースブック京都モデル――そのダイナミズムとイノベーション・マネジメント』白桃書房。

・京都大学経営管理大学院・特定非営利活動法人アントレプレナーシップ開発センター・大阪商工会議所［2011］「関西の老舗企業調査（経営者の意識と環境）」結果概要――平成22年度経済産業省「産業技術人材育成支援事業（サービス工学人材分野）」https://www.osaka.cci.or.jp/Chousa_Kenkyuu_Iken/press/230228ksk.pdf、2021年8月30日アクセス。

・京都府編［1970］『老舗と家訓』京都府。

・李新春［2020］『日本百年老店――伝統与創新』社会科学文献出版社（古田茂美訳『日本百年老店――日本の老舗：伝統と革新の再発見』文眞堂、2022年）。

・Lumpkin, G. T., and Gregory G. Dess［1996］"Clarifying the Entrepreneurial Orientation Construct and Linking It to Performance." *Academy of Management Review*, 21(1), 135-172。

・Lumpkin, G. T., and Gregory G. Dess［2001］"Linking Two Dimensions of Entrepreneurial Orientation to Firm Performance: The Moderating Role of Environment and Industry Life Cycle." *Journal of Business Venturing*, 16, 429-451。

・松岡憲司編［2013］『事業承継と地域産業の発展――京都老舗企業の伝統と革新』新評論。

・松岡憲司編［2019］『京都からみた、日本の老舗、世界の老舗』新評論。

・Miller, Danny［1983］"The Correlates of Entrepreneurship in Three Types of Firms." *Management Science*, 29(7), 770-791。

・Miller, Danny, and Isabelle Le Breton-Miller［2014］"Deconstructing Socioemotional Wealth." *Entrepreneurship Theory and Practice,* 38(4), 713-720。

・村山裕三［2008］『京都型ビジネス 独創と継続の経営術』NHKブックス。

・長島修［2018］「京都府老舗企業調査の研究」『立命館経営学』57(3)、33～64。

・日経BPコンサルティング・周年事業ラボ［2022］「2022年版100年企業（世界編）」https://consult.nikkeibp.co.jp/shunenjigyo-labo/survey_data/11-06/、2022年11月30日アクセス。

・Pearson, Allison W., Jon C. Carr, and John C. Shaw［2008］"Toward a Theory of Familiness: A Social Capital Perspective." *Entrepreneurship Theory and Practice*, 32(6), 949-969。

・塩見哲［2018］『京都 老舗経営に学ぶ企業継続の秘訣』清文社。

・曽根秀一［2019］『老舗企業の存続メカニズム――宮大工企業のビジネスシステム』中央経済社。

・末松千尋［2002］『京様式経営 モジュール化戦略――「ネットワーク外部性」活用の革新

モデル』日本経済新聞社。
・竹原義郎［2010］『ほんものの京都企業——なぜ何百年も愛され続けるのか』PHP 研究所。
・帝国データバンク［2019］「『老舗企業』の実態調査（2019年）」
https://www.tdb.co.jp/report/watching/press/pdf/p190101.pdf、2021年 8 月30日アクセス。
・帝国データバンク［2022］「全国『老舗企業』分析調査（2022年）」
https://www.tdb.co.jp/report/watching/press/pdf/p221003.pdf、2022年11月30日アクセス。
・徳賀芳弘編［2016］『京都企業 歴史と空間の産物』中央経済社。
・山田幸三編［2020］『ファミリーアントレプレナーシップ——地域創生の持続的な牽引力』中央経済社。
・Zahra, Shaker A., and Pramodita Sharma［2004］"Family Business Research: A Strategic Reflection." *Family Business Review*, 17(4), 331-346。
・財部誠一［2015］『京都企業の実力』実業之日本社。
・Zellweger, Thomas Markus, and Philipp Sieger［2012］"Entrepreneurial Orientation in Long-lived Family Firms." *Small Business Economics*, 38(1), 67-84。
・Zellweger, Thomas. Markus, Robert S. Nason, and Mattias Nordqvist［2012］"From Longevity of Firms to Transgenerational Entrepreneurship of Families: Introducing Family Entrepreneurial Orientation," *Family Business Review*, 25(2), 136-155。

第2章

# 京都の産業の歴史

## はじめに

　本書は、京都市のオスカー認定を受けた長寿ファミリー企業を分析対象としている。そこで本章では、これらの企業が事業活動を続けてきた京都について、産業の歴史という観点から振り返ってみる。なお、本書は歴史書ではないため、今回取り上げた企業の事業展開とのかかわりを念頭に、明治期に京都産業振興のために進められた政策と、高度経済成長期以降の京都の産業構造の変化を中心にまとめることとしたい。

## ❶ 江戸時代までの京都

　京都は平安京遷都以来、日本の首都として、宮廷や貴族の保護のもとに産業が栄えてきた。その後、鎌倉に幕府が置かれ、政治の中心は一時期京都を離れるが、足利義満が京都の室町に幕府を開いたことによって京都の商工業もかつての繁栄を取り戻した。

　江戸時代には、政治の中心地である江戸、「天下の台所」と言われる大阪と並び、京都は「王城の地」として宮家や公家が居住し、本山寺院も多く、織物、染物、刺繍、陶磁器、漆器などを産する我が国最大の産業都市であった。高度な技術と分業制により磨き抜かれた工芸品は、明治以降も引き継がれ、長年にわたって京都産業の中心的な役割を担い続けている。

　こうした状況は、日本の産業に本格的な変革が生じる以前の1874（明治7）

年の府県物産表からも明らかである。京都は主要工業府県のなかで生産額は日本最大の15,895,000円、次いで愛知の15,379,000円、それ以下はすべて1,000万円以下、第3位が大阪の9,465,000円で、東京は4,115,000円であった。なお、この時の京都の主な工作物は染物、織物、醸造、手間物などであった（二場［1991］53ページ）。

## ❷ 明治期以降の京都

### （1）殖産興業の時代

　明治に入り、都が東京に移されると、政府の機関、宮家、公家、商人などが東京に移動した。京都市の人口は、1870（明治3）年に332,000人であったものが、1874年には227,000人と3割以上が流出し、衰退の大きな危機を迎える。この時期、京都の復興のために強力な殖産興業施策が実施されるが、その基本方針は「京都府庶政大綱」としてまとめられる。1870年に槇村正直京都府権大参事（後に京都府知事）が右大臣三条実美に上申したこの大綱には、京都復興のための五大政策が掲げられ、その一番目は「機械産業を発達させて、物産を興すこと」であった。

　国からの勧業基立金15万両、産業基立金10万両を元に、次々と殖産興業のための取り組みが進められる。1871年2月には勧業場が開設され、その後建設される多くの事業場を管轄することになる。1870年12月に開設された舎密局に続き、1872年には織殿、1873年には伏水製作所（鉄具製工場）、1875年には染殿など次々と産業振興のための施設が建設された。

　なかでも舎密局は、海外から指導者を招き、陶磁器、ガラス、七宝、石鹸、染色など様々な研究、製造が行われた。ここでドイツ人の化学者ワグネル博士から直接新しい知識や技術を吸収して、島津製作所の創業者である島津源蔵（1839～1894）は、実験機器類の製作、修理を行った。また、織物関係技術の習得と織機類の購入のために、西陣の3人の職工がフランスのリヨンに留学生として派遣され、最新鋭の織機や織物技術を持ち帰り、織殿で活用されること

により西陣織の近代化に大きく貢献した。

　このように、明治初期、京都では様々な殖産興業施策が実施されたが、こうした勧業施設は1880（明治13）年以降、民間に払い下げられた。

　官主導の産業政策だけでなく、1887（明治20）年頃になると景気の上昇に伴って民間企業の設立が相次ぎ、同年に18社の株式会社が設立される。業種は、繊維関連企業11社（綿織物、絹織物、毛織物、洋服製造、ハンカチ製造など）をはじめとして、麦酒、倉庫、砂糖、陶器、貿易、製茶、電燈である。多くの新しい企業が育ってきたとはいえ、その中心は繊維産業であった。

## （2）琵琶湖疏水の開削

　京都産業の新たな発展にとって大きな役割を果たしたのが琵琶湖疏水の開削である。京都の近代化には、交通問題、エネルギー問題の抜本的な改革が必要とされた。京都・大阪間は1877（明治10）年に、京都・大津間は1880年に鉄道が敷設されたものの、大津・京都・大阪を結ぶ水上交通の整備も求められていた。加えて、エネルギー分野では水力を動力として活用することが必要であった。こうした課題の解決に向けて、第3代知事北垣国道（1836〜1916）によって琵琶湖疏水の開削という一大事業が計画された。1885年に工事に着手し、1890年に開通することになる。

　この疏水のエネルギー利用として挙げられるのが水車動力である。1894年には水力利用は13か所、水車の個数は219個で、内訳は精米、製綿、撚糸、鍛冶などであったが、1903（明治36）年の水力利用は21か所、水車の個数は533個に増加し、このうち疏水の利用が506個と大半を占めている。

　一方、疏水の工事中にエネルギーの利用目的の中心が電力利用に計画変更される。その結果、日本で初めての事業用水力発電所（蹴上発電所）が1891（明治24）年に電力供給を本格的に開始し、京都電燈株式会社の配電により、京都に電気がともった。それでもなお十分な余力があり、工業用電力として、綿糸紡績業者、黄銅延板などの金属品製造業者らにも供給した。

　そして、「遷都千百年祭」に合わせて第4回内国勧業博覧会が岡崎で開催された1895（明治28）年、京都市内の伏見〜七条〜二条〜岡崎間に電気鉄道が開

通し、これへの電力供給によって蹴上発電所も大きな目的を達成したことになる。

### （3）三大事業による都市改造

琵琶湖疏水の開削や「遷都千百年祭」とそれに合わせた内国勧業博覧会の開催、電気鉄道の敷設などにより京都の近代化は進み、東京への遷都による衰退の危機から脱却を始める。ただ、京都が近代都市としてさらに飛躍するためには、市政特例[1]を廃止し、都市の整備を進めていくことが必要であった。

1898（明治31）年に普通市政が敷かれ、初代民選市長として経済界出身の内貴甚三郎（1848～1926）が選ばれる。内貴は京都の「百万都市構想」を宣言し、道路拡幅、水道改良事業などを計画するが、この構想を引き継ぎ、三大事業として実行を進めたのが第2代市長西郷菊次郎（1861～1928）である。

三大事業とは、「第二疏水事業」、「上水道事業」、「道路拡築並びに電気軌道敷設事業」で、巨額の資金を必要とする大事業であった。このうち第二疏水事業は、電力需要の増加に対応するため、蹴上の水力発電所を2,000馬力から4,000馬力に倍増するほか、夷川発電所500馬力、伏見発電所3,300馬力を新設し、合計で約4倍の7,800馬力を目指すことになった。工事は1908（明治41）年に着工され、1912年に完工した。そして、道路の拡築は1910年に着工され、翌1911年には電鉄敷設工事も始まり、1912（大正元）年から1913年にかけて工事は完成し、京都の近代化は大きく前進する。

### （4）明治から大正にかけて

都市基盤の整備と並行して、明治の終わりから大正にかけて京都産業も拡大発展していく。主要工業生産物の生産額を見ると、**表2－1**のように、1909（明治42）年から京都の主要工業生産物は着実に成長、発展している。

そのなかでも、中心は繊維産業で、西陣織は1909年に全生産額の50.3%、1919（大正8）年でも同35.5%を占め、染物（1909年5.5%、1919年9.1%）がこれに次いでいる。この他、絹糸紡績、絹綿麻製品などが続くが、現在も京都を代表する伝統産業である陶磁器や酒類、漆器なども見られる。

表2−1　京都市の主要工業生産物の生産額（1909〜1919年）

(単位：千円)

| | 1909 (明治42) | 1912 (大正元) | 1915 (大正4) | 1919 (大正8) |
|---|---|---|---|---|
| 西　陣　織　物 | 21,374 | 22,253 | 20,678 | 78,695 |
| 染　　　　　物 | 2,355 | 2,885 | 6,358 | 20,124 |
| 絹　糸　紡　績 | 1,285 | 1,605 | 1,512 | 16,934 |
| 綿糸紡績（屑糸を含む） | 48 | 608 | 851 | 8,726 |
| 煙　　　　　草 | — | 4,983 | 6,912 | — |
| 陶　　磁　　器 | 1,205 | 1,389 | 1,083 | 4,428 |
| 漆　　　　　器 | 554 | 496 | 722 | 2,127 |
| 石　　　　　鹸 | 17 | 86 | 175 | 956 |
| 工　業　用　薬　品 | — | 37 | 40 | 1,032 |
| 被　　　　　服 | 486 | 368 | 608 | 4,086 |
| 絹　綿　麻　製　品 | 1,605 | 1,444 | 2,727 | 16,310 |
| 糸　　　　　物 | 1,747 | 1,097 | 1,024 | 3,234 |
| 小　間　物　・　化　粧　品 | 1,446 | 926 | 749 | 1,454 |
| 機　械　標　本　類 | | | 399 | 1,853 |
| 電気・ガス機械器具類 | 324 | 799 | 1,585 | 9,296 |
| 鉄　　　製　　　品 | | | 358 | 1,099 |
| 金属製器具・青銅器・銅器 | 1,195 | 1,544 | 2,681 | 10,159 |
| 箔　　　　　類 | 208 | 372 | 948 | 1,829 |
| 石　材　・　石　工　製　品 | 122 | 125 | 139 | 1,291 |
| 木　竹　製　品 | 638 | 1,072 | 1,260 | 7,560 |
| 印　　　　　刷 | 334 | 540 | 517 | 2,112 |
| 紙　　　製　　　品 | 708 | 1,031 | 1,116 | 3,129 |
| 玩　弄　品　・　娯　楽　用　品 | 407 | 315 | 358 | 1,525 |
| 祝　　祭　　具 | 555 | 419 | 486 | 1,481 |
| 酒　　　　　類 | 1,851 | 1,925 | 2,148 | 4,402 |
| 菓　　子　　類 | 754 | 1,738 | 1,727 | 4,619 |
| 売　　　　　薬 | — | 641 | 629 | 1,856 |
| 各　種　食　料　品 | 578 | 724 | 757 | 3,030 |
| 計（その他を含む） | 42,485 | 52,696 | 61,329 | 221,696 |

出典：京都商工会議所百年史編纂委員会編［1985］『京都経済の百年』。

　一方、近代産業も、この間に、金属製器具・青銅器・銅器が全生産額の4.6％を占めるまでに成長し、電気・ガス機械器具類も同4.2％と大きく生産額を

(1)　京都市が誕生したのは、日本に初めて市政が施行された1889（明治22）年のことで、全国で39の市が誕生した。ただ、京都、東京、大阪の3都市は、政治的な重要性から「市政特例」によって自治権が制約され、京都府知事が市長を兼ねることで市政がスタートしている。

増やした。電力の普及などにより、ようやく機械金属工業が京都の産業として育ってきたといえる。

　大正期は近代産業分野において新しい企業が設立、発展する時期でもあった。島津製作所の蓄電池部門が1917年1月に独立して「日本電池株式会社」が誕生し、同年9月には島津製作所が株式会社として発足した。日新電機も同年4月に株式会社に組織変更している。さらに、1918年に「第一工業製薬株式会社」、1919年に「日本新薬株式会社」が設立されるなど、現在も京都で活動を続ける主要企業の株式会社設立が相次いだ。

　1921年の京都における職工100名以上の工場は、**表2−2**の通り32ある。鐘淵紡績株式会社京都支店、辻紡績株式会社、京都織物株式会社の3社が1,000名を超えた。この他にも、織物、染物、友禅などの繊維関連工場が14あり、合わせると17で半数を超えている。

　その一方、近代産業の分野でも株式会社奥村電機商会、松風工業株式会社をはじめ、現在も京都産業の中核を担っている島津製作所、日本電池（現・株式会社GSユアサ）、日新電機、株式会社三谷伸銅所などの工場も見られる。

　このように、明治、大正期にかけて、京都は西陣織、染物、紡績、絹綿麻製品などの繊維産業を中心にしつつ、酒類や陶磁器、漆器、木竹製品、石材・石工製品など今日「伝統産業」と呼ばれる産業が活発な活動を続ける一方で、機械金属関連産業や化学工業、機械標本類なども現れ始める。つまり、この時期から、現在の京都のものづくりを支える伝統産業と近代産業が形成され、事業として展開されていたことがうかがえる。

## （5）昭和の時代

　昭和に入り、1927（昭和2）年の金融恐慌、1929年のアメリカの株価大暴落を契機とする世界恐慌は京都経済にも大きな影響を与えた。1931年の満州事変以降、年を追って戦時色が強まっていくが、1933年から輸出が拡大し、日本経済は回復し始める。

　京都の経済も1931年の2,234万円を底に輸出が拡大し、1935年には4,249万円と2.8倍の伸びとなる。この内訳を見ると、人絹を含む絹織物1,684万円、絹製

表2−2　京都市の大工場一覧（職工100名以上）、1921（大正10）年

| 会社名 | 業　種 | 職工数 |
|---|---|---|
| 西陣織物㈱ | 織物 | 162 |
| 鐘淵紡績㈱京都支店 | 紡績 | 3,250 |
| 杉本精錬工場 | 練物 | 120 |
| 京都織物㈱紫野工場 | 織物 | 350 |
| 河合染物合名会社 | 染物 | 138 |
| 辻紡績㈱ | 織物紡績 | 1,350 |
| 京都瓦斯㈱島原工場 | ガス | 200 |
| 合名会社井上電機製作所 | 機械 | 120 |
| 鐘淵紡績㈱下京工場 | 紡績 | 950 |
| 日清紡績㈱ | 紡績* | 850 |
| 鐘淵紡績㈱ | 紡績* | 710 |
| 京都織物㈱ | 織物 | 1,120 |
| ㈱奥村電機商会 | 機械 | 720 |
| ㈱三谷伸銅所 | 伸銅 | 205 |
| 日本絹布㈱ | 織物 | 250 |
| 日本撚糸㈱ | 撚糸 | 170 |
| 日本クロース㈱ | クロース | 195 |
| 日本電池㈱ | 蓄電池 | 234 |
| ㈱島津製作所（河原町二条） | 器械 | 148 |
| 合資会社日出新聞社 | 印刷 | 190 |
| 日吉㈱ | 紙製品 | 120 |
| 松風工業㈱（福稲岸ノ上町） | 陶器 | 250 |
| 　　同　　（福稲上高松町） | 同 | 152 |
| 綿光山宗兵衛 | 同 | 112 |
| 日本紙工㈱泉涌寺工場 | 紙巻吹口 | 120 |
| 内外出版㈱ | 印刷 | 100 |
| 児島友仙工場 | 友仙 | 105 |
| 浜口染物工場 | 染物 | 110 |
| 西陣撚糸再整㈱ | 撚糸再整 | 192 |
| 矢代織物工場 | 織物 | 105 |
| ㈱島津製作所（西ノ京桑原町） | 器械 | 120 |
| 日新電機㈱ | 機械 | 150 |

出典：京都商工会議所百年史編纂委員会編［1985］『京都経済の百年』。
注：＊が付いている紡績は、筆者が記載。資料は「上京工場」となっている。

品231万円、加工綿布1,048万円と、以上の3品で全体の69.7％を占め、繊維産業が大きな役割を果たしていたことが分かる（京都商工会議所百年史編纂委員会編［1985］289ページ）。

　しかし、1937（昭和12）年の日中戦争開始によって本格的な戦争状態に突入し、1938年には国家総動員法が発令され、国全体で戦争の遂行に向けた取り組みが始まる。経済面でも、重化学工業に力が注がれ、繊維や工芸品などの生活産業（平和産業）が中心を占めていた京都の経済は大きな影響を受けるようになる。1940年の「奢侈品等製造販売制限規制（7・7禁令）」で、繊維をはじめとする京都の伝統工芸品は「ぜいたく品」として扱われたため事業を休廃止せざるを得なくなり、壊滅的な打撃を被ることになる[2]。また、企業整備令による組合の統合や企業合同、生産設備の廃止なども進められていく。

　一方、近代産業の分野でも経済統制のなかで企業合同が進み、軍需品の増産が図られる[3]。このように、戦時経済下において、京都の産業活動は停止を余儀なくされたのである。

## ❸ 戦後の復興と高度経済成長（1945年〜1973年）

### （1）非戦災都市・京都

　戦争は京都産業に大きな影響を与えたが、日本の大都市のなかで数少ない非戦災都市である京都は他地域に比べて被害は限定的だった。

　京都の主たる産業である伝統産業は、戦時中に多くの労働力や設備を軍需産業に提供し、深刻な状況にあった。西陣機業は、力織機の半分以上が供出され、手織機も含めて戦前の3分の1が残っていたにすぎない。しかし、戦後の生活物資の窮迫、なかんずく衣料品の欠乏が続くなか、織物に対する需要の拡大により西陣機業は急速に回復する。そして、1950年に始まる朝鮮戦争による特需の発生が伝統産業の業績回復に一層の拍車をかけた。

　一方、近代産業は、戦災を免れた生産設備の活用によって復興は比較的早かった。例えば、島津製作所は、1945年9月に全従業員を一旦退職させたが、10月に2,865名の再採用を決め、11月にはGHQ（連合国軍最高司令官総司令部）から民需生産への転換許可を得て、生産を再開した。折からの傾斜生産関連機械の増産、医療用X線装置や繊維機器の復興需要により急速に再建が進んだ。

日新電機でも、終戦により軍需の支えを失って混乱状態に陥ったが、人員整理の後、1948年には再建が軌道に乗る。

　このように、業種によって差異はあるものの、戦後復興あるいは朝鮮戦争を契機に京都産業は立ち直り、再び発展への道を歩み始める。

## （2）ベンチャー企業の誕生

　こうしたなか、特筆すべきは、数多くのベンチャービジネスが誕生したことである。明治期から大正期にかけて今日も京都を拠点に活動する多くの近代産業の企業が生まれてきたことは既に紹介している。加えてこの時期、オムロン、ワコール、村田製作所、堀場製作所、ローム、京セラと、のちに世界で活躍する多くの企業が誕生した。これは偶然ではなく、京都という地域の特性や歴史を背景にしている。

　第一には、長年にわたって蓄積されてきた伝統産業の技術である。村田製作所や京セラなどファインセラミックスの電子部品産業のベースには、京焼・清水焼など陶磁器産業の技術がある。島津製作所は元々仏具の製造を行っていた。仏具や友禅、西陣織などの精密加工技術や表面処理技術は、京都の先端技術産業に生かされている。

　第二には、京都が非戦災都市であったことである。オムロン創業者の立石一真（1900〜1991）は、かつて京都の井上電機製作所に勤務したが、1933（昭和8）年に大阪で創業し、戦災を避けるために1945年に京都に工場を移転、1948年に会社を設立する。ワコールの塚本幸一（1920〜1998）は滋賀県の八幡商業学校で学び、戦地から引き揚げ後、1946年に京都で創業し、1949年に会社を設立する。堀場製作所の堀場雅夫（1924〜2015）は、京都大学で原子核物理を学んでいたが、研究用機材が米軍により破壊されたことを機に1945年に創業する。

---

(2)　西陣織物工業組合では7・7禁令により年産額1,000万円、製造家で790名、従業員で4,900名が影響を受けるとし、京都織物卸問屋同業組合では5,000万円から6,000万円の損失があるとしている（京都商工会議所百年史編纂委員会編［1985］293〜294ページ）。

(3)　島津製作所は1938（昭和13）年には3,016名であった従業員数が、終戦時には約2万名に達した。また、日新電機も戦時下で最大時には、学徒動員を含めて4,500名の従業員を抱えた。

第三には、京都に集積する大学との関係である。1950年設立の村田製作所は、京都大学の技術指導によるチタン酸バリウムの応用研究が今日の成長につながっている。堀場製作所発展の礎となる pH メーターも、京都大学や京都府立医科大学の協力により開発されたものである。

以上、この時期、京都から現在も活躍する数々のベンチャー企業が誕生するが、まだ世の中が安定、硬直化せず、ものづくりにおいて新しい挑戦が可能な時代でもあった証左であろう。

## （3）高度経済成長の時代

戦後の復興期から高度経済成長期までの日本経済の発展には目を見張るものがある。京都においても、高度経済成長期における工業生産額を見ると、1950年から1970年まで順調に拡大し、1950年から1960年までの10年間で5.7倍、1960年から1970年までの10年間で3.8倍の伸びとなった（**表2－3**参照）。

この期間、日本の経済成長の中心的役割を担ったのは重化学工業である。他方、京都では伝統産業と近代工業がバランスを取りながら発展した。とりわけ、伝統産業の中核を担う繊維産業の占める割合が大きく、1970年においても繊維工業が25.0％を占め、衣服・その他の繊維製品製造業を合わせると29.2％と約

**表2－3　京都市の1950年～1970年の製造品出荷額等上位7分類**

| 1950年 | | 1960年 | | 1970年 | |
|---|---|---|---|---|---|
| 製品出荷額等<br>41,864百万円 | | 製品出荷額等<br>240,352百万円 | | 製品出荷額等<br>908,716百万円 | |
| 業種 | 比率<br>（％） | 業種 | 比率<br>（％） | 業種 | 比率<br>（％） |
| 紡織業 | 39.7 | 繊維工業<br>（衣服・その他の繊維製品は除く） | 29.8 | 繊維工業<br>（衣服・その他の繊維製品は除く） | 25.0 |
| 食料品製造業 | 14.3 | 電気機械器具製造業 | 12.9 | 食料品製造業 | 14.5 |
| 電気機械器具製造業 | 8.3 | 食料品製造業 | 12.5 | 電気機械器具製造業 | 13.4 |
| 化学工業 | 7.3 | 化学工業 | 5.8 | 一般機械器具製造業 | 8.8 |
| 第一次金属製造業 | 5.6 | 機械製造業 | 5.6 | 出版・印刷、同関連産業 | 5.3 |
| 機械製造業（電気機械を除く） | 5.4 | 非鉄金属製造業 | 4.7 | 化学工業 | 5.3 |
| 印刷出版及び類似業 | 3.4 | 出版・印刷、同関連業 | 4.4 | 衣服・その他の<br>繊維製品製造業 | 4.2 |

出典：工業統計調査。

3割となる。

　近代工業の分野では、1950年と1960年には金属製造業が上位7分類に含まれるが、1970年には電気機械、一般機械などの機械器具製造業がその割合を高めていく。

## ❹ 安定成長からバブル経済の崩壊（1974年〜1991年）

### （1）伝統産業の伸び悩み

　戦後の日本経済は高度成長を遂げるが、1973年の第1次オイルショックを契機として、1974年には戦後初のマイナス成長を経験する。以降、日本経済は1991年にバブル経済が崩壊するまで安定成長期へと移行する。京都の製造品出荷額等も、1975年から1990年までの15年間で2.3倍の伸びを示した（**表2－4**参照）。

　この期間で特徴的なのは、伝統産業の伸び悩みである。繊維工業の占める割合が急速に低下し、1990年には首位の座を明け渡した。生産量ベースでの減少は顕著で、例えば西陣織を代表する帯地の生産量は1972年をピークに減少を続け、1990年には44.8％減と半分近くになっている（**表2－5**参照）。

　同じく、京都を代表する繊維産業である京友禅も1971年をピークに生産量の減少が始まる。こうした生産量の減少を企業は商品の高級化で対応してきたが、出荷額もその後減少に転じた。京都は日本を代表する伝統産業の産地で「伝統的工芸品産業の振興に関する法律」に基づき、西陣織や京友禅といった繊維工業のほかにも京焼・清水焼、京仏壇・仏具など合計17品目が伝統工芸品に指定されているが、こうした伝統産業の生産量や出荷額も頭打ちとなり始める。

### （2）近代工業の発展

　以上のように、安定成長期に入り、京都の産業は繊維産業をはじめとする伝統産業が伸び悩み始めるが、これをカバーしたのが戦後急速に成長した近代工業である。

38

表2－4 京都市の1975年～1990年の製造品出荷額等上位7分類

| 1975年 製造品出荷額等 1,424,361百万円 | | 1980年 製造品出荷額等 2,180,452百万円 | | 1985年 製造品出荷額等 2,721,717百万円 | | 1990年 製造品出荷額等 3,272,708百万円 | |
|---|---|---|---|---|---|---|---|
| 業種 | 比率(%) | 業種 | 比率(%) | 業種 | 比率(%) | 業種 | 比率(%) |
| 繊維工業（衣服・その他の繊維製品は除く） | 26.7 | 繊維工業（衣服・その他の繊維製品は除く） | 21.0 | 繊維工業（衣服・その他の繊維製品は除く） | 16.7 | 電気機械器具製造業 | 13.6 |
| 食料品製造業 | 15.6 | 食料品製造業 | 15.0 | 飲料・飼料・たばこ製造業 | 13.4 | 繊維工業（衣服・その他の繊維製品は除く） | 13.0 |
| 電気機械器具製造業 | 8.7 | 電気機械器具製造業 | 12.9 | 電気機械器具製造業 | 11.3 | 飲料・飼料・たばこ製造業 | 11.4 |
| 出版・印刷・同関連産業 | 7.7 | 輸送用機械器具製造業 | 8.4 | 出版・印刷・同関連産業 | 9.4 | 出版・印刷・同関連産業 | 10.6 |
| 精密機械器具製造業 | 5.8 | 出版・印刷・同関連産業 | 8.4 | 一般機械器具製造業 | 7.7 | 輸送用機械器具製造業 | 9.9 |
| 輸送用機械器具製造業 | 5.2 | 一般機械器具製造業 | 6.1 | 輸送用機械器具製造業 | 7.5 | 一般機械器具製造業 | 7.3 |
| 一般機械器具製造業 | 5.2 | 化学工業 | 4.3 | 精密機械器具製造業 | 6.6 | 精密機械器具製造業 | 6.9 |

出典：工業統計調査。

表2－5 西陣織（帯地）の生産数量の推移（1966年～1993年）

| 年 | 1966 | 1969 | 1972 | 1975 | 1978 | 1981 | 1984 | 1987 | 1990 | 1993 |
|---|---|---|---|---|---|---|---|---|---|---|
| 数量（万本） | 647 | 742 | 781 | 733 | 661 | 595 | 448 | 424 | 431 | 382 |

出典：西陣機業調査報告書。

　既に1975年において上位7分類のなかに四つの機械器具製造業が含まれ、その合計は24.9％とほぼ繊維工業と並び、金属製品、非鉄金属などの金属製造業も合わせると機械金属関連製造業で33.7％と全体の3分の1を超える。その後も順調に発展し、1990年には電気機械器具が生産高でトップになり、四つの機械器具製造業で37.7％、機械金属関連製造業では43.1％を占めた（**表2-4参照**）。

　京都の電気機械器具には電子部品や電力制御装置、蓄電池など、輸送用機械器具には自動車部品、精密機械器具には計測・分析機器、測定器、医療用機器などを製造する主要企業やそれを支える協力企業などが数多く存在し、この時期、着実に生産額を伸ばした。

　なお、近代工業分野では、企業の成長、発展に伴って、京都外への工場の移転や拡張が盛んになる。当初は滋賀県など近隣地域で、その後は北陸、東海、九州など全国各地で生産拠点の整備を進める動きが増え始め、企業の生産拠点の流出が大きな問題となってくる。

## ❺ グローバル経済化の進展（1992年〜）

### （1）製造業の推移

　安定経済成長期の後半、低金利政策、民間活力を導入するための規制緩和などにより日本経済は過熱し、株や地価の高騰などによるバブル経済を経験するが、1991年に崩壊し、日本経済は後に「失われた20年」と言われる低成長（ほぼゼロ成長）の時代に入る。

　京都の製造業も1991年に製造品出荷額等は過去最高の3兆4,046億8,000万円（従業者4名以上）に達するが、それ以降は急速に落ち込み、2010年には2兆1,926億500万円とピーク時から36.6％の減少となった。その後も長く低迷が続いたが、2015年から増加に転じ、新型コロナウイルス禍前の2019年は2兆6,653億100万円となっている（**表2-6参照**）。

表2－6　京都市の2000年～2019年の製造品出荷額等上位7分類

| 2000年 | | 2010年 | | 2019年 | |
|---|---|---|---|---|---|
| 製造品出荷額等<br>2,794,171百万円 | | 製造品出荷額等<br>2,192,605百万円 | | 製造品出荷額等<br>2,665,301百万円 | |
| 業種 | 比率<br>（％） | 業種 | 比率<br>（％） | 業種 | 比率<br>（％） |
| 電気機械器具製造業 | 20.0 | 飲料・たばこ・飼料製造業 | 28.5 | 飲料・たばこ・飼料製造業 | 28.8 |
| 飲料・たばこ・飼料製造業 | 15.6 | 印刷・同関連産業 | 12.0 | 電子部品・デバイス<br>電子回路製造業 | 13.3 |
| 輸送用機械器具製造業 | 12.4 | 業務用機械器具製造業 | 10.5 | 業務用機械器具製造業 | 8.9 |
| 出版・印刷・同関連産業 | 10.1 | 電子部品・デバイス<br>電子回路製造業 | 7.8 | 生産用機械器具製造業 | 8.6 |
| 一般機械器具製造業 | 8.6 | 食料品製造業 | 6.1 | 電気機械器具製造業 | 8.4 |
| 精密機械器具製造業 | 6.7 | 輸送用機械器具製造業 | 5.9 | 印刷・同関連産業 | 5.2 |
| 食料品製造業 | 5.3 | 生産用機械器具製造業 | 5.4 | 食料品製造業 | 4.8 |
| 繊維工業<br>（衣服・その他の繊維製品は除く） | 5.1 | 繊維工業 | 3.3 | 繊維工業 | 2.4 |

出典：工業統計調査。


## （2）伝統産業の衰退

　京都の製造業が縮小傾向にある要因の一つは、先に挙げた伝統産業の衰退である。繊維工業は、バブル経済崩壊前の1990年には4,257億4,400万円（全体の13.0％）の製造品出荷額等を記録したが、2019年は630億300万円（2.4％）と激減している。

　ほかの伝統産業もこの間減少を続けており、統計資料が明らかにされている1985年から2006年の21年間で、国の指定を受けた京都の伝統的工芸品は、事業所数で64％、従業者数で68％、出荷額で59％減少している（**表2－7**参照）[4]。

　伝統産業は、京都のみならず、日本の文化や芸術を支えるうえで不可欠であり、観光産業とも密接に結びつき、長年にわたって京都の経済を支えてきた。現在も京都を特徴づける産業として、行政による様々な振興策がとられているが、数値的にはその位置づけが小さくなっていると言わざるを得ない。

表2－7　伝統的工芸品産業の振興に関する法律に基づく京都の17品目の推移（1985年～2006年）

| | 1985年 | 1990年 | 1995年 | 2002年 | 2006年 |
|---|---|---|---|---|---|
| 事業所数 | 7,815 | 6,538 | 4,565 | 3,210 | 2,814 |
| 従業者数 | 55,624 | 50,085 | 42,654 | 24,108 | 18,069 |
| 出荷額（百万円） | 274,752 | 234,473 | 190,062 | 145,696 | 111,570 |

出典：伝統的工芸品産業振興協会「全国伝統的工芸品総覧」。

## （3）近代工業の空洞化

　この間、京都の製造業が出荷額を減らした、より大きな要因として挙げられるのが、機械器具製造業を中心とする近代工業の落ち込みである。製造品出荷額の分類が変化しているため厳密な比較は難しいが、2000年に電気機械器具、輸送用機械器具、一般機械器具、精密機械器具の4業種で1兆3,352億5,900万円（47.8％）あった出荷額等が、2010年には業務用機械器具、電子部品　デバイス・電子回路、輸送用機械器具、生産用機械器具、電気機械器具、はん用機械器具、情報通信機械器具の7業種で7,946億9,400万円（36.2％）と、金額、占める割合ともに減少する。なお、同期間に金額、割合とも大きく増えたのが飲料・たばこ・飼料製造業で、京都市内にある日本たばこ関西工場にたばこの生産が集約されたことによる。

　それでは、機械金属関連製造業が減少した理由は何であろうか。それは、グローバル経済の進展である。京都市内の主要ものづくり企業の海外売上比率は京セラ58％、日本電産74％、オムロン59％、島津製作所50％、ローム72％、堀場製作所69％（2014年度）に達している。グローバル経済の進展によって京都の主要企業が生産拠点を全国、さらには世界に移すことで、京都のものづくりが空洞化している。京セラ、日本電産、オムロンは京都市内ではほとんど生産を行っておらず、京都市内を中心にものづくりを行っている有力企業は、島津

---

(4)　この数字は、国の指定を受けている伝統的工芸品産業に係る数字であり、企業によっては国の指定とは関係しない商品を生産しているが、その数字は含まれていない（伝統的工芸品産業振興協会「全国伝統的工芸品総覧」）。なお、2006年以降は対外的に数字が公表されていない。

製作所、ローム、GS ユアサ、日新電機など、京都にまとまった生産用地を確保している企業に限られている。

## （4）観光産業の進展

それでは、バブル経済期以降、京都の製造業の成長が止まり、空洞化が進むなかでどの産業が京都の経済を支えてきたのか。それが観光産業である。

京都市の観光客数は、高度経済成長期に大幅に伸びるが（1965年の2,187万人が1975年には3,804万人）、それ以降は4,000万人を前にして伸び悩む。京都市では観光産業の振興に向け、1998年に観光を京都市の重要産業と位置づけて「京都市観光振興基本計画」を策定し、本格的に取り組み始める。

その結果、1998年に京都を訪れた観光客数は3,699万人、観光消費額は4,540億円だったものが、2019年には5,352万人、1兆2,367億円と大幅な伸びを見せた。近年は外国人観光客の急増もあり、京都の観光産業は、製造業と並ぶ京都経済の柱となっている[5]。

## おわりに ——京都産業の新たな飛躍に向けて

ここまで、京都産業の歴史、推移をまとめてきた。明治以降、今日に至るまで、京都産業も社会経済の変化に合わせて大きく変わってきた。そのなかで、本書で紹介する企業は、努力や工夫を重ねながら今日まで継続、発展を続けてきた。それぞれの企業が置かれてきた状況は異なるが、100年を超えて継続するためには何か共通するものがあるはずである。それが何であるのかを明らかにすることができれば、京都のみならず全国の企業の参考にもなるであろう。

現在日本では、経済活性化のために、新事業の創出が大きな課題となっている。京都市でも、「京都市ベンチャー企業目利き委員会」の設置・運営や産学連携によるインキュベーションの整備、「京都市スタートアップ支援ファンド」の創設など、様々な取り組みを進めてきた。2020年7月には国が進める「スタートアップ・エコシステム　グローバル拠点都市」に、「大阪・京都・ひょうご神戸コンソーシアム」の一員として京都市も選定され、京都府や経済界とも連携し、オール京都でスタートアップ企業の創出を目指している。

　こうした取り組みと並んで、いやそれ以上に京都産業にとって重要なのが、既存企業の持続的な成長・発展である。本書で取り上げた企業は、いずれも経営を革新し、新たな挑戦を続けている。京都の歴史や地域性を強く意識し、企業活動の内容も域内経済循環の促進や社会的課題の解決、環境に対する負荷の軽減など、SDGs に掲げられた17の目標実現につながるものが多い。したがって、行政や経済団体もこうした企業を様々な形で支援することになる。

　先に、伝統産業が衰退する一方で、近代工業も京都の主要企業が生産拠点を国内外に移転させているという課題を述べた。周囲を山に囲まれている京都は、立地的な制約があり、大きな工場を誘致することは不可能であるし、適切でもない。しかし、既存企業が京都産業の中核を担う企業として次々と成長を遂げることで、京都の産業は持続的な発展を続けていくことが可能となる。

　今後の地域の産業政策を考えるとき、新事業の創出と既存企業の継続・発展が大きな柱となる。本書では後者、つまり長寿企業の革新的な取り組みを掘り下げ、明らかにしているが、彼らの活動を促進させる諸要因を検討する際に、本章で紹介した京都産業の歴史を振り返ることが何らかの道標になれば幸いである。

―――――――――――

**参考文献一覧**

・第22次西陣機業調査委員会［2019］「西陣機業調査報告書」第22次西陣機業調査委員会。
・二場邦彦［1991］「都心の産業機能」『都市研究・京都』（京都市企画調整局活性化推進室）第4号。
・京都経済同友会［2014］『京都再発見／京都・近代化の軌跡』京都経済同友会。
・京都市経済局［1984］『京都市の経済1983年版』京都市経済局経済企画課。
・京都市経済局［1987］『京都の経済1986年版』京都市経済局商工部経済企画課。
・京都市産業観光局［2021］『京都市の経済2020年版』。
・京都市産業技術研究所編［2016］『京都市産業技術研究所創設100周年記念誌』京都市産業

―――――――――――

(5)　2020年から始まる新型コロナ感染症は京都の観光産業にも大きな影響を与え、特に近年急増していた外国人観光客はゼロに近くなっていた。しかし、海外の観光関連調査でも観光地としての京都の評価は非常に高く、新型コロナ感染症が収束すれば、再び観光都市として賑わいを取り戻すものと思われる。

技術研究所。

・京都商工会議所百年史編纂委員会編［1985］『京都経済の百年』京都商工会議所。

・日新電機［2017］『挑戦の企業家精神、日新電機グループ100年史』日新電機。

・島津製作所［2005］『科学技術で未来を拓く――島津製作所130年の歩み』島津製作所。

・白須正［2018］「産業都市としての京都――京都産業の過去、現在、未来」『地域開発』（一般財団法人日本地域開発センター）、623、2 ～ 7。

・白須正［2019］「躍進する産業都市・京都――息づくベンチャー精神」『商工ジャーナル』（商工中金経済研究所）、45(8)、18～21。

# 第3章 京都の長寿企業の特徴とオスカー認定制度および認定企業の概要[1]

## はじめに

　京都には、「千年の都」として磨き上げられたものづくりの伝統に加え、独創性を重んじる、「他人の真似はしない」という気質が21世紀の現在まで引き継がれている。その結果、企業の規模を問わず、独自の技術や経営手法で活躍する革新企業が重要視され、一目置かれるところとなっている。

　行政や経済団体も、独自の技術や経営手法で事業を継続、発展させる企業に対して様々な支援策を講じている。本章ではまず、京都の産業風土について整理する。次いで、長寿企業の特徴を民間の信用調査会社である帝国データバンクの企業情報を活用して浮き彫りにする。

　その後、企業の革新活動を促進する行政や経済団体の支援・認定制度を紹介していくが、その際、京都市独自のオスカー認定制度を詳しく取り上げ、オスカー認定企業の全体像に迫るとともに、認定長寿企業の特徴も抽出する。

　革新企業、さらには革新的な長寿企業が京都で生まれる背景を検討することが本章の目的である。

(1)　本研究は一橋大学経済学研究科 帝国データバンク企業・経済高度実証センター（TDB-CAREE）を通じてデータの提供を受けた。同センターからのご支援に謝意を表する。また、データ分析にあたっては、TDB-CAREE 研究補助者であった阿部昌利氏に協力を受けた。

## ❶ 京都の産業風土——京都企業を育てる環境

　株式市場で京都の企業は、「京都銘柄」として熱い注目を集めてきた。任天堂、京セラ、村田製作所、日本電産など、いずれもその分野で業界をリードするトップ企業であるが、こうした大企業に限らず中小企業でも特定の分野で世界をリードする「グローバルニッチトップ企業」が多く活躍を続けている。

　それでは、なぜ、伝統産業からベンチャー企業まで、京都には数多くのユニークな企業が生まれ、存在感を示しているのであろうか。これは、京都の産業風土、京都企業を育む独特の環境によるところが大きい。

　第2章で詳述した通り、①長年にわたって磨き抜かれてきた伝統産業の技術、②京都が非戦災都市であったこと、③京都に集積する大学が挙げられる。そして④として、これが最も重要であると思われるが、独創性を重んじ、「人真似は恥ずかしい」という京都人の気質が指摘できよう。周りを山に囲まれた狭い土地に長く住む京都人の間では、ひとたび信用を失うと取り戻すことが極めて困難で、事業を行う際にも他者と競合しない独自性が求められる。

　以上のようなことがブレンドされた結果、京都では、様々な分野で新しいアイデアや技術をもとにした革新的企業が生まれ、発展を遂げてきた。

## ❷ 京都の長寿企業の特徴

　まず、長年事業を続けてきた京都の長寿企業の特徴を見ていこう。本節では、京都府の長寿企業の概況を確認する。図3-1は、帝国データバンクの企業データから、本社所在地が京都府にある企業数の推移を抽出したものである。京都府に所在する企業全体で、長寿企業数が漸増していることが確認できる。

　なお、分析にあたっては、一橋大学大学院経済学研究科 帝国データバンク企業・経済高度実証研究センター（TDB-CAREE）にて利用可能な、企業財務データベース（COSMOS1）、企業信用調査データベース（CCR）、企業概要データベース（COSMOS2）を活用した[2]。帝国データバンクのデータの性格上、

図3－1　京都府所在の長寿企業と非長寿企業の企業数推移（1980年～2020年）

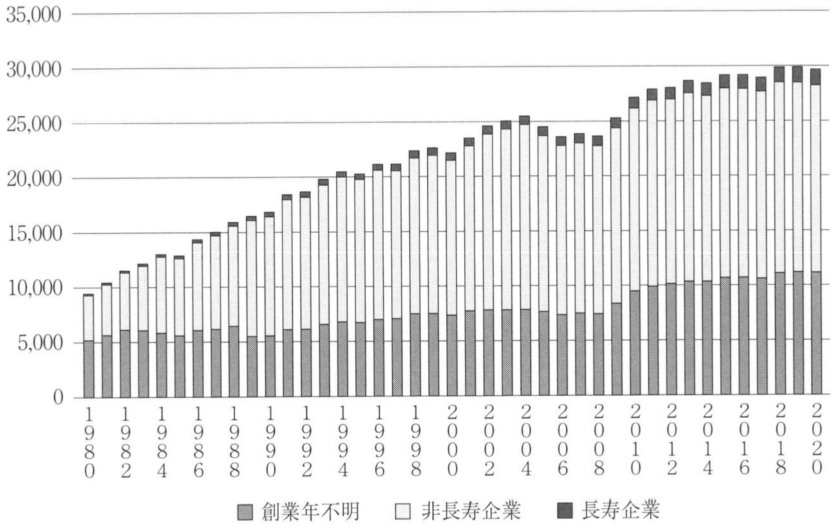

出典：TDB-CAREEのデータを基に作成。

企業間の信用取引を行う企業が増えるほど、その採録数も増加することに留意されたい。また、長寿企業と非長寿企業の区分にあたっては、COSMOS2データに採録された企業の創業年に基づき、企業年齢が100年以上経過した企業を「長寿企業」、100年未満の企業を「非長寿企業」と分類している。また、創業年が明確でない企業については「創業年不明」とした。

　全企業に占める長寿企業と非長寿企業の割合の推移を確認すると、長寿企業の割合は1980年の1％から2020年には5％まで増加していることが分かる。

## （1）長寿企業と非長寿企業の資本金、従業員数

　では、京都の長寿企業と非長寿企業にはいかなる違いがあるのだろうか。**図3－2と図3－3**は、長寿企業と非長寿企業の資本金分布を示している。横軸には年次、縦軸は対数表示した資本金規模ごとの企業数の累積値を示している。

---

(2)　一橋大学経済学研究科 帝国データバンク企業・経済高度実証研究センター、http://www7. econ.hit-u.ac.jp/tdb-caree/、2022年4月18日アクセス。

図3－2　京都府所在の長寿企業の資本金分布の推移（1980年～2020年）

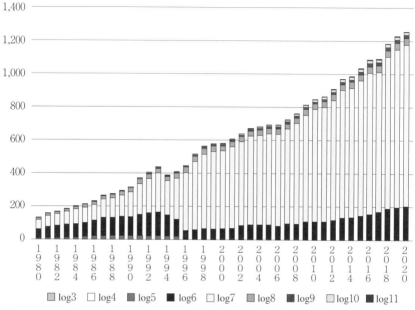

出典：TDB-CAREEのデータを基に作成（図3－3まで同じ）。

図3－3　京都府所在の非長寿企業の資本金分布の推移（1980年～2020年）

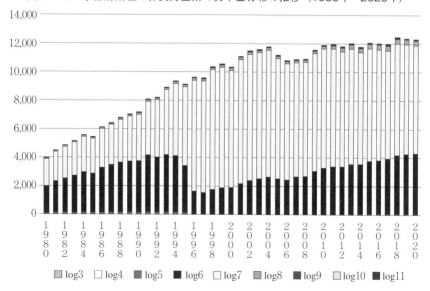

　全体として見ると、長寿企業は非長寿企業よりも資本金規模の差が大きい。ただ、1980年と1990年の段階では、長寿企業と非長寿企業との間に資本金規模の著しい差は見いだせない。変化が現れるのは2000年以降である。長寿企業で資本金の大きな企業が目立ち、資本金規模の小さな企業の割合は、非長寿企業が長寿企業を上回るようになった。資本規模のこうした傾向は、2010年以降も継続している。

　2000年前後にこのような変化が現れた要因はいくつか推察される。第一に、2000年代以降に小規模なスタートアップ企業が増加したことが考えられる。第二に、旧態依然としたビジネスを続けていた小規模な長寿企業が環境変化に対応できず、あるいは後継者難によって市場から退出させられた可能性がある。第三に、長寿企業には、非長寿企業に比べ、長年にわたって培ってきた様々な経営資源がある。長寿ならではのアドバンテージを巧みに生かせた企業は大きく飛躍できたかもしれない。

　こうした要因については、非長寿企業群からスタートアップ企業群を抽出する、市場から退出した長寿企業群を追跡するなどといったさらなる研究によってより緻密な分析が可能になると考えられるが、詳細な分析は別の機会に譲りたい。

　長寿企業と非長寿企業の違いは、従業員数からも確認できる。次ページの**図3－4**および**図3－5**に、1980年から2020年までの40年間の長寿企業と非長寿企業の従業員数分布の推移を積み上げグラフで示した。

　従業員数は8段階に区分した。①1～5名未満、②5～10名未満、③10～30名未満、④30～50名未満、⑤50～100名未満、⑥100～300名未満、⑦500～1000名未満、⑧1,000名以上である。縦軸は各区分に分類される企業の割合を示している。1980年段階は、長寿企業、非長寿企業とも、「10～30名未満」の企業が最も多く、それほど大きな違いは認められないが、1990年代になると、非長寿企業で最も割合が高いのは、「1～5名未満」に分類される零細企業である。他方、長寿企業は「10～30名未満」の企業が依然として最も多い。

　2000年を過ぎた頃からは、長寿企業も非長寿企業と同様に、「1～5名未満」に分類される企業の割合が最も高くなっているが、この「1～5名未満」を除

図3－4　京都府所在の長寿企業の従業員数分布の推移（1980年～2020年）

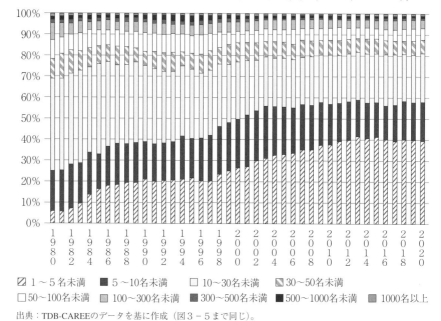

☒ 1～5名未満　■ 5～10名未満　□ 10～30名未満　▨ 30～50名未満
□ 50～100名未満　▨ 100～300名未満　■ 300～500名未満　■ 500～1000名未満　▨ 1000名以上

出典：TDB-CAREEのデータを基に作成（図3－5まで同じ）。

図3－5　京都府所在の非長寿企業の従業員数分布の推移（1980年～2020年）

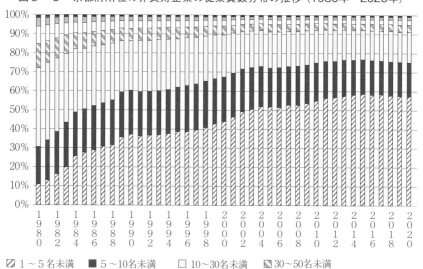

☒ 1～5名未満　■ 5～10名未満　□ 10～30名未満　▨ 30～50名未満
□ 50～100名未満　▨ 100～300名未満　■ 300～500名未満　■ 500～1000名未満　▨ 1000名以上

くすべての区分で、長寿企業の割合が非長寿企業を上回っている。300名以上の大企業に分類される長寿企業も少なくない。以上から、長寿企業、非長寿企業とも、時代によって平均な企業規模やバラツキに変化はあるが、総じて長寿企業は非長寿企業よりも規模の大きな企業の割合が高いことが確認できる。

## （2）長寿企業と非長寿企業の売上高

　続いて、両企業群の売上高について確認する。**図3－6および図3－7**は、1980年から2020年までの売上高の推移を示している。横軸に年次、縦軸に対数表示した売上高区分ごとの企業の割合を示す。資本金および従業員数と同様、1980年の段階では長寿企業と非長寿企業との間に著しい差は認められないが、1990年前後から、非長寿企業で売上高の小さな企業の割合が増え、非長寿企業よりも長寿企業で売上高の大きい企業の割合が多くなっている。

## （3）長寿企業・非長寿企業の代表者の属性

　ここまで、長寿企業と非長寿企業の資本金、従業員数および売上高を1980年から2020年まで観察した。両群を比較すると、長寿企業群で、いずれの項目も高い値を示す企業が多く認められた。また、そうした傾向は2000年以降に顕著であった。続いて、企業の代表者の属性に着目する。これまで同様、帝国データバンクのCOSMOS2データから、代表者の年齢、性別、学歴などの属性を取り出して比較する。

### 代表者の年齢

　**図3－8および図3－9**は、長寿企業および非長寿企業の代表者の年齢分布を箱ひげ図で示したものである。箱ひげ図では、外れ値および値の散らばり、中央値などを確認できる。白い箱で示されている範囲は、それぞれ下位25％および上位75％の値を示し、中央値が実線で示されている。横線は上限および下限の境界点（外れ値を除く、最大値および最小値）を示している。また、上限および下限のそれぞれの外れ値を●で示している。

　横軸は代表者の年齢を、縦軸は年次ごとの推移を表している。1980年代から

図３－６　京都府所在の長寿企業の売上高分布の推移（1980年〜2020年）

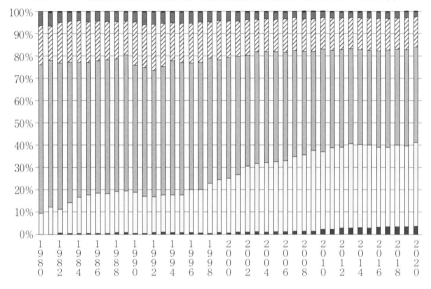

出典：TDB-CAREEのデータを基に作成（図３－７まで同じ）。

図３－７　京都府所在の非長寿企業の売上高分布の推移（1980年〜2020年）

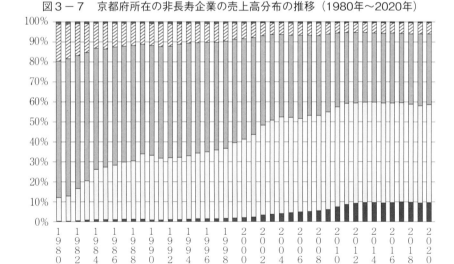

図3－8　京都府所在の長寿企業の代表者年齢分布の推移（1980年〜2020年）

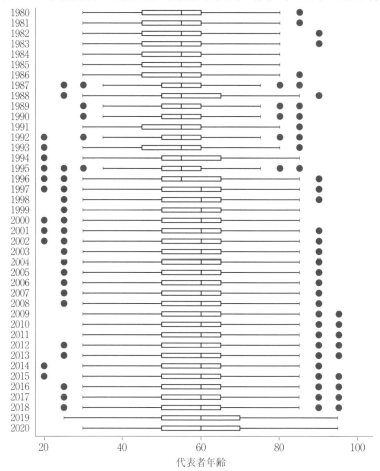

出典：TDB-CAREEのデータを基に作成（図3－9まで同じ）。

2000年代半ばにかけて長寿企業は非長寿企業よりも代表者の年齢（中央値）が高い。また、両群とも1990年代後半以降、代表者の年齢（中央値）が上がっていく。

　興味深いことに、こうした長寿企業と非長寿企業の代表者の年齢分布の差異がいったん収束するのが2000年代後半である。長寿企業、非長寿企業の両群とも代表者の中央値は60歳であり、またその分布も極めて似通っている。長寿企

図3−9　京都府所在の非長寿企業の代表者年齢分布の推移（1980年～2020年）

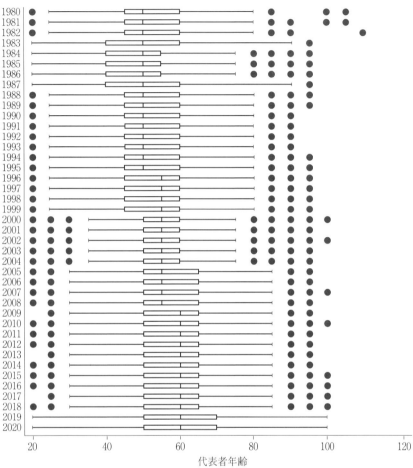

業に関しては、高齢化した代表者が事業承継や廃業などによって引退する一方、非長寿企業はかつては若かった代表者が年齢を重ねたと考えられる。

　2010年代後半になると、特定の世代の経営者が多いという従来の傾向が弱まっている。スタートアップ企業の参入が進む非長寿企業のみならず、長寿企業でも代表者の引退などにより、若い世代が経営者として活躍できる状況が生まれつつあると推測できる。

図3－10　京都府所在の長寿企業と非長寿企業の代表者に占める女性割合の推移
　　　　　（1980年～2020年）

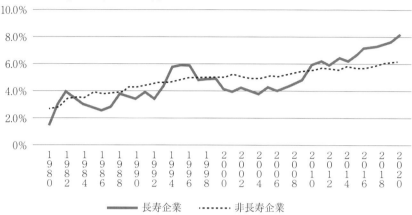

出典：TDB-CAREEのデータを基に作成。
注：全企業は、「男性」、「女性」、「性別不明」で分類されている。本図は、全体に占める「女性」の比率を
　　示している。

## 代表者の性別

　続いて、長寿企業と非長寿企業の代表者の性別について確認する。**図3－10**
から明らかなように、長寿企業、非長寿企業とも、女性の割合は極端に低い。
1980年段階で、長寿企業の女性代表者の割合は1.46％、非長寿企業は2.70％で
あった。その後、長寿企業、非長寿企業ともその割合は上昇するが、1990年は
長寿企業3.48％に対して非長寿企業が4.35％、2000年も長寿企業4.17％に対し
て非長寿企業5.04％で、非長寿企業が長寿企業を若干ではあるが上回っている。

　この状況が大きく変化するのは2010年である。同年には、長寿企業の女性代
表者の割合が5.92％となり、非長寿企業の5.59％を上回った。長寿企業の女性
割合はその後も上昇を続け、2020年には8.20％に達した。ちなみに、同年の非
長寿企業の女性割合は6.25％である。

　非長寿企業における女性代表者の割合は、この40年間、極めて緩やかなペー
スでしか増えていないが、長寿企業は2000年代半ば以降、非長寿企業を上回る
スピードで増加し始めた。先に指摘したように、代表者が高齢化した長寿企業
で世代交代が加速している。また、かつての長寿企業は、長男や娘婿といった

男性への承継が当然とされる風潮にあったが、少子化が進み、女性の生き方も多様化するなかで、同族内の女性が代表者に就任するケースが増えたと推定できる。さらに詳細な分析をするためには代表者の氏名の変遷から家族経営か否かを推測する必要があり、今後の研究に委ねたい。

## 代表者の出身校

　代表者の出身校も長寿企業と非長寿企業では違いがあるのだろうか。ここでは、長寿企業と非長寿企業それぞれの代表者について、京都とその近郊の主な大学出身かどうかを確認した。すなわち、代表者が京都大学、大阪大学、神戸大学、関西学院大学、関西大学、同志社大学、立命館大学、龍谷大学、京都産業大学のいずれかの出身の場合「地元大学出身」とし、それ以外の大学・短大・高校・高等専門学校の場合は「それ以外の学校出身」とした。

　図3-11は、長寿企業および非長寿企業の地元大学出身者割合の推移をまとめたものである。長寿企業における地元大学出身の代表者の割合は1980年の27.74％が1995年には39.00％にまで上昇した。しかし、その後減少に転じ、2020年には24.31％まで低下した。「それ以外の学校出身」（24.10％）とほぼ同じ割合である。

　他方、非長寿企業の地元大学出身者の割合は1980年当時から一貫して長寿企業よりも低い。また、その割合は低下し続けており、1980年の16.32％が2020年には8.24％とほぼ半減した。

　本節では、京都の長寿企業の大まかな概要を、1980年から2020年までの企業信用調査データセットより分析した。明らかになったことは以下の5点である。

①創業から100年を経過している長寿企業の割合は増加している。

②資本金や従業員数の規模から確認する限り、21世紀に入って、長寿企業の企業規模は拡大している。また、こうした傾向は売上高からも確認できる。長寿企業のほうが規模の大きな企業の割合が高い。

③代表者の年齢分布を見ると、長寿企業は非長寿企業よりも相対的に高い傾向にあったが、近年は高齢化した代表者が事業承継や廃業などによって引

図3－11　京都府所在の長寿企業と非長寿企業の地元大学出身者割合の推移
（1980年～2020年）

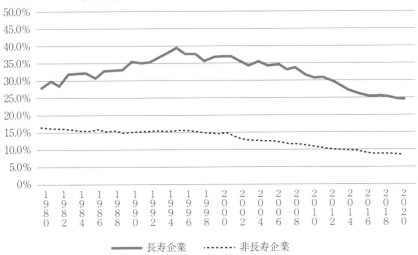

出典：TDB-CAREEのデータを基に作成。

　退し、若い世代が経営する長寿企業が増えている。

④長寿企業の女性代表者の割合は2000年代半ばから急増し、2020年段階では、非長寿企業よりもその割合は高い。

⑤長寿企業における代表者の地元大学出身割合は、非長寿企業よりも高い。しかし、近年は低下傾向にある。

## ❸ 革新企業を生み出す制度・体制

　京都の企業は、高度経済成長期もその後の安定成長経済期も、社会経済の変化に柔軟に対応することで発展してきた。しかし、バブル経済が崩壊し低成長の時代に入ると、伝統産業が縮小し、これに代わって京都経済を支えてきた近代産業もグローバル化の進展に伴って有力企業が生産拠点を海外に移転させるようになった。

　こうした京都経済の厳しい局面を打開するためには、産業政策も、従来の販

路開拓や新商品の開発などに対する補助金を中心とする業界団体振興や、金融を中心とする中小零細企業支援策だけではなく、独自の技術や経営で成長・発展し、京都産業をリードする企業を育てるための個別支援策が求められる。そこで京都府、京都市の行政や商工会議所などの経済団体も、こうした革新企業を発掘、育成、支援するために様々な制度を整備することになった。

　その代表として挙げられるのが「オスカー認定制度」であるが、京都ではこのほかにも多様な制度がある。その主なものを紹介する。

## （1）京都市

　京都市では業界団体支援を中心にした産業政策を進めてきたが、これに加えて京都産業をリードする企業として、個別企業の先進的な取り組みを評価、認定し、支援する制度づくりが始まった。現在、京都市ベンチャー企業目利き委員会、オスカー認定制度、「知恵創出"目の輝き"」企業認定、これからの1000年を紡ぐ企業認定の四つの制度があるが、ここでは後述するオスカー認定制度以外を簡単に説明する。

### 京都市ベンチャー企業目利き委員会

　京都市ベンチャー企業目利き委員会は、数ある京都の革新企業認定制度のなかでもいち早く創設され、1997年にスタートした。運営は、京都市の産業支援機関である公益財団法人京都高度技術研究所（以下、ASTEM）が担っている。

　起業を目指す、あるいは創業からおおむね10年以内の全国の個人、ベンチャー・中小企業から革新的な技術や独創的な事業プランを募り、その新規性、競争力、実現可能性について審査し、成長可能性が大きいプランを審査会でAランク認定する。審査委員は、京都で起業し、世界で活躍する企業に育てた経営者や先進技術・経営に通じた学識経験者で構成され、これまで154社がAランク認定を受けている（2022年3月現在）。

### 「知恵創出"目の輝き"」企業認定

　「知恵創出"目の輝き"」企業認定は、京都商工会議所の提唱する「知恵産業」

に呼応し、2013年にスタートしたもので、地方独立行政法人京都市産業技術研究所が運営している。同研究所が技術支援などを行い、「伝統技術と先進技術の融合」や「新たな気づき」といった知恵産業をキーワードにした新技術・新商品の開発などにより製品化・事業化に至った取り組みのうち、知恵産業の推進に大きく寄与したものを認定する制度である。これまで37社が認定を受けている（2022年3月現在）。

### これからの1000年を紡ぐ企業認定

　これからの1000年を紡ぐ企業認定は、社会的課題をビジネスで解決することや、社会的課題を引き起こさない新しい商品やサービス、システムを生み出すことで持続可能な社会の構築に貢献し、ソーシャルイノベーションに取り組む起業後3年以上の企業・団体が対象である。2016年にスタートし、ASTEMが運営している。これまでに32社・団体が審査会で認定された（2022年3月現在）。

### （2）京都府

　都道府県の産業政策は、国の制度を都道府県レベルで実施することが多いため、京都府は京都市ほど数多くの認定制度は有していないが、主なものとして、元気印中小企業認定制度と「知恵の経営」実践モデル企業認証制度を紹介する。

### 元気印中小企業認定制度

　元気印中小企業認定制度は、京都府中小企業応援条例に基づく認定制度で、自らの強みを生かしながら、新たな技術の研究開発・成果の利用や商品の新たな生産・販売等に取り組み、得意分野でオンリーワンを目指す事業計画を認定する。5年以内の計画で、新規性、実現可能性、市場性・将来性が認定のポイントとなる。2007年にスタートし、2022年3月現在401件が認定されている。

### 「知恵の経営」実践モデル企業認証制度

「知恵の経営」とは、強みの源泉となる知的資産を経営に積極的に活用することを意味する。京都府がそうした中小企業を認証することにより、中小企業の

自主的な取り組みを促し、企業価値や競争力の向上に資することを目的としている。認証のポイントは、知恵の評価、知恵の把握と活用、知恵の開示で、認証の有効期限は2年間である。2008年に発足し、これまでに224社が認証を受けている（2022年3月現在）。

## （3）京都商工会議所

　京都商工会議所は、2007年に立石義雄・オムロン会長（当時）が会頭に就任すると、「知恵産業のまち・京都の推進」を基本方針に掲げた。文化と伝統に裏打ちされた京都ならではの特性や強みである「知恵」を生かして京都産業に革新と創造を呼び起こし、京都を創造性豊かなまちにしようというものである。

　2009年3月に『京都産業・知恵の発信』を研究会の報告書としてまとめ、その具現化策の一つとして、2009年から知恵ビジネスプランコンテストを実施している。さらに、2011年から2013年までの3年間、「創造的文化産業（クリエイティブ産業）モデル企業選定事業」として合計96計画を選定した。

### 知恵ビジネスプランコンテスト

　2009年から2019年まで11年間にわたり、知恵ビジネスプランコンテストが開催され、65社が「知恵ビジネス」として認定された。京都府内の中小企業を対象に、「京都の特性または企業独自の強みを生かし、新たな知恵によってオリジナルの技術や商品・サービス、あるいはビジネスモデルを開発し、顧客創造を実現するビジネスプラン」を公募し、知恵の巧みさ（独自性など）、知恵のインパクト（顧客創造力など）、プランの実現性などから審査会で認定される。2020年にリニューアルされ、現在は「知恵－1グランプリ」として実施されている。

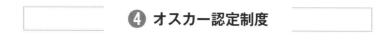

## ❹ オスカー認定制度

　オスカー認定制度は、優れた事業計画（パワーアッププラン）に基づいて経営革新に取り組む中小企業を認定し、計画の実現に向けた継続的な支援を実施

することを企図して、2002年にスタートした。当初は財団法人京都市中小企業支援センターが運営主体となったが、組織統合により2011年度からは ASTEM が担っている。

　応募のあった事業計画について、新規性・優位性・市場性などを評価し、加えて財務の健全性や経営者の意欲なども合わせて審査会で認定する。これまでに222社がオスカー認定を受けている（2022年3月現在）。

## （1）オスカー認定制度について

　ここで、現在のオスカー認定制度の仕組みを紹介しておきたい。

**応募資格**——京都市内に本店、支店、事業所、工場、その他の事業所を有する中小企業。ただし、創業または法人設立から10年以上を経過していること（みなし大企業を除く）。

**提出書類**——事業計画評価申請書、決算書類、企業概要や製品などのパンフレット、企業の概要や内容・事業が分かる資料。

**審査の視点**——企業（財務の健全性、企業の強み）、経営者（熱意・意欲）、事業計画（収益性、新規性、優位性、市場性）。

**審査の流れ**

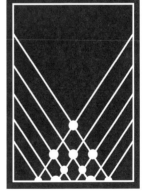

①応募：応募検討者は、事前に事業運営者である ASTEM に相談のうえ必要書類を提出する。

②一次審査：提出書類による審査を一次審査委員が行う。

③訪問調査：一次審査を通過した企業に対して、中小企業診断士のヒアリングによる調査が行われる。

④認定審査委員会：学識経験者や企業経営者などで構成される「オスカー認定審査委員会」で、プレゼンテーションによる審査を行う。

⑤オスカー認定：認定審査を通過した企業に対

オスカー認定
KYOTO
オスカー認定のロゴマーク

して認定書を授与し、認定後は事業計画の実現に向けて継続的な支援を行
う。認定されるとオスカー認定企業を示すロゴマーク（**図**参照）の利用が
認められる。

## （2）オスカー認定制度の創設

### オスカー認定制度創設の背景

　1999年に中小企業基本法が抜本的に改正され、成長、発展を基本理念として
掲げ、意欲と能力のある中小企業の支援に重点が置かれるようになる。2000年
には「中小企業指導法」も「中小企業支援法」へと名称が改正された。行政の
中小企業者に対する「指導」は民間能力の活用による「支援」へと政策転換さ
れ、都道府県・政令市が実施する支援事業も民間事業者の活用を図ることとさ
れた。これにより、全国の都道府県・政令市の組織として運営されていた中小
企業指導所（中小企業指導センター）も2000年度から財団組織を中心にした
「都道府県等中小企業支援センター」に変わっていく。

　京都市でも2002年度に、それまでの京都市中小企業指導所の業務を財団法人
京都市小規模事業金融公社に移管し、同財団を「財団法人京都市中小企業支援
センター」に改称した。同センターで取り組むべき事業を検討するなかで、市
内の中小企業のさらなる発展、飛躍に寄与し、ひいては京都経済の活性化を図
る目的で「企業価値創出支援制度（バリュークリエイション）」を立ち上げる
こととなった。

　折しも京都市は、新産業の振興、新事業の創出など、ものづくりを中心に据
えた新たな産業政策を進めるために「京都市スーパーテクノシティ構想」を策
定しており（2002年3月）、そのなかで「第二創業を目指す企業への支援の充
実」として「企業価値創出支援制度」の活用が位置づけられ、オスカー認定制
度がスタートした。

### オスカー認定制度（第1期）とは

　オスカー認定制度は、2002年度に開始した（第1期）が、2009年度に一旦休
止して事業内容などを見直したうえで2010年度に再スタートし（第2期）、現

在に至っている。

　同制度が当初求めたのは、中小企業者が新たな事業展開や新商品の開発、第二創業などを通じて経営革新を図り、自社の企業価値を高めるための事業計画「バリュークリエイション計画」である。経験豊富な専門家が応募企業への問い合わせや訪問により、より良い計画になるようにアドバイスをしたうえで、「バリュークリエイション審査会」が当該計画を様々な角度から審査・評価する。

　最終審査で合格（オスカー認定）した企業に対し、制度発足時は次のような支援が準備されていた。

①**金融支援**──京都の地元金融機関と連携し、多様な資金需要に対応。京都市の各種融資制度の利用。
②**フォローアップ支援**──認定後2年間、中小企業支援センターのコーディネーター、プロジェクトマネージャーなどがフォローアップ支援を行う。
③**京都バリューアップオスカークラブへの入会**──オスカークラブでの会員間の情報交流やセミナーなどでの事例発表。
④**広報・企業PR**──報道機関に対する記者発表や支援センターの情報誌・ホームページなどへの掲載によるPR。

## （3）オスカー認定制度の見直し（第2期）

### オスカー認定制度の見直し

　スーパーテクノシティ構想におけるオスカー認定企業の目標数は2010年度末時点で100社（累計）であった。しかし、2008年度に目標を前倒しで達成すると、認定企業で構成する異業種交流組織の京都オスカークラブから認定継続への強い要望が出された。認定が終了すると新会員の入会がなくなるため、クラブの活動が先細りしてしまうという懸念があった。

　一方、京都市も、新たなチャレンジにより企業価値を向上した認定企業の多くが京都経済を牽引していることから事業継続を決断した。

　ただ、年月の経過とともに、認定企業のなかから財務内容が脆弱なベンチャ

一的な企業を中心に倒産、廃業が見られるようになった。そこで、財務内容が健全な力のある中小企業を中心に認定するようになり、認定基準に変化が生じた。京都市は制度を見直すため、2009年度の公募を一旦休止し、京都経済の中核を担う中小企業を育成するための「中小企業パワーアッププロジェクト」を立ち上げ、その柱として「オスカー認定制度」を改めて位置づけたのである。

## オスカー認定制度（第2期）の特徴

　こうして、オスカー認定制度は、2010年度に「中小企業パワーアッププロジェクト」の中核事業として再スタート（第2期）する。同プロジェクトでは、企業からの応募を待つだけでなく、ASTEMのコーディネーターなどが成長に意欲的な中小企業を訪問し、経営、技術などに関する相談に乗り、課題の発掘、解決を図り、経営革新への取り組みを進めることで応募につなげていった。また、第2期では、応募資格として、創業または会社設立後10年以上を経過していることが加わった。決算書類も3期分の提出を求め、財務体質が重視されるようになった。

　なお、認定企業に対する支援メニューも次のように大幅に強化された[3]。

①**フォローアップ支援**——地元金融機関OBを中心とするコーディネーターが計画実現に向けた適切なアドバイスや経営力向上のための相談対応を行う。
②**専門家派遣**——弁護士や中小企業診断士などの専門家を無料で派遣する（年間5回）。
③**金融支援**——オスカー認定企業を対象とする「京都市関連認定制度資金」をはじめとして、各種融資制度が利用できる。
④**新規・改良研究開発補助事業**——商品化・事業化を目指す研究開発に対して補助金を交付する。
⑤**販路開拓・技術マッチング支援**——特徴のある技術・製品を有するものづくり企業の販路開拓や技術提携先の開拓を支援する。
⑥**海外展開支援**——海外展開を目指す企業に対して総合的な支援を行うとともに、技術・製品開発や外国への特許出願などに要する費用の一部を助成する。

⑦**企業立地促進助成**——京都市内で事業所を新増設する際の税金に対する補助。

⑧**公的インキュベーション施設賃料助成**——京都市内にある公的インキュベーションに入居する際の賃料補助。

⑨**京都オスカークラブへの入会**——オスカークラブ会員間の大規模な交流会やシンポジウムなどを開催し、異業種交流を進める。また、50歳以下の経営者、後継者等で構成する「オスカー YOUTH」を運営する。

⑩**広報・企業 PR**——報道機関に対する記者発表や ASTEM の情報誌・ホームページなどへの掲載による PR。

## （4）オスカー認定企業の現況

### オスカー認定企業の状況

　オスカー認定企業数は、第1期（2002年度～2008年度）が100社、第2期（2010年度‐2021年度）が122社、合計222社に上る。倒産・廃業・吸収合併などで消滅した企業もあり、2022年現在、活動を続けている企業は196社である。認定企業数は着実に増え続けており、2018年度11社、2019年度9社、2020年度12社、2021年度6社がそれぞれ認定された。

　オスカー認定企業の業種については、製造業が111社（59％）と多くを占めるが、卸・小売業、建設業、情報通信業、運輸業など多岐にわたっている。なお、創業100年を超える企業は29社、50年を超える企業は73社、25年を超える企業は45社で、ある程度の歴史をもつ企業が多いのも特徴である（「京都オスカークラブ2018」の名簿による）。

### 京都オスカークラブ

　京都オスカークラブは、オスカー認定を受けた企業が参加する異業種交流団体で、会員数は181社（2021年7月）である。以前は入会しない企業もあったが、最近の認定企業はほぼ全社が参加している。

---

(3)　オスカー認定企業への支援制度は、第2期に入り充実、拡大してきたが、その後、京都市の財政状況が厳しくなり、2022年現在は④、⑤、⑥が廃止されている。認定審査委員会も2021度にこれまでの年2回が年1回へと変更された。

66

親睦や交流に留まらず、会員間の技術連携や新商品の開発、販路開拓などの取り組みも盛んである。地元金融機関や大学関係者、大学生を招いてのシンポジウムや、会員企業の事業内容、経営理念などを詳しく紹介した冊子の発刊なども手掛ける。50歳以下の経営者および後継者などで構成する「オスカーYOUTH」の活動も活発で、次世代を担う若手経営者の資質向上や新たなコラボレーションに寄与している。京都オスカークラブは、具体的なビジネスにつながる集まりとして注目を集め、同クラブへの入会がオスカー認定の大きなインセンティブになっているほどである。

## ❺ オスカー認定企業の特徴

高い評価を受けているオスカー認定制度であるが、実際に認定された企業にはどのような特徴があるのだろうか。本節では「オスカー認定」企業の実像を描く。

### オスカー認定企業の全体像

オスカー認定企業の主な特徴を、先述した京都企業全体と同じく帝国データバンクが提供する企業データベース（以下、TDB データベース）に基づき分析した。なお、分析にあたっては、一橋大学大学院経済学研究科 帝国データバンク企業・経済高度実証研究センター（TDB-CAREE）にて利用可能な、企業財務データベース（COSMOS1）、企業信用調査データベース（CCR）、企業概要データベース（COSMOS2）を活用した[4]。

データの構築方法は次の通りである。2020年度までにオスカー認定を受けた全201社について、ASTEM の Web 上より企業名、郵便番号、住所および電話番号を取得した。そのうち、京都オスカークラブ[5]に所属する企業は168社で、残り33社は、倒産あるいは廃業、もしくは同クラブを休会または退会していた。これらの企業の現状を確認したところ、インターネット上に Web サイトが存在せず、事業継続を確認できなかったのが14社、他の企業に事業を引き継いだのが4社、京都市外に移転した企業が1社であった。また、京都オスカークラ

ブに属していた株式会社エスユーエスは2017年９月に東証マザーズ市場に上場し、同クラブからの「卒業」を果たしている。

　続いて、オスカー認定企業（201社）について、帝国データバンクが個々の企業に付与する企業コードとのマッチング作業を行ったところ、TDB データベース上で185社を特定できた[6]。以下では、企業信用調査データベースに基づき、オスカー認定企業の特性把握に努める。

## オスカー認定企業の創業年と設立年

　まず、オスカー認定企業の創業年を確認する。図３−12の創業年の分布を見ると、最も古い企業は1677年である。中央値は1949年であり、多くが第２次世界大戦後に創業されている。また、図にはないが、設立年を確認すると、最も古い企業は1932年、最も新しい企業は2007年である。このように、オスカー認定企業には、創業後10年程度の若い企業から「年齢を重ねた」長寿企業まで含まれている。

　企業年齢が企業の財務的なパフォーマンスにどのような影響を与えるかに着目した研究は数多く存在する（Coad [2018]）。さらに関連する議論として、ファミリービジネスであることが、企業の継続性やパフォーマンスに与える影響を、定性的あるいは定量的に分析する研究も目立つ（入山・山野井 [2014]、沈 [2014]、Kellermanns and Eddleston [2006]）。しかしながら、利用できるデータセットの制約から、これらの研究の多くは上場企業をその分析対象としている。

　以下では、2019年時点で創業から100年以上を経過した企業を「長寿企業」と定義し、これらの企業群とそれ以外の「非長寿企業」群との間で差異があるか否かもあわせて、オスカー認定企業の特徴を確認することにしよう。

---

(4)　一橋大学経済学研究科 帝国データバンク企業・経済高度実証研究センター、http://www7.econ.hit-u.ac.jp/tdb-caree/、2020年１月18日アクセス。

(5)　ASTEM の「京都オスカークラブ」、https://www.astem.or.jp/smes/oscar/club、2020年１月25日アクセス。

(6)　オスカー認定企業と帝国データバンクが有する個別企業データのマッチング作業は、社名や住所、電話番号をもとに、データベース上で自動的に行われた。マッチング後の個別企業データはすべて秘匿化されている。

図3−12　オスカー認定企業の創業年の分布

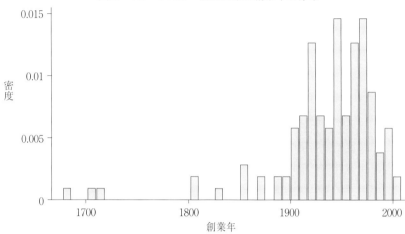

出典：TDBデータベースから作成。

## オスカー認定企業の主な特性

　TDB データベースに基づき、オスカー認定企業を長寿企業か否かで分類したところ、176社のうち34社が長寿企業に該当した。非長寿企業は142社である。**表3−1**は、両企業群の、資本金、従業員数、売上高、代表者年齢を比較している。分析にあたっては、2020年時点の COSMOS1データを用いた。括弧内は、それぞれの値の標準偏差を示している。

　長寿企業の資本金は3,749.9万円、非長寿企業は3,758.5万円とほぼ差がない。一方、従業員数は、それぞれ64.59名、74.17名である。売上高を確認すると、非長寿企業は長寿企業に比べ1.34倍大きい[7]。また、代表者の平均年齢は、長寿企業は59.57歳、非長寿企業では57.60歳と、若干ではあるが長寿企業の年齢層が高い[8]。

　続いて、**表3−2**に企業代表者の就任経緯を示す。長寿企業の場合、同族継承が87.0％、内部昇格が21.7％であり、他のケースは見られない。一方、非長寿企業は、社歴が浅いため創業者が代表となっている企業の比率が23.9％であった。同族継承は57.3％、内部昇格は15.4％である。非長寿企業においても、分社化や買収、外部招聘による就任の割合は低い。

表 3 − 1　オスカー認定企業の長寿企業と非長寿企業の平均の資本金、従業員数、売上高、代表者年齢　［2020年度］　（括弧内は標準偏差）

|  | 長寿企業（n＝34） | 非長寿企業（n＝142） |
|---|---|---|
| 資本金<br>（千円） | 37499.29 | 37585.24 |
|  | (27926.32) | (51341.19) |
| 従業員数 | 64.59 | 74.17 |
|  | (55.64) | (121.32) |
| 売上高<br>（百万円） | 1751.44 | 2350.32 |
|  | (1728.91) | (5462.97) |
| 代表者年齢 | 59.57 | 57.60 |
|  | (10.48) | (11.53) |

出典：TDB データベースから作成。

表 3 − 2　オスカー認定企業の長寿企業と非長寿企業の代表者就任経緯

|  | 長寿企業（n＝34） | 非長寿企業（n＝142） |
|---|---|---|
| 同族継承 | 87.0% | 57.3% |
| 創業者 | — | 23.9% |
| 内部昇格 | 21.7% | 15.4% |
| 買収 |  | 0.9% |
| 外部招聘 | — | 0.9% |
| 出向 | — | — |
| 分社化 |  | 5.1% |

出典：TDB データベースから作成。

　長寿企業と非長寿企業との間で、業種にはどのような違いがあるのだろうか。表 3 − 3 に、主な業種を企業群ごとにまとめた。分析にあたり、製造業を「金属製品製造」、「繊維工業」などに細かく分類したため、長寿企業、非長寿企業ともに、卸売が第 1 位で全体の20％を超え、一般機械器具製造が続く[9]。ただ

<hr>

(7)　ただし、データの散らばりの程度を把握するための尺度の一つである標準偏差を見る限り、長寿企業間、非長寿企業間でそれぞれかなりの差異がある。

(8)　なお、こうした傾向はデータセットの期間を直近 5 年間（2014年〜2018年）に区切った場合でも同様であった。

70

表３－３　オスカー認定企業の長寿企業と非長寿企業の主な業種トップ５

| | 長寿企業（n＝34） | | 非長寿企業（n＝142） | |
|---|---|---|---|---|
| 1 | 卸売 | 23.5% | 卸売 | 23.9% |
| 2 | 一般機械器具製造 | 14.7% | 一般機械器具製造 | 14.0% |
| 2 | 飲食料品・飼料製造 | 14.7% | 金属製品製造 | 7.0% |
| 3 | 繊維工業 | 5.8% | 電気・機械器具製造 | 5.6% |
| 3 | パルプ・紙製造 | 5.8% | 広告・情報サービス | 4.9% |

出典：TDB データベースから作成。

し、３位以下を見ると、非長寿企業で、金融製品製造、電気・機械器具製造、広告・情報サービスが列挙される一方、長寿企業では、飲食料品・飼料製造と繊維工業、パルプ・紙製造が上位を占める。

　京都には、日本酒、和菓子、漬物、西陣織、京友禅、仏壇仏具といった伝統産業に属する企業が多い。伝統産業でも革新的な新事業を計画し実践している企業が少なくないことが示唆される。こうした業種の違いによる革新活動の実態は、本書後半のケース分析で考察する。

## ❻ オスカー認定制度が果たしてきた役割

　繰り返し述べてきたように、オスカー認定制度は、「新しい時代のニーズに適応する」、「常に新しいものに取り組む」といったチャレンジ精神旺盛な企業の証となっている[10]。

　オスカー認定制度の事業計画は実現可能性のあるものが選ばれ、認定後の手厚い伴走型支援によって計画の実現が促進される。経験豊富な５人のコーディネーターが経営面を指導しながら、技術的な課題があれば京都市産業技術研究所や大学の研究者、海外展開なら独立行政法人日本貿易振興機構（JETRO）といった具合に最適な外部組織につないでいく。

　企業ごとに担当するコーディネーターが決まっているため、経営者は安心して相談できる。他方、コーディネーターは担当企業の課題やその対応、成果などをカルテに記載し、毎週開催される全体会議で、個別企業の支援方法などを

検討する。担当制にはなっているものの、ASTEM のなかで議論を重ね、関連する組織を巻き込む仕組みが構築されている。

さらに、オスカー認定企業は様々な認定制度や支援制度を活用しており、これはコーディネーターの存在が大きいと推察される。多くの中小企業にとって、国や府、市などの分厚い中小企業支援メニューのなかから、自社が使えそうなものを見つけ出すことは至難の業だが、オスカー認定されると、当該企業の内実と中小企業支援制度の両面に詳しいコーディネーターが補助金などに関する情報をタイミングよく企業に提供し、書類作成についてもアドバイスする。

こうしたオスカー認定制度には、中長期的なメリットも多い。

第一は、経営革新計画の策定・実施に伴うマネジメント能力の向上である。計画立案にあたり、自社の弱みや強みが明らかになり、経営者は中長期的視点で企業の将来を考えるようになる。本書の企業事例でも、各企業のトップが、将来を見据えた戦略策定で悩み抜き、その実現に向けて邁進する姿が繰り返し描かれている。

第二に、明確なビジョンの提示とその実現に向けた動きは、社員らのモチベーションを高め、組織としての一体感を醸成する。近江屋ロープ（第8章）では、経営者自らがその使命を再考した結果、組織の一体感は急速に強まり、企業存亡の危機脱却につながった。

第三に、知名度や信用力のアップである。京都市、ASTEM、金融機関などは様々な機会を捉え、オスカー認定企業を積極的にアピールしている。「公的機関のお墨付き」によってマスコミなどで取り上げられる頻度も高まる。「経営計画の着実な履行」で、金融機関や販売先、仕入先などからの評価が向上し、資金の調達、取引の拡大、新市場の開拓といった効果も生まれている。

さらに、京都オスカークラブが果たしている役割も見逃せない。同クラブは、経営者の学びの場であるだけでなく、オスカー認定企業の魅力を学生などにアピールする役割も担っている。

---

⑼　第4節で述べた通り（オスカー認定企業の業種は製造業が過半を占める）、大分類では製造業が最も多い。

⑽　本節での議論の詳細は、辻田・松岡・原［2020］を参照されたい。

　京都経済の担い手は、伝統産業の長寿企業からハイテク産業のベンチャー企業まで多岐に及ぶ。成長が期待できる革新的な事業プランを認定し、経営面を中心に包括的に支援するオスカー認定制度はこうした地域の中小企業を網羅しており、国や府などの諸施策も適宜活用しながら、個別企業の実情にあわせたオーダーメイドの支援がなされている。そのため、同制度に限定してその成果を抽出することは困難だが、廃業・倒産が懸念される長寿企業の起死回生から、ベンチャー企業の株式公開まで、事業の継続・発展に対する寄与度は決して小さくないと推察される。

　また、オスカー認定企業では人材の確保・育成といった雇用面でも先駆的な企業が多い。京都オスカークラブメンバーの約１割が、京都府の「京都モデル」ワーク・ライフ・バランス推進企業認証を得ている。女性活躍推進法に基づく一般事業主行動計画を他社に先駆けて策定している企業も目立ち、厚生労働省が若者の採用・育成に積極的な中小企業を認定する「ユースエール」を受けた企業もある。大企業に比べて実態が見えにくい中小企業は、ともすれば学生から敬遠されがちであるが、行政がお墨付きを与えた企業には安心感が漂う。

## おわりに

　本章では、まず京都の長寿企業の特徴を描出した。資本金や従業員数から確認する限り、近年、長寿企業は規模拡大傾向にあり、高齢化した代表者の事業承継や廃業などにより、若い世代や女性の経営者が目立つようになった。かつては後継者候補の子息を地元の大学で学ばせる経営者が多かったが、そうした傾向も薄れつつある。

　長寿企業では、非長寿企業を上回るスピードで経営者のダイバーシティが進み始めているように見える。職人気質の強い、あるいは伝統に固執する零細な長寿企業は市場からの退出を余儀なくされ、経営力のある代表者が牽引する長寿企業や変化を厭わない長寿企業でなければ存続が難しい状況にあるのだろう。

　次いで、革新企業を生み出す京都の公的支援制度・体制を概観し、そのなかでも地元の評価が高いオスカー認定制度とその認定企業について分析を加えた。

　オスカー認定制度は、経営革新を図ろうとする中小企業を、事業計画の策定

段階からその実現までを一気通貫で支援する制度であり、認定企業の経営者らは、革新活動に取り組む同志として深くつながっていることも確認できた。オスカー認定の長寿ファミリー企業は、京都の革新的長寿企業群に含まれるとの本書の前提は概ね妥当とみなすことができよう。

　京都は周囲を山に囲まれた盆地で利用できる土地が少なく、歴史都市であるため建物の高さ規制が厳しい、地価が高いなど産業活動を行ううえで制約が多いため、付加価値の高い企業でなければ生き残れない状況にある。一方では、長年の歴史に磨き抜かれた伝統産業を中心とする技術の蓄積や、本山、家元、伝統文化などから築かれた文化資源、大学の知的資源、自然景観や歴史的景観など、企業経営にあたって京都ならではの優位性も多い。

　こうした背景のなかで、京都企業が継続、発展するためには、企業の歴史を踏まえつつ、新たな挑戦を続けることが不可欠で、京都府、京都市の行政に京都商工会議所も含めて、オール京都でそうした取り組みを積極的に後押ししている。オスカー認定制度は、そうしたなかで評価され定着したのである。

---

## 参考文献一覧

・知恵ビジネスプランコンテスト、https://www.kyo.or.jp/chie/contest/plan.html、2022年4月1日アクセス。

・「知恵の経営」実践モデル企業認証制度、http://www.pref.kyoto.jp/sangyo-sien/1220963445686.html、2022年4月1日アクセス。

・知恵創出"眼の輝き"企業認定、http://tckyoto.or.jp/about/organization/chieyugo/menokagayaki.html、2022年4月1日アクセス。

・Coad, Alex［2018］"Firm Age: A Survey," *Journal of Evolutionary Economics*, 28(1), 13-43。

・入山章栄・山野井順一［2014］「世界の同族企業研究の潮流」『組織科学』48(1)、25〜37。

・Kellermanns, Franz W., and Kimberly A. Eddleston［2006］"Corporate Entrepreneurship in Family Firms: A Family Perspective," *Entrepreneurship Theory and Practice*, 30(6), 809-830。

・これからの1000年を紡ぐ企業認定、https://social-innovation.kyoto.jp/spread/cat/authorized-company、2022年4月1日アクセス。

・窪田裕幸［2013］「知恵産業のまち・京都の推進」『京都商工情報』（京都市産業観光局）168、25〜34。

・京都府元気印中小企業認定制度、http://www.pref.kyoto.jp/sangyo-sien/1177388457956.html、

2022年4月1日アクセス。
・京都高度技術研究所 京都オスカークラブ事務局［2018］『京都オスカークラブ2018』。
・京都市ベンチャー企業目利き委員会、https://www.venture-mekiki.jp/、2022年4月1日アクセス。
・中澤研治［2013］「未来の京都を担うベンチャー・中小企業の発掘について」『京都商工情報』（京都市産業観光局）168、73〜83。
・オスカー認定制度、https://www.astem.or.jp/smes/oscar、2022年4月1日アクセス。
・京都オスカークラブ、https://www.astem.or.jp/smes/oscar/club、2022年4月1日アクセス。
・沈政郁［2014］「血縁主義の弊害——日本の同族企業の長期データを用いた実証分析」『組織化学』48(1)、38〜51。
・白須正［2018］「産業都市としての京都——京都産業の過去、現在、未来」『地域開発』（一般財団法人日本地域開発センター）623、2〜7。
・白須正［2019］「躍進する産業都市・京都——息づくベンチャー精神」『商工ジャーナル』（商工中金経済研究所）45(8)、18〜21。
・辻田素子・松岡憲司・原泰史［2020］「地域中小企業の経営革新支援策——京都オスカー認定制度の分析」『商工金融』70(5)、58〜76。

# 西陣織の(株)秋江

伝統的繊維産業から観光産業へ

## は じ め に

本章で取り上げる「株式会社秋江」（以下、「秋江」あるいは「同社」）は、西陣で1855（安政2）年に織物・糸商として創業し、現在に至るまで5代、約170年にわたって事業を継続している企業である。

京都の西陣、そして西陣織について、これを知らない日本人は少ないと思われる。西陣と西陣織は、我が国の和装文化の担い手であるとともに、各地に散在する伝統的な織物産地の代表的な存在である。そのような地にあって秋江は、西陣織の最大の需要分野である「和装」の領域とは全く異なる社寺向け、それも「御守」を2代目の経営者が手掛けたことを契機として、以来、金襴による「御守」に特化した事業を一貫して展開している。

金襴の用途は多様ではあるものの、経営者が事業規模の拡大を指向すれば、一大市場であった帯や着尺といった和装の分野に着目するのは当然である。ところが秋江は、そのような事業規模の拡大を指向しなかった。安定的に需要が見込めるものの、納入先ごとに仕様が異なるため、多品種少量生産となる社寺向けの「御守」に特化してきた。

ライフスタイルの変化によって和装離れが進む我が国では、帯と着尺を中心とする伝統的な西陣織に対する需要が再び盛り上がる可能性はほぼないであろう。西陣織の企業のなかには、厳しい事業環境のもとで、新たな需要分野の模索や新市場の開拓に積極的に挑戦する企業がある。こうした例として、「株式会社細尾」[1]、「有限会社フクオカ機業」[2]といった企業が新聞報道からうかがえ

る。他方、秋江は100年以上も前に、和装との決別を図るという革新を実現させ、現在の厳しい環境下でも順調に事業を展開している極めてユニークな企業である。

## ❶ 秋江の概要

　冒頭に述べたように、秋江は幕末期に当たる1855（安政2）年に創業し、1958年5月15日に法人化された株式会社である。商業登記上の事業目的は、「各種織物の製造並びにデザインの企画」である。

　実際の事業内容は、社寺向けの御守の製造とその社寺への直接販売が主業である。資本金は1,000万円で、株式の譲渡に取締役会の承認を必要とする株式のみを発行する会社法上の非公開会社（公開会社に関する会社法2条5号参照）であり、株主が同族で占めるいわゆるファミリー企業である。

　同社の現在の経営体制は、5代目の秋江弘一が代表取締役社長で、4代目の秋江義弘が取締役会長を務めている。また、株主総会に加えて、取締役会と監査役1名を設置する機関設計をとっている。これは、2006年5月に会社法が施行される前の旧商法の時代に、株式会社に求められた標準的な機関設計である。

　取締役は、代表取締役を含めて5名である。同族経営ながら、監査役と取締役のうちの1名に外部人材を登用している。なお、監査役の権限は、会社法389条1項の規定に基づき、会計監査に限定する旨の登記が行われている。

御守

　従業員は60名で、パートを含めると140名ほどの規模である。本社建屋内で織機を用いた製造は行っておらず、丹後・桐生などの出機（織機を貸与）に生産を委託している。そして、納入された織物を裁断するといった加工作業に多数の内職を必要とするため、パートの従業員はこの内職の手配などに当たっている。営

業部門には10名ほどが在籍し、1名当たり200ほどの社寺を担当している。納入先は、全国約2,000社寺に達する。このように同社は、織物製の御守の市場ではトップメーカーとなっている。

## ❷ 西陣織の市場概況

### （1）西陣織とは

　秋江は、金襴製の御守という特殊な用途に特化して事業を展開しているものの、西陣織のメーカーである。ここでは、西陣織の市場全体の状況について生産統計を踏まえて概観する。

　西陣織とは、西陣で生産される多品種少量生産方式を基盤とした、先染の紋織物をいう[3]。仙台平、結城紬、小千谷縮、久留米絣、大島紬、琉球絣など、全国各地に古くから所在する産地の織物は、特定の地域で特定の方法で生産された織物を指す。これに対して西陣織は、帯、着尺、打掛、金襴、能装束、几帳などの伝統的な製品から、ネクタイ、ショール、マフラー、ストール、バック、ビロード、インテリア、緞帳など、幅広い用途の製品を含み、西陣で生産される多様な織物の総称として使われている。

　なお、西陣織物工業組合は、西陣織について「京都という土地柄でつちかわ

---

(1)　1688年創業の細尾は、2020年8月に世代交代して若返りを図った。幅広の生地を織る特注機を導入して、高級服地の市場に参入しているほか、ルイ・ヴィトンなどの高級ブランド店やリッツ・カールトンなどの高級ホテルの内装材やインテリア向けの生地を生産するなど、積極的に事業を展開している。「日経産業新聞」11面（2010年2月1日付）、「日本経済新聞地方経済面（京都・滋賀）」（2012年7月13日付）、「同紙地方経済面（関西経済）」（2021年1月13日付）などを参照。

(2)　フクオカ機業は、工業デザインの会社と共同でショルダーバッグの生産、眼鏡産地の福井県鯖江の企業と共同して、炭素繊維に西陣織の柄を織り込む技術を用いた眼鏡フレームの生産、京都市と博報堂が西陣地区に開設したスタートアップ拠点への参画といった取り組みを進めている。「日本経済新聞朝刊14面」（2010年12月8日付）、「同紙地方経済面（北陸）8面」（2018年11月30日付）、「同紙地方経済面（関西経済）10面」（2019年10月24日付）を参照。

(3)　京都府の「西陣織」ウェブサイト（http://www.kyoto.jp/senshoku/nishijin.html）。

れた伝統的なデザインと色彩を持った先染の高級紋織物とつづれ織」[4]と定義している。

　西陣織は、この定義に見られるように、先染めの高級織物として歴史を重ねてきた。我が国で伝統的に生産されてきた織物のなかでも、高級織物の代名詞として西陣織が存在し、組合では産地を証明するための「証紙」を発行している。

　産地証明制度は、特に帯地について他産地との類似品の選別、意匠保護の観点に基づいて、その必要性が早くから認識されていたものの、組織体制が十分でなかったため実現に時間を要していた（西陣織物工業組合［1972］159ページ）。その後、1956年7月に証紙の発行が開始され、西陣織物の品質向上と責任を明確にするとともに、業界としての広告宣伝費を賄ううえでの役割を果たした（西陣織物工業組合［1972］159〜160ページ）。

　なお、京都市内に「西陣」という特定の地域や地名は存在しない。「西陣」という名前は、応仁の乱の際に西軍の大将、山名宗全（1404〜1473）が西に陣を張ったことに由来している、と京都府の「西陣織」ウェブサイトに記されている。そして「西陣織」は、この「西陣」に由来する。なお「西陣」は、南は丸太町、北は上賀茂あたり、東は烏丸通から西は西大路に至る広域的な地域を指しているが（西陣織物工業組合編［1973］106ページ）、その範囲は定かではない。小学校、警察署、銀行の支店、郵便局などに「西陣」という名称が使われているものの、「西陣」を冠する地名は存在しない。

　西陣では、全国の産地に先駆けて、1872（明治5）年に京都府からの欧州派遣により、佐倉常七（1835〜1899）、井上伊兵衛（1821〜1881？）、吉田忠七（帰途、伊豆沖で客船の沈没により1874年に死亡）の3名が留学した、と前掲の「西陣織」ウェブサイトに記されている。

　そして、翌1873年に、彼らがフランスからジャカード織機などの最新の機器と技術を持ち帰ったことが、西陣織のその後の発展を決定付けることとなった。1877年には、日本でジャカード織機の模作に成功している。そして1900（明治33）年には、西陣の一般紋織は、ほとんどがジャカードに移行したとされている（西陣織物工業組合編［1973］13〜14ページ）。

## （2）製品と生産状況

　ここでは、西陣織工業組合が公表している「西陣生産概況」[5]を基に、西陣織の生産状況について概観する。

　この統計は、西陣織工業組合が 3 年に一度実施している「西陣機業調査」の結果に基づくものであり、品種別出荷数量と金額、設備台数で構成されている。ただし、直近の2020年の数値は、京都府統計課の「織布生産動態調査」によっている[6]。以下では、品種別出荷数量と金額について説明する。

　品種については、①帯地（おびじ）、②きもの[7]、③金襴（きんらん）、④ネクタイ、⑤マフラー・ショール・ストール、⑥室内装飾用織物・服地・その他、の六つに大別されている。⑥のうちの「その他」は、袱紗（ふくさ）、裂地（きれじ）、美術織物、テーブルセンター、ファッショングッズ、インテリアグッズなどである。

　六つのうち、「帯地」と「きもの」が西陣織を代表する品種である。③の「金襴」は、古くから西陣織の伝統的かつ代表的な織物と言えるものの、「ネクタイ」[8]、「ショール」、「ストール」については、西陣織の大衆化と用途の多様化の過程で生じたものと捉えることができる。

　この「西陣生産概況」には、1975（昭和50）年以降の数値の推移が一覧表の形で示されている（**表 4 - 1** 参照）。これを見ると明らかなように、西陣織の生産のピークは、その中心的存在である帯地ときものの場合、昭和50年代前半である。③～⑥の品種については、需要の用途が和装とは異なるからか、バブ

---

(4)　西陣織物工業組合編［1973］『京都・西陣の魅力』（浪速社）45ページ。なお、西陣織工業組合は、1973（昭和48）年に西陣織物工業組合・西陣着尺織物工業組合・西陣毛織工業組合の大同合併によって誕生した。

(5)　https://nishijin.or.jp/wp-content/uploads/2021/11/ 令和2年度 _ 生産概況表紙 .pdf

(6)　ただし、「室内装飾用織物」については、「第22次西陣機業調査」の集計結果を照査し推計したと、説明されている。

(7)　ここでは、西陣織工業組合の表記に従って「きもの」と表記している。本稿では、きものを「着尺」、「着物」と表記している場合があり、表記を完全に統一していないことをお断りしておく。

(8)　西陣で初めてネクタイが製織されたのは、1894（明治27）年である。西陣織物工業組合編［1973］14ページ。

表4－1　西陣織の種目別出荷数量と金額（1975年～2020年）

| | | 昭和50年<br>(1975年) | 金額<br>構成比<br>(%) | 昭和53年 | 金額構<br>成比<br>(%) | 昭和56年 | 金額<br>構成比<br>(%) | 平成２年<br>(1990年) | 金額<br>構成比<br>(%) | 平成11年 |
|---|---|---|---|---|---|---|---|---|---|---|
| ①帯地 | 本 | 7,332,867 | 65.4 | 6,610,058 | 67.1 | 5,954,279 | 66.3 | 4,305,379 | 57.2 | 1,620,748 |
| | 金額（千円） | 134,114,130 | | 157,649,493 | | 170,672,018 | | 159,719,547 | | 50,626,729 |
| | 単価（千円） | 18.289 | | 23.850 | | 28.664 | | 37.098 | | 31.237 |
| ②きもの | 反 | 2,388,646 | 14.1 | 1,906,067 | 11.7 | 1,115,310 | 7.9 | 291,256 | 2.8 | 105,086 |
| | 金額（千円） | 28,947,998 | | 27,454,983 | | 20,392,727 | | 7,709,997 | | 3,592,329 |
| | 単価（千円） | 12.119 | | 14.404 | | 18.284 | | 26.472 | | 34.185 |
| ③金襴 | ㎡ | 2,028,019 | 3.7 | 2,079,341 | 3.3 | 1,507,666 | 2.8 | 1,582,268 | 4.9 | 1,040,334 |
| | 金額（千円） | 7,506,201 | | 7,864,780 | | 7,130,753 | | 13,567,304 | | 6,603,755 |
| | 単価（千円） | 3.701 | | 3.782 | | 4.730 | | 8.575 | | 6.348 |
| ④ネクタイ | 本 | 13,576,969 | 5.3 | 7,814,164 | 3.0 | 7,294,966 | 2.6 | 11,390,952 | 4.5 | 6,954,776 |
| | 金額（千円） | 10,783,345 | | 7,051,058 | | 6,724,920 | | 12,589,844 | | 6,158,723 |
| | 単価（千円） | 0.794 | | 0.902 | | 0.921 | | 1.105 | | 0.886 |
| ⑤マフラー・ショール・ストール | 枚 | 290,223 | 0.4 | 327,885 | 0.5 | 252,538 | 0.3 | 443,014 | 0.4 | 179,587 |
| | 金額（千円） | 903,660 | | 1,146,329 | | 750,786 | | 1,159,464 | | 2,810,200 |
| | 単価（千円） | 3.114 | | 3.496 | | 2.973 | | 2.617 | | 15.648 |
| ⑥室内装飾用織物・服地・その他 | ㎡ | 31,228,876 | 11.1 | 32,429,264 | 14.4 | 44,762,868 | 20.1 | 117,492,199 | 30.3 | 17,467,633 |
| | 金額（千円） | 22,846,075 | | 33,879,368 | | 51,773,239 | | 84,716,329 | | 20,047,314 |
| | 単価（千円） | 0.732 | | 1.045 | | 1.157 | | 0.721 | | 1.148 |
| 合計 | 金額（千円） | 205,101,409 | 100.0 | 235,046,011 | 100.0 | 257,444,443 | 100.0 | 279,462,485 | 100.0 | 89,839,050 |

出典：西陣織工業組合「西陣生産概況」の品種別出荷数量と金額による。ただし、昭和50年を「100」とした指数について、令和２年を除いて省略して記載するとともに単価は筆者が算出。

| 金額構成比(％) | 平成20年 | 金額構成比(％) | 平成23年 | 金額構成比(％) | 平成26年 | 金額構成比(％) | 平成29年 | 金額構成比(％) | 令和２年(2020年) | 金額構成比(％) | 昭和50年対比(％) |
|---|---|---|---|---|---|---|---|---|---|---|---|
| 56.4 | 884,123 | 38.2 | 661,743 | 41.7 | 577,085 | 47.9 | 475,600 | 46.6 | 260,296 | 44.1 | 3.5 |
| | 22,164,817 | | 14,806,099 | | 15,979,350 | | 14,328,912 | | 8,097,948 | | 6.0 |
| | 25.070 | | 22.374 | | 27.690 | | 30.128 | | 31.111 | | 170.1 |
| 4.0 | 63,242 | 3.4 | 46,714 | 4.6 | 37,255 | 4.0 | 34,157 | 4.0 | 33,284 | 6.2 | 1.4 |
| | 1,996,073 | | 1,614,843 | | 1,340,880 | | 1,244,419 | | 1,143,571 | | 4.0 |
| | 31.562 | | 34.569 | | 35.992 | | 36.432 | | 34.358 | | 283.5 |
| 7.4 | 571,417 | 8.5 | 502,204 | 10.2 | 325,898 | 9.6 | 275,359 | 9.9 | 273,543 | 7.3 | 13.5 |
| | 4,923,768 | | 3,612,461 | | 3,197,939 | | 3,045,182 | | 1,339,275 | | 17.8 |
| | 8.617 | | 7.193 | | 9.813 | | 11.019 | | 4.896 | | 132.3 |
| 6.9 | 1,060,933 | 1.6 | 464,394 | 1.3 | 327,758 | 1.0 | 917,477 | 3.0 | 633,482 | 3.6 | 1.7 |
| | 917,466 | | 452,906 | | 349,136 | | 934,447 | | 653,315 | | 6.1 |
| | 0.865 | | 0.975 | | 1.065 | | 1.018 | | 1.031 | | 129.8 |
| 3.1 | 16,700 | 0.1 | 15,300 | 0.1 | 4,060 | 0.0 | 5,000 | 0.0 | 3,223 | 0.0 | 1.1 |
| | 39,350 | | 31,500 | | 13,000 | | 14,000 | | 6,085 | | 0.7 |
| | 2.356 | | 2.059 | | 3.202 | | 2.800 | | 1.888 | | 60.6 |
| 22.3 | 42,374,433 | 48.2 | 24,946,078 | 42.2 | 19,468,940 | 37.4 | 17,414,189 | 36.4 | 15,684,503 | 38.8 | 50.2 |
| | 27,963,401 | | 14,951,816 | | 12,492,388 | | 11,204,331 | | 7,118,268 | | 31.2 |
| | 0.660 | | 0.599 | | 0.642 | | 0.643 | | 0.454 | | 45.4 |
| 100.0 | 58,004,875 | 100.0 | 35,468,625 | 100.0 | 33,372,693 | 100.0 | 30,771,291 | 100.0 | 18,358,462 | 100.0 | 9.0 |

注：出典資料の品種別出荷数量と金額に付された注記は次の通り。ただし、一部記述の内容を変更している。

1．令和２年以外は、「西陣機業調査」の結果である。なお、「帯地」については「裏帯地」を含む。（（注２）も同様）。

2．令和２年は、京都府の統計課が行った「織布生産動態統計」の集計結果（１月〜12月の１年間）である。ただし、「室内装飾用織物」については、「第22次西陣機業調査」の集計結果を照査し、推計したもの。

3．「その他」の数量は、単位が異なるため、㎡換算以外の数値は含まれていない。ただし、金額は「その他」全てを含む。

ル経済が最盛期となった平成の初頭がピークである。市場全体の変遷を俯瞰して、**表4－1**から次の3点を特記事項として指摘できる。

第一の特徴として、市場が著しく縮小している点である。2020年の西陣織の出荷額は、1975年の9.0％にまで縮小している。この背景が、我が国の生活スタイルの洋式化の進行と、それと並行して発生する「和装離れ」にあることは、改めて言うまでもない。帯地ときものの出荷数量・金額の縮小幅はさらに深刻で、1975年のほぼ5％を下回るまでに縮小している。また、出荷額以上に出荷数量の落ち込み幅が大きい。

京都府・京都市による観光産業の振興策の推進と、着物文化の普及活動への積極的な取り組みが見られるものの、市場全体の縮小に歯止めをかけるまでには至っていない。

第二に指摘すべき点は、市場が縮小するなかで、単価の上昇が顕著に進んでいる点である。1975年と2020年の単価を対比すると、「帯地」では170.1％、「きもの」で283.5％となっている。市場全体として見ると、市場の縮小に対して、高級化によって生き残りが図られ、市場が維持・形成されていることがうかがえる。

市場の縮小が普段使いの低価格帯の和装関連製品から始まると考えれば、市場全体は必然的に高価格帯の高級品を主体として維持・形成されることになろう。ただし、これは、数字の上から観察される事実であって、個々の生産者の動向までを個別に調査したわけではない。比較的価格の低い製品を生産していた業者が、付加価値の高い高価格の製品に容易にシフトできるのか、あるいはそのような実例があるのか否かは不明である。

このように和装関連市場全体は縮少し、高級化が進行しているが、花街、日本舞踊や歌舞伎をはじめとする伝統芸能、邦楽、茶道・華道、演劇・映画・テレビ業界などの分野で着物の需要は根強く存在するため、そのような需要に専門的かつ終始一貫して応えている業者にとっては、市場動向に大きな変化はない、という見方ができるのかもしれない。

第三に、⑥の「室内装飾用織物・服地・その他」は、帯地、きもの、金襴に比して、出荷数量・金額ともに、落ち込み幅ははるかに小さい点である。これ

は、帯地などの需要分野が和装であるのに対して、⑥については、服地を典型
として、和装離れの影響を受けていない結果であると考えられる。

　西陣織全体の傾向として、帯地を中心とする和装市場の縮少には、その高級
化によって生き残りを図ろうとする一方で、室内装飾用織物や服地などの非和
装分野に活路を見いだそうとする動きが読み取れる。

## （3）ジャカード織機の導入とデジタル化の進展

　西陣では、明治期にフランスからジャカード織機を導入したことにより、複
雑で高度な織物を従来よりも容易に織り上げることが可能になった。ジャカー
ド織機は、「紋紙」と呼ばれるパンチカードを使うことによってその穴の情報
を読み取り、経糸と緯糸を使って複雑な模様の立体的生地を生産する。様々な
文様に対応できる紋紙を多数保有していることこそが機屋（織物製造業者）と
しての存立基盤であった。

　しかし、近年では、デジタル化への対応が進み、紋紙の読み取り部分が電子
化されたデータに対応するジャカード織機が開発された。用いられるデータの
記憶媒体も、フロッピーディスクからメモリーカードや USB メモリーへと進
化している。

　紋紙による製織では、縦と横に伸びる布地の特性から、企画された模様を想
定通りに織り上げるためには、紋紙の製造自体に特殊なノウハウを必要とした。
しかし、電子化によって比較的簡単にデータ化が行えるようになるとともに、
製品の精度も飛躍的に向上した。ただし、現在の西陣では、海外の新しい織機
の導入が進んでおらず、織手と新しい素材の開発も求められている。例えば、
ワッペンなどの細い糸を用いた小型の製品や密度の高い新しい織物への対応が
遅れている。

## （4）金襴の用途と市場

　『岩波　国語辞典〔第8版〕』（岩波書店、2019年）によると、金襴とは、平金
糸をよこ糸に加えて模様を織り出した錦の一種である。金糸のほかに、細く切
った金箔を織り込んで模様を織り出すこともある。金襴は、高級織物の代表的

なものであるとともに西陣織を代表する織物の一つでもある。

　金襴の主な用途としては、①帯、②袋物（茶道具としての茶入れの袋［仕覆］などを含む）、③雛人形などの人形衣装、④能衣装などの装束、⑤打掛などの花嫁衣裳、⑥袈裟、⑦仏具関連品（打敷など）、⑧祭用品（お神輿の装飾品など）、⑨掛け軸などの表装用といったものがある。

　豪華絢爛でそれ自体が独自の存在感を放つところから、帯・能装束・花嫁衣裳・袈裟といった衣装・装束用の用途を除けば多用されることはない。なお、銀糸を用いたものは「銀襴」と称される。畳縁も、一見したところ金襴に類似している場合があるものの、現在は化学繊維で織られていて、金襴には該当しない。

　金襴の製造・卸売企業は、小規模な業者が多いため、全体像の把握には限界がある。調査で判明した企業は**表4-2**の通りである。京都に所在する企業が大半である。ただし、西陣織工業組合『西陣年鑑（2019年版）』によると、同工業組合の金襴部会の会員数は、法人・個人を合わせて45と多数である。主要企業がどこかを捉えることは、各企業の売上高が不明であることもあって困難である。

　西陣織工業組合の「西陣生産概況」によれば、2020年の金襴の出荷数量は273,543㎡、出荷金額は1,339,275,000円である。出荷数量・出荷金額とも、1975年との対比では、その落ち込み幅が帯地・きものよりもかなり低い割合に留まってはいるものの、縮小傾向にあることは同様である。出荷数量は1975年の13.5％、出荷金額では17.7％にまで縮小している。

　このような縮小傾向は、金襴の用途が我が国の伝統的な暮らしや文化・芸能に深く根差したものであるものの、生活環境の大きな変化を受けて、金襴を必要とする場面が大きく減少していることによると考えられる。なお、2020年の単価は4.896円／㎡で、1975年の3,701円／㎡から上昇しているものの、その上昇幅は130.9％と、帯地・きものよりも小さい。

表4−2　金襴の主な製造・卸売企業

| 企 業 名 | 事 業 内 容<br>（主な需要分野） | 所　　在　　地 |
|---|---|---|
| 株式会社秋江 | 神社仏閣用授与品製造<br>（御守） | 上京区堀川通上立売下ル北舟橋町835 |
| 株式会社いなば下商店 | 金襴の織と縫製<br>（仏具・葬祭用品） | 中京区西洞院通御池上ル押西洞院町612 |
| 小川織物株式会社 | 西陣金襴製造販売<br>（ネクタイ・テーブルセンター等） | 上京区大宮通五辻上ル西入紋屋町314 |
| 荻野金襴織物株式会社 | 金襴製造販売<br>（人形衣装・仏具用） | さいたま市岩槻区城南2−8−6 |
| 加地金襴株式会社 | 寺社向け金襴製造<br>（仏具用） | 上京区竪社南半町225 |
| 株式会社誉勘商店 | 金襴正絹織物製造卸<br>（法衣、人形・舞台衣装） | 中京区室町通二条上ル冷泉町53 |
| 鳥居株式会社 | 金襴緞子美術織物卸<br>（表装・額縁裂地） | 中京区夷川通堺町東入る絹屋町128 |
| 有限会社中村金襴工場 | 金襴・緞子他製造<br>（金襴全般） | 福山市神辺町川北1294−1 |
| 株式会社伴戸商店 | 金襴織物卸<br>（人形・仏具・茶道具等） | 上京区西堀川通今出川下ル竪門前町404 |
| 株式会社もりさん | 金襴織物製造卸<br>（人形衣装） | 上京区千本中立売東入ル加賀屋町402 |

出典：筆者のインターネットを用いた調査と秋江へのヒアリングによる。
注：株式会社伴戸商店は卸売業者である。主な需要分野は、筆者が各社のウェブサイトを検索した結果による。

## ❸ 授与品の市場

### （1）授与品（織物製の御守）の市場規模

　ここでは、織物製の御守を中心として、社寺における授与品の市場について、筆者による調査の結果を示す。なお、以下に示すものは、具体的な生産統計などが存在しない特殊な領域に関する調査の結果であるところから、事実の誤認などによる大きな誤りが含まれている可能性を否定できない。ただし、既存の

調査がないと推測されるため、結果を示すこと自体に一定の意義があると考えられる。

　なお、この部分の記述をまとめるに際して、筆者の調査結果と秋江に対する調査結果を補強する意味もあって、社寺へのヒアリングを試みたものの、非常に難しいことが明らかになった。社寺の授与品、縁起物の参拝者・参詣者への授与は、営利法人が行っている販売活動とは異なり、社寺が「事業」として行っているわけではない。販売ではなく、あくまでも「授与」である。初穂料が設定されているとはいえ、参拝者・参詣者は、授与のお礼として初穂料を納めているということである。

　授与と初穂料との間に対価関係は存在しない。授与品の授与を、「販売」と決して混同してはならない。また、社寺における授与品や縁起物の調達の実態が、たとえその一端であっても明らかになることは、日本人の宗教観や個々の社寺の風評にも重大な影響をもたらす問題であると考えられるため、ヒアリングは困難ということになる。したがって、以下の記述は、筆者の調査結果を踏まえつつも、推論や推測を多く含むところから、実状がこれとは大きく異なる可能性があることをお断りしておきたい。

　授与品の市場をさらに素材別に捉えて、織物製の御守の市場規模について考えると、出荷ベースで、大きくても数十億円程度と推定できる。ただし、市場規模を明確に捉えること自体が非常に困難である。その要因は、①御守の素材が多様化するとともに複合化している、②他の素材の御守の製造を主業としつつも、社寺への納入に際して他社から調達した各種の素材による御守を納入している企業が存在すると推定される、③御守以外の授与品との境界が必ずしも明確ではない場合もある、といった点である。

　とはいえ、西陣における金襴の生産高と秋江の売上高に占める御守製品の売上高から判断して、上記の市場規模に関する推定数値と実際の市場規模との間に大きな乖離はないと考えられる。秋江が、織物製御守専業のトップメーカーだからである。なお、授与品全体の出荷ベースでの市場規模は、紙製・木製・陶製などを含めれば、出荷ベースで確実に100億円以上の規模に達すると推測される。

## （2）授与品関連業界の特徴

　我が国の神社、寺院では、参拝者・参詣者に御守、絵馬、破魔矢、干支の飾り、お札（紙札・木札）、土鈴といった各種の縁起物を授与している[9]。おみくじもまた、吉凶を占う籤として多くの神社・寺院で提供されている。

　このような社寺での授与品の素材を分類すると、織物（布）、紙、木、陶といったものがある。これらは、古代から我が国で日常的に使われてきた素材である。さらに最近では、樹脂、アクリルや金属を用いたものなど、素材が多様化する傾向も見られる。キーホルダーのようなタイプのもの、御守を樹脂製素材でコーティングしたものも見られ、素材の複合化も進んでいる。

　なお、織物製の御守には、金糸を用いた金襴が用いられる。これは、金襴などの「光り物」が魔を除けると信じられたことに基づく。また、御守の分類には、統一的なものは存在しない。代表的な「錦守」と呼ばれる御守は、諸願成就を目的とする「御守」という文字を織り込んだ金襴製の御守を指す場合が多いと考えられる。

　次に、社寺の授与品を素材別に見ると、それぞれの素材は、その用途が社寺の授与品に限定されない。したがって、授与品、さらには御守に限って市場規模や参入企業を把握することには困難を伴う。

　例えば、紙札などの紙製の授与品を見ると、和紙を使った紙製品を主に製造・販売する企業や、印刷業者によって製作することが可能である。そして、このような紙製品を扱う企業は、販路を社寺に限定しているケースもあれば、一般の商業印刷などを手掛けている場合もある。紙製品そのものの販売を主業とするのか、印刷などを主業とするのかといった点、さらには、そのような個々の企業が、自社の製品・商品に付加価値を付けて販売しようとするのか否か（紙札の状態にまで仕上げて社寺に納品するのか否か）によっても、各企業の授与品へのかかわり方に差異が生じてくる。

　同じように、金襴の用途は御守に限られないところから、御守に特化して生

産している企業もあるし、そうでない企業も存在するであろう。秋江のように、用途を御守に特化して生産している企業は、むしろ稀であると考えられる。金襴に「御守」「家内安全」といった文字を織り込めば、ほかの用途への転用はできなくなるうえに、後述するように、社寺の違いを問わない汎用的な御守というものは現在では存在しない。また、金襴のメーカーが売上を追求すれば、生地の消費量が多い衣装・装束用を指向することになる。

このように、社寺の授与品の市場、さらには金襴の場合も、御守に限った市場がニッチ市場であることに疑いはない。なお、社寺は、参拝者・参詣者に授与品を営利目的で「販売」しているわけではないから、市場規模を社寺から参拝者・参詣者に対する販売高・売上高で捉えることはできないし、そのような公表数値も存在しない。業界調査においては、通常、市場規模を示すことが一般的である。ただし、この業界の市場規模は、統計資料が存在しないこともあって、メーカーの売上高や、当該企業が社寺向けに特化した事業体制をとっているのか、といった点をふまえ、メーカーの売上高ベース（出荷ベース）と市場シェアを使って市場規模を推計する以外に方法はない。

次に、近年の授与品の御守の特徴として、①参拝者・参詣者の祈願の目的に応じて種類が多様化している点、②社寺ごとに特徴のある御守が製作されている点が挙げられる。種類の多様化については、「就職成就」、「合格成就」、「必勝」（スポーツ・武道用）、「安産」、「病気回復」、「旅行安全」といったように、具体的な祈願の目的に応じた多種類の御守が製作されている。また、それぞれの社寺の名称とともに、当該社寺の特徴を表す動物や植物などを織り込んだ御守が製作されている。このように御守の市場は、多品種化と他の社寺との差別化が進んでいる。

なお、御守は、社寺の由来によって一定の功徳があると信じられており、成田不動（千葉県成田市）の身代わり、北野天満宮（京都市）と太宰府天満宮（福岡県太宰府市）の学業上達、浅草観音（東京都台東区）の雷除け、金刀比羅宮（香川県仲多度郡琴平町）の海上安全、水天宮（東京都中央区）の安産などが知られている（国史大辞典編集委員会編［1980］913ページ）。

また、授与品の特徴として、社寺の調達コストと参拝者・参詣者が個々の授

与品に対して社寺に納める初穂料との間に牽連関係がないことが挙げられる。
通常の商材に見られる適正利潤という概念が存在しないため、両者に非常に大
きな乖離があったとしても、参拝者・参詣者がそれぞれの授与品の初穂料に納
得すればそれでよいことになる。むしろ、初穂料を低く設定すると、参拝者・
参詣者は「御利益」がないと考えるかもしれない。

## （3）同業他社

　ここでは、織物製御守製造業に限定することなく、社寺向けの授与品を製
造・販売（卸売を含む）する主な企業に関して実施した調査結果を示す（**表4**

**表4－3　授与品の主な取扱業者**

| 企　業　名 | 事　業　内　容 | 所　在　地 |
|---|---|---|
| 赤松紙工 | 神社用紙工品 | 赤穂市折方1495－24 |
| 株式会社阿部 | 木札・絵馬・御守などの製造卸売 | 栃木市藤岡町藤岡5203－1 |
| 栄拓産業 | 干支土鈴等製造 | 四日市市芝田1－1－15 |
| 京都奉製株式会社 | 授与品の受託製造販売 | 京都市左京区静市市原町1291－25 |
| 株式会社高野山三光社 | 護摩木札など社寺用製品の製造・販売 | 和歌山県伊都郡高野町大字高野町807 |
| 株式会社コラボレーション・パートナーズ | 健康用品・寺社授与品の企画・開発 | 埼玉県三郷市天神1－64－1 |
| 有限会社サタケ製鬼所 | 鬼瓦・御守などの製造販売 | 四日市市西山町6427－1 |
| 三幸商店 | 御守・御札・縁起物の製造卸 | 大東市氷野3－14－2 |
| 有限会社篠原物産 | 御札・御守などの卸売 | 廿日市市大野守上更地2063－8 |
| 新日本工芸株式会社 | 授与品の製造・販売 | 水戸市河和田町3891 |
| 株式会社丹澤紙業 | 御札・御守の製造・販売 | 山梨県西八代郡川三郷町市川大門126 |
| 有限会社寺村紙工 | 手加工紙製品・印刷物 | 京都市北区大宮一ノ井町62－1 |
| 東龍 | 御守・授与品の製造販売 | 越谷市レイクタウン1－27－1 |
| 常陸神宝株式会社 | 御守・御札の製造・販売 | 水戸市渡里町835－1 |
| 株式会社吉田印刷所 | 神社仏閣紙工品製造 | 新潟県五泉市今泉947－1 |

出典：筆者のインターネットを用いた調査による。
注：企業名だけを記した企業は、その形態が会社か個人か、会社の場合、株式会社、有限会社、合名会社、合資会社、合同会社のいずれであるかが不明である。記載は、企業名の五十音順。

－3参照）。これらの企業の特徴としては、社寺が全国に所在し、各企業が授与品の素材ごとに取り扱うものが異なることから、金襴<sup>きんらん</sup>のメーカーよりもはるかに地域的な広がりが大きく、紙、木、土、織物と、素材別に取扱企業が形成されている点を指摘できる。

## ④ 秋江の「革新」の歴史

### （1）伝統産業から観光産業へ

昭和から平成、そして令和へと、急速に進むライフスタイルの変化を受けて、和装向けの織物に対する需要は大きく減少している。秋江では、「織物業に5年先はない」、「伝統産業としては生き残っていけない」という危機感のもと、主業である織物業を守りながら、なお革新を続けている。

需要がなければ、長い歴史と伝統を誇る産業であっても存続できないことは明白である。高い技術力を生かして、いかによい製品を生み出しても需要がなければ同様である。同社は、社寺向けの御守製造を主業としつつ、伝統産業である織物メーカーから、社寺向けの観光産業へと意識の大転換を図ってきた。

近年、外国人観光客の増加を背景に、京都、奈良といった伝統的な観光地は活況を呈してきた。そのなかでも社寺は、我が国独自の観光資源として多くの観光客をひきつけてやまない。そして、御守をはじめとする社寺での授与品は、海外には見られない我が国固有のものである。

### （2）創業から現代まで

ここでは、創業から5代目の現経営者につながる歴史をたどりながら秋江の革新の過程を追う。

秋江は、1855（安政2）年に織物・糸商として創業し、以来、西陣の織屋として現在に至っている。2代目経営者が、定期的な注文を受ける先が社寺関係であることに着目したことが、現在の御守製造の原点である。織と加工の技術を使って御守の製造を始めるとともに、需要開拓のため全国の社寺にヒアリン

グを行った結果、納入先の拡大が実現した。多くの用途がある金襴の用途を御守に定め、販路を社寺に求めたことが現在の発展につながっている。これが第一の革新と位置づけられる。

　2代目の秋江義三郎が社寺向けの市場に着目した経緯は、売上高と利益の最大化を指向する現在の多くの株式会社には決して見られない特異な要因に基づく。

　義三郎は信仰心が篤く、浄土真宗大谷派の東本願寺に帰依し、朝参りを重ねるとともに、講中のお世話や寄付寄進を行っていた。そのような篤い信仰心もあって、秋江には多くの感謝状が現存する。東本願寺からは大きな仏壇を下賜されている。初代が織物・糸商であったこともあり、社寺から定期的に織物の発注を受けるようになった義三郎は、「光り物」が魔を除けると信じられたことを踏まえて、金銀糸を素材とする「錦守」を考案するとともに、現在では一般的になった「御守袋」を考案した。これは第二の革新と位置づけられる。

　なお、秋江は、「ご要望に応える」という経営方針を徹底してきたこともあって、このような受注は、決して社寺に積極的に働きかけた結果ではない可能性がある。2代目の敬虔な信仰心と、それを受け止めた社寺側の対応の結果が受注につながったと考えられる。経営の「革新」とは、あくまでも現時点での評価の問題であって、会社側からの主体的な働きかけによる結果だけが「革新」と評価できるものではない。

　そして、それぞれの社寺の要望・仕様に個別に、かつきめ細かく応える形で、順次、全国の社寺へと販路を広げていった。その際、ジャカード織機による精細な表現力が役立った。

　このように、売上高や販売数量を増やすことではなく、納入先の「ご要望に応える」という経営を徹底してきたことが秋江の大きな特徴である。御守に汎用品はない。社寺ごとに仕様が異なるため、多品種少量生産となり、手間暇がかかる。同業者から、「コスト倒れに終わるのではないか」という懸念が寄せられたこともあるものの、秋江は社寺の「ご要望に応える」との理念のもとで丁寧な対応を重ねてきた。

　秋江が納入先の各社寺から厚い信頼を得ていたことは、第1次世界大戦、第

２次世界大戦の戦時下に金銀糸の入手が困難となった際、いくつかの社寺の添え状を添付して、当局への材料手配の申請を行ったという経緯からもうかがえる。

次に、３代目の秋江喜八郎の時代には、社寺の特徴を表す紋や社寺名を織り込むことによって、どの社寺で授与されたものかを分かりやすくした。また、御守を御守袋に納めた状態での授与の一般化に尽力した。これは第三の革新と位置づけられる。

４代目の時代には、納入先の要望に応えるとともに需要を掘り起こすことによってさらに大きく発展した。御守に織り込まれた文字は、従来、「御守」の２文字が主であったが、モータリゼーションの到来による「交通安全」や、「家内安全」といった祈願の目的を示す文字を織り込んだ御守に対するニーズが高まったことなどを受けて、それをいち早く製品化して納入したことが第四の革新と位置づけられる。特に、大阪府寝屋川市の大阪成田山不動尊からの受注は個別の要望に応えたものである。

４代目の秋江義弘会長（右）、５代目の秋江弘一社長。手前は西陣織で再現した相撲の番付表

なお、秋江は、1958年５月に株式会社化されている。これは、４代目が大学を卒業する時期と重なるものであった。戦後の復興期に、多くの個人事業主が法人成りを遂げてさらなる発展の礎を築いている。同社も、その例に倣った。

５代目は、2010年に先代から経営を引き継いだ。先代と同様、40代半ばで襷（たすき）を受けた。そして、2013年には本社屋の建て替えを実施している。また、1998年頃から２メートル幅の広幅の織物に対応できるように大型機械を導入し、絵画の織物化に取り組んだ。成果として、レオナルド・ダ・ビンチ（1452〜1519）の代表作の一つ「白貂を抱く貴婦人」を綴れ織

で再現したものが本社3階にある会議室に展示されている。

　写真を印刷したものと見紛うばかりの出来栄えである。また、細かな文字で書かれた相撲の番付表を織物で再現することにも成功している（写真参照）。絵画などを題材として、それを忠実かつ高精細に織物で再現する高度な技術は、第五の革新と位置づけられる。ただし、高い技術力は実証されたものの、確実な需要に必ずしも結び付かないという悩みがある。

## （3）「革新」の歴史の総括

　秋江は、西陣で5代続く西陣織の企業で、金襴を用いた御守に特化して事業を展開している。御守は、外国人を含む観光客の動向に左右されるものの、現在、我が国で顕著に進んでいる和装離れの影響を受けることはまったくない。同社は西陣織のメーカーでありながら、西陣織の主たる需要分野である和装とはまったく異なる市場をターゲットに定める非常に個性的な企業である。

## （4）「革新」の推進者

　秋江の経営に関する「革新」の推進者は、いずれも経営者本人である。同社の法人としての設立は1958年で、3代目までは個人経営であったから、有能な番頭格の使用人がいない限り、経営者本人が「革新」の担い手となる以外に道はない。上記のように、同社では、各経営者がそれぞれに経営の「革新」を実現して現在に至っていると評価できる。

　同じことを継続しつつ、社寺や参拝者・参詣者のニーズに徹底して応えることで市場の深耕や納入先の拡大を実現してきたということである。同社の事業は、伝統の承継が「革新」の連続であることを実証していることになる。

## （5）「革新」の成果

　秋江が実現してきた「革新」は、同社の発展に確実に結び付いている。着物を着ることが一般的であった時代における西陣織の主な用途は、着尺や帯などの衣料品である。消費量が大きいため、売上高を追求すれば、当然ながら衣料品としての市場を開拓することになる。西陣織を手掛ける多くの企業がこの方

向を指向した。

　ところが秋江は、売上規模の拡大を求めず、むしろ「ご要望に応える」という理念と定期的な発注という売上の安定に着目し、社寺向けの市場に特化してきた。さらに、社寺で扱われている授与品の御守に着目し、それを製品化した。

　第2次世界大戦後、我が国では国民生活の洋風化が急速に進行した。嫁入り道具として、着物を持参するという習俗も現在ではほとんど見られなくなり、伝統的な芸能・芸事に親しむことも少なくなっている。

　これに対して、初詣をはじめとして国民が社寺に参拝・参詣する風習は健在である。むしろ、国民の年中行事としての社寺への参拝・参詣は、交通手段の発達などもあって強くなっているように思われる。そのため、国民生活の洋風化の影響を受けることなく、秋江の現在の発展につながっている。

　西陣織は、和装離れを背景として、市場の縮小傾向に歯止めがかからない極めて厳しい状況にある。しかし秋江は、第2次世界大戦後の市場の拡大期にも売上規模の拡大を追わず、一貫して社寺向けの需要、特に御守の製造に特化して事業を展開してきた。

　秋江が明治時代にいち早く金襴（きんらん）の需要分野を御守に定めたことは「革新」と評価することができる。また、御守袋を開発したこと、多様なニーズに応える製品開発を実行したことは、「革新」の具体化であるとともにその大きな成果でもある。

　秋江は、金襴の技術を用いて製品の用途を御守に限定することによって、西陣織という伝統産業ではなく、「観光産業」に属する企業であるとの意識の大転換も図っている。長い歴史のある伝統産業も需要がなければ企業として生き残ることも、後継者を育てることもできない。同社は、伝統的な技術を用いて、観光産業に参入してさらなる発展を図っていると評価できる。

## （6）生産体制

　現在、秋江の西陣の本社では、騒音問題などを背景として織機は稼働していない。これは、アパレルメーカーで、縫製作業が縫製専業のメーカーに外注されていることと類似している。生産は、丹後を主に、桐生などの出機（でばた）（織機貸

与）で行い、本社では納入された織物の裁断から製品化までの作業を分業で実施している。なお、滋賀県に自社工場がある。出機を用いて生産すれば、アパレルメーカーと同様、メーカーとしての役割は主に企画・開発・提案機能となる。

　御守の製造工程は20〜30に細分化されている。本社勤務の従業員の多くは、分業先である多数の内職の手配に従事している。織り上げられた布地は、重ね合わせても模様が完全には一致しないため、裁断には細かな注意を払う必要がある。また、工程では、表側と裏側の縫製部分での正確な柄合わせが必要となることと、御守が小さな形状であることから細心の注意が不可欠となる。なお、納入先の社寺ごとに社寺の名称を織り込むなど仕様が異なるため、製品数は数万アイテムにも達する。社寺ごとの見本を確実に残すことによって仕様の伝承に努めている。

　製織に関しては出機を活用しているものの、製造技術の3分の1は社内に残す方針をとっている。技術を完全に失えばメーカーとしての存立が困難であることによる。これは、メーカーとして賢明な選択である。また、同社は過去に、西陣織の大手企業から「下請けにならないか」という提案を受けている。下請けになれば、独自に営業することに伴うコストの削減が可能となるものの、同社が標榜してきた社寺の「ご要望に応える」という方針に沿わないためにこれを断ったという経緯がある。コストは削減できても、社寺との直接の接点を失うことによるデメリットは大きい。

## （7）流通経路

　金襴の用途を御守のほかに求めない限り、納入先は社寺に限定される。授与品としての御守は、社寺によって授与されること自体に価値があり[10]、メーカ

---

[10]　なお、調べたところ、各社寺からインターネットを活用した授与品の授与が行われているケースがある。これは、コロナ禍や高齢化の影響を受けて、参拝・参詣を控えることが広がっていることも影響しているかもしれない。網羅的なものではないが、例として、住吉大社（https://sumiyoshitaisya.raku-uru.jp）、伏見稲荷大社（http://inari/grace/omamori/）、浅草寺（https://www.senso-ji.jp/charm/）のウェブサイトを参照。

ーが消費者に直販することは考えられない。これは、御守が「商品」ではないことによる。販路は極めて限定される。ただし、神道系・仏教系の社寺は全国に合わせて約16万存在する[11]。これらが、授与品を扱う企業にとって潜在的な販売候補先となる。多くの観光客が訪れるいわゆる「観光社寺」が主要な販売先であるが、地域に深く根差した小規模な社寺であってもしばしば授与品が扱われている。

　流通経路としては、社寺向けに物品を販売する卸売業者が存在するものの、市場規模が小さいため、メーカーから社寺への直販が大半を占めると考えられる。秋江も直販体制をとっている。

## （8）社寺向け専門商社としての側面

　秋江の売上は、全体の6～7割程度が御守関係の製品で占める。ただし、朱印帳、絵馬、陶器製の干支置物といった社寺の様々な授与品、さらには社寺で必要となる装束・楽器・神具・仏具など、幅広い品物を取り扱っている。それらは、他社からの仕入れによって対応している。このように、秋江は社寺向けの専門商社としての側面ももっている。社寺からすれば、それぞれの調達品を個別に発注することなく、秋江に発注すればワンストップで調達が完了する点で魅力的な存在であると言える。つまり同社は、金襴のメーカーではあるものの企画提案型の商社機能も果たしている。

　販売先は全国に広がり、2,000社寺に及ぶ。10名の営業部員がそれぞれ200ほどを担当している。社寺のニーズにきめ細かく応えつつ、販売先の増加に努めている。ライバルは全国に10社ほど、京都にも3社ほど存在する。

　販売価格の交渉はやっかいである。社寺では、授与品を収益事業として「販売」しているわけではない。その意味では、価格交渉は容易に思われるものの、ライバルとの競争もあってなかなか厳しい。秋江は、高品質のものを納入することと、「ご要望に応える」という方針のもと、ニーズへのきめ細かな対応を強みとして自社が提示した価格での販売に努めている。

## （9）オスカー認定の背景

オスカー認定への申請は、取引先金融機関からの働きかけによる。

伝統的な織物の技術も、デジタル化の進展によって工程は大きく変化している。フォトショップで原画をデジタル画像化し、それを織物にすることが可能になった。文字のデジタル化も進んでいる。このような技術革新により、精密な織物を製品化できるようになった。秋江では、外部人材を活用しつつ、絵画の織物化を自社開発で進めている。

## （10）事業承継

秋江では、5代目となる現社長に至るまで、外部人材や番頭などの使用人を後継者とすることなく、一族で事業を承継してきた。5代目は4代目の長男で、4代目は3代目の次男である。長男に限ることなく襷（たすき）をつないできた。

現社長は50歳代とまだ若い。授与品としての御守の市場の将来展望も明るい。6代目をどうするかは、同社の将来的な課題である。

# ❺　将来展望

## （1）緒言

観光地の一つとして見た場合、我が国における社寺の位置づけは大きい。海外からのリピーターは、これまでと違って地方を訪れる機会が増えると考えられる。社寺は全国津々浦々に存在するところから、社寺の授与品に対する潜在的な需要が期待できる。

秋江では、今後、取引先数の増加による業容の拡大を指向している。社寺に直接納入することにより、納入先の社寺が把握している参拝者・参詣者のニーズにきめ細かく応えつつ、西陣織を使った授与品を作り続けるという方針である。

---

⑾　文化庁文化部宗務課［2015年］「宗教関連統計に関する資料集」（https://www.bunka.go.jp/tokei_hakusho_shuppan/tokeichosa/shumu_kanrentokei/pdf/h26_chosa.pdf）、8ページ。

## （2）市場の将来性

　2020年に新型コロナウイルスが深刻な影響をもたらすまで、我が国への外国人観光客は急増していた。日本政府観光局の資料[12]によれば、訪日外客数は2018年に3,100万人を超え、5年間で約3倍に増加している。2013年以降の推移を表4-4に示しておく。

　次に、京都市の観光客の状況について、京都市の「令和元年 京都観光総合調査」[13]をもとに説明する。

　2019年の京都市への年間観光客数は5,352万人（対前年比1.5％増）である。2015年の5,686万人をピークに近年は減少傾向にあったものの、2019年は4年振りに増加に転じた。内訳は、日帰りと宿泊を含めて、日本人観光客が4,466万人、外国人観光客が886万人である。外国人観光客のうち、京都市に宿泊した外国人観光客380万人を国や地域別に見ると、中国の115万人（構成比30.2％）が全体の約3分の1を占め、アメリカ48万人（12.6％）、台湾42万人（11.1％）と続く。

　また、日本人観光客の訪問動機（京都訪問のきっかけとなった観光資源など）は、「寺院・神社・名所・旧跡」が66.5％（前年78.1％）でトップを占める。2位の「飲食」30.4％（同35.8％）、3位の「散策」27.6％、4位の「桜・紅葉等

表4-4　目的別訪日外客数の推移（2013年～2019年）

（単位：千人、％）

| 年 | 総　数 | 対前年伸び率 | 観光客 | 構成比 | 対前年伸び率 | 商用客・その他客 | 構成比 | 対前年伸び率 |
|---|---|---|---|---|---|---|---|---|
| 2013 | 10,364 | － | 7,963 | 76.8 | － | 2,401 | 23.2 | － |
| 2014 | 13,413 | 29.4 | 10,881 | 81.1 | 36.6 | 2,532 | 18.9 | 5.5 |
| 2015 | 19,737 | 47.1 | 16,969 | 86.0 | 56.0 | 2,768 | 14.0 | 9.3 |
| 2016 | 24,040 | 21.8 | 21,050 | 87.6 | 24.0 | 2,990 | 12.4 | 8.0 |
| 2017 | 28,691 | 19.3 | 25,442 | 88.7 | 20.9 | 3,249 | 11.3 | 8.7 |
| 2018 | 31,192 | 8.7 | 27,766 | 89.0 | 9.1 | 3,426 | 11.0 | 5.4 |
| 2019 | 31,882 | 2.2 | 28,257 | 88.6 | 1.8 | 3,625 | 11.4 | 5.8 |

出典：日本政府観光局。ただし、構成比は筆者が算出。

の自然」21.2％との差は極めて大きい。

　次に、日本人観光客の土産品購入状況を見ると、①菓子類、②食品、③装飾・調度品・染織物、④土産品未購入の四つに分類された調査が行われている。①〜③については、さらに品目別に細分化されている。

　③の構成項目の一つである「お守り・お札等」は18.4％である（複数回答）。「お守り・お札等」は、①の構成項目である「生八つ橋」（28.5％）、「洋菓子」（21.9％）、②の構成項目である「漬物」（33.2％）に次いで購入頻度の高い品目である。そして、上記の日本人観光客数をもとに「お守り・お札等」の購入者数を算定すると821.7万人である。「お守り・お札等」に関する一人当たりの平均的な初穂料を500円と仮定すると、京都市における授与品の市場規模は約41億円と試算・推定できる。

　なお、残念ながら、外国人観光客については、日本人観光客と同様の品目構成での調査が行われていないため、外国人観光客による「お守り・お札等」の購入状況は不明である[14]。

　外国人観光客にとっても、社寺は非常に魅力的な観光スポットである。また、全国に社寺が散在している。日本への外国人観光客の増加によって、社寺を訪れる観光客が増加することは確実である。日本人観光客については、高齢化社会の本格的な到来と余暇需要の拡大によって当面は国内旅行の需要も堅調に推移すると考えられることから、授与品の市場も確実に拡大することが期待できる。

　なお、2020年の年明けからの深刻なコロナ禍により、同年の観光需要は激減した。この影響がいつまで続くかは予断を許さないものの、政府による観光産業を含む産業振興策もコロナ対策の強化とともに進められると考えられることから、回復に時間を要するとしても観光需要が長期間低迷を続けるとは考えに

⑿　日本政府観光局「国籍別／目的別訪日外客数」（https://www.jnto.go.jp/jpn/statistics/tourists_2019df.pdf）。

⒀　https://www.city.kyoto.lg.jp/sankan/cmsfiles/contents/0000271/271459/honsatu.pdf。

⒁　我が国全体としての同様の調査があれば、「お守り・お札等」に関する市場規模を推計することができるものの、そのような調査は存在しない。

くい。また、少なくとも国内の観光客は、先に述べた要因によって長期的には増加傾向をたどると予想できる。

　以上の点を踏まえれば、当面、社寺における授与品関連市場の将来は明るいといえよう。秋江は西陣の中心に立地し、伝統産業の一翼を担う。西陣織の伝統と高い技術を守りながら新たな需要を発掘しつつ変化を遂げる同社の未来に期待がもたれる。

# おわりに

　我が国の伝統産業は、衰退への道をたどっているといっても過言ではない。伝統産業を支えてきた各種技術の継承が懸念される。昔ながらの日本家屋を支える左官や大工の技術、襖紙も含む和紙製造の技術、醸造業で使用してきた大型の桶などを作る曲げ物の技術など、枚挙に暇がない。技術は一度失われると、その復活は決して容易ではない[15]。

　ただし、伝統産業に属するものであっても、新しい需要分野や市場に活路を見いだす産地や企業もある。書道用の筆の製造技術を生かした化粧筆への参入、日本酒・日本茶の海外市場への展開などはその一例である。「変化」と「革新」を継続することによって、将来にわたる事業継続が可能となる。

　秋江が製造する金襴製の御守は、我が国に社寺が存在する限り、その需要がなくなることはないだろう。同社が金襴の製造技術を活用し、他の新たな需要分野を開拓するといった可能性もある。企業家的志向性の強い同社の10年後、20年後に注目したい。

---

[15]　全国でも滋賀県草津市でのみ栽培される青花（あおばな）を使った染色材料の青花紙の生産者は、現在1名にまで減少したとのことである。青花紙は、江戸時代から続く草津市の名産品で、友禅染、絞り染の下絵を描く絵具である。草津市では、文化の継承に取り組んでいる。青花紙については、草津市（草津宿街道交流館）のウェブサイト（https://www.city.kusatsu.shiga.jp/kusatsujuku/gakumonjo/aobanagami.html）を参照。

# 参考文献一覧

・株式会社秋江ウェブサイト、https://akie-net.com、2022年11月25日アクセス。
・京都市「令和元年　京都観光総合調査」
https://www.city.kyoto.lg.jp/sankan/cmsfiles/contents/0000271/271459/honsatu.pdf、2022年11月25日アクセス。
・京都府「西陣織」ウェブサイト、http://www.kyoto.jp/senshoku/nishijin.html、2022年11月25日アクセス。
・京都府政策企画部「京都府織布生産高動態統計調査」
http://www.pref.kyoto.jp/tokei/monthly/orimono/orimonotop.html、2022年11月25日アクセス。
・草津市（草津宿街道交流館）「青花紙」ウェブサイト
https://www.city.kusatsu.shiga.jp/kusatsujuku/gakumonjo/aobanagami.html、2022年11月25日アクセス。
・国史大辞典編集委員会編［1980］『国史大辞典　2』吉川弘文館。
・西尾実ほか編［2019］『岩波 国語辞典〔第8版〕』岩波書店。
・西陣織物工業組合編［1973］『京都・西陣の魅力』浪速社。
・西陣織物工業組合［1972］『組合史――西陣織物工業組合二十年の歩み』西陣織物工業組合。
・西陣織工業組合［2019］『西陣年鑑〔2019年版〕』西陣織物工業組合。
・日本政府観光局「国籍別／目的別訪日外客数」
https://www.jnto.go.jp/jpn/statistics/tourists_2021df.pdf、2022年11月25日アクセス。
・文化庁文化部宗務課［2015］「宗教関連統計に関する資料集」
https://www.bunka.go.jp/tokei_hakusho_shuppan/tokeichosa/shumu_kanrentokei/pdf/h26_chosa.pdf、2022年11月25日アクセス。

## 【付記】

　秋江に対するヒアリングは、2019年8月6日と2021年11月22日に同社の本社3階会議室において実施した。

　初回は、代表取締役で5代目経営者である秋江弘一氏と、4代目経営者で取締役会長の秋江義弘氏に出席していただいた。また、追加ヒアリングに際しては、取締役の秋江弘美氏にも加わっていただいた。

第5章

# 京黒紋付染の(株)京都紋付

**SDGs を意識したアパレルの染め替えビジネス**

## はじめに

　京都には、黒紋付や黒留袖などの黒染を専門とする染色業者が数多く集積してきた。彼らの手掛ける黒染は、通商産業大臣（現・経済産業大臣）から伝統的工芸品の指定も受けている。冠婚葬祭で着用する礼服は黒が濃いほど高級とされ、京都の黒染業者は高い技術力に裏打ちされたブランド力を武器に、最盛期の1970年代には年間300万反[1]を染め上げた。しかし、その後、和装離れが急速に進み、「ブラックフォーマル」と呼ばれる洋装礼服が普及したため、京都の黒染（以下、京黒染）の年間生産量は激減し、最盛期の100分の1を割り込んでいる。

　市場の消滅に伴い、業界団体である京都黒染工業協同組合も壊滅的な状態となった。組合員はかつて100事業所を超えていたが、わずか3事業所にまで減少し、2022年春、同組合はついに解散した。数名の社員を抱え、後継者もいる京都紋付は、黒染をビジネスとして成立させている稀有な企業である。

　では、ほとんどの企業が市場からの退出を余儀なくされるなか、京都紋付はなぜ存続できているのだろうか。それは、創業者の孫で、4代目の現社長、荒川徹（1958年生）の手腕によるところが大きい。同社は1915年の創業以来、黒紋付をはじめとする和装の黒染を専門としてきたが、4代目は和装の黒染ビジネスの将来を憂い、様々な可能性を模索するなかで黒染の対象を和装から洋装

---

(1)　一反とは着物1枚に要する生地で、幅約36cm、長さ約12mである。

に転換し、古着を黒に染めて生まれ変わらせるという再活用事業を生み出した。SDGsへの取り組みが世界的に大きな盛り上がりをみせるなか、同社が主導するアパレルの染め替えリサイクルビジネスは高い関心を集めている。

　本章ではまず、京都の黒染業界の歴史を整理する。そのうえで、①京都紋付の時流に乗った新しいビジネスモデルがいかにして誕生したのか、②荒川家のファミリービジネスであることが、新しいビジネスモデル構築にどのように寄与したのか、③市場がほぼ壊滅した黒染業界において存続できたファミリービジネスにはどのような特徴があるのかについて検討する。

## ❶ 京都の黒染業

　「京黒紋付染」として伝統工芸品にも指定された京黒染は、京都府の京都市、宇治市、亀岡市、久世郡久御山町で主に生産されてきた。17世紀頃に確立されたとされる。古くは僧侶の法服や武家の紋服で使われてきたが、明治に入って国民の礼服が黒紋付羽織袴と定められたことから、京黒染の冠婚葬祭用需要が増大した。ちなみに、黒紋付とは、五つ紋が染め抜かれた黒の一色染めの着物を指し、最も格の高い正礼装（第一礼装）とされた。

　第2次世界大戦後は、既婚女性の婚礼用礼装として黒留袖が広がり、我が子の入学式や卒業式に付き添う母親は、黒の羽織で装った。葬儀に臨む遺族の女性の定番は紋の入った黒無地の着物であった。1950年代から1970年代にかけては、こうした需要の高まりで京黒染業界も急成長を遂げたが、1980年代以降は衰退の一途をたどることになる。

### （1）黒染の歴史

#### 黒染技術

　京都黒染工業協同組合青年部らが京黒染の歴史についてまとめ、1988年に発行した『京黒染』によると、江戸時代になって初めて、黒らしい濃度のある黒染が可能になったとみられる。京都の黒染業者のルーツを繙くと、黒や茶系、グレーなどを染色する茶染業（茶染屋）、藍染業、紺染業に大別できるという[2]。

江戸時代の黒染の主流は檳榔子染である。ヤシ科の植物、ビンロウの実を煎じた汁で染めるもので、赤みを帯びた黒色が特徴とされる。また、黒染の濃度を出すため、下染めとして藍染が使われていた。

明治になると、西欧諸国の化学染料が輸入され、化学技術の研究・教育、および勧業のために作られた官営・公営機関の「舎密局」が中心になって洋式の染色加工技術が伝授された。しかしながら、当初は色落ち、褐色などで不評を買い、染色の不良が京染全般の名声に傷をつけかねない状況にあった。京都染色業界の有志は1880（明治13）年、茶染、藍染といった業種を超えて団結し、染色品の品質改善を目的とした「京都染工摠会所」を設立したほどである。

京都の染色業界では、染色技術向上のための学び場を求める声も強かった。1896（明治19）年に京都染工講習所が開設された。欧州留学帰りの新進気鋭の技術者を教員に迎えた本格的な学校で、事業者も入所して生徒として学んでいる[3]。

こうした地道な取り組みが続くなか、江戸時代から続く茶染業、木村堪兵衛が1887（明治20）年に洋式染色工場を新設し、その成功が、茶染・紺染業界で洋式の染色加工技術が普及する嚆矢となった（生谷吉男・京都黒染工業協同組合青年部［1988］83～84ページ）。

明治末期から大正にかけて、黒色用植物染料（ログウッド）による引染が行われるようになり、昭和初期には、ログウッドと鉄（ノアルナフトール）、重クロム酸カリウムを重ねる「三度黒」と呼ばれる染法が開発された[4]。

---

(2)　生谷吉男・京都黒染工業協同組合青年部［1988］51～52ページ。藍染業と紺染業はいずれも藍を用いて染色するが、藍染業は紺色の「無地染」、紺染業は防染糊で型付したものの「地染」と区分されていた。

(3)　生谷吉男・京都黒染工業協同組合青年部［1988］84～85ページ。京都染工講習所は、その後、京都市立染織学校、京都市立工業学校、京都市立第一工業学校、京都市立洛陽高等学校と校名が変わり、1963年に現在の京都市立洛陽工業高等学校となった。同校のサイト（http://www.edu.city.kyoto.jp/hp/rakuyo/hp/index_03010_history.html）より。

(4)　黒引染では、表裏表を1工程とした刷毛で黒染する作業を3工程行う。一度目は木のエキスから抽出されたログウッドで刷毛を使い引染めし、二度目はログウッドに中間媒染液を加えたノアルナフトール液で引染、三度目は強い酸化力をもつ重クロム酸カリウム液で染め上げる。

　また、大正時代には、黒色の直接染料を使った煮沸染色法である黒浸染（くろしんせん）が普及し、仕事量が減少した藍染業や紺染業から黒染に業種転換する動きも目立った。黒浸染をけん引したのは高橋栄治である。詳細は後述するが、江戸時代から続く有力企業の松村平兵衛工場に勤めていた高橋は、京都市染織試験場（西陣織物同業組合から寄付された旧西陣織物染織試験場を原資として1916［大正5］年に発足）の勧めに従って、ドイツ製の直接染料による黒紋付染の研究を進め、成功後の1918（大正7）年に独立した。それまで主流だった檳榔子染（びんろうじ）に比べて染料代は安く、染賃は高いため、高橋の成功を見た多くの人が追随し、直接染料による黒染が定着した（生谷吉男・京都黒染工業協同組合青年部［1988］109～110ページ）。

　こうして昭和初期までに、引染（ひきぞめ）と浸染の二つの方法が確立された。また当初は、引染と浸染を業者が注文に応じて染め分けていたが、昭和10年代に専業化が進んだ。

## 業界団体の変遷

　京都で染めた染物は「京染」と呼ばれ、江戸時代には、現在の業種別協同組合の先駆けともいえる仲間組織が結成されている。紺屋仲間、茶染屋仲間、藍染仲間、本紫屋仲間などである。茶染、紺染、藍染の各業界は明治に入っても江戸時代と同じ業種別組織を作っていた[5]。

　しかし、その後は、染色業で括る大所帯組織も設立されていく。先に見たように、京都染工摠会所（そめく）は茶染、藍染といった業種を超えた組織だが、府は1892（明治25）年に同業組合の数を府下8業種と厳命した。このため、染色にかかわる各種組合は京都染業組合を設立した。約1,500名の組合員を擁する大規模なもので、初代組合長には茶染業の石田喜兵衛が就任している。

　1898年に「京都染物同業組合」として改組されるが、組合長（組長）は石田喜兵衛がそのまま務め、1918（大正7）年までその任にあった。1940（昭和15）年、戦時体制として業種別組合の京都黒染工業組合が発足したが、翌年には再び組合統合が命じられ、京都織物手工浸染精錬工業組合が設立された。

　黒染業者に関していえば、当時257あった染色工場は4ブロックに分けられ、

下部組織としてさらに七つの小組合が結成されている。戦時中は小組合単位で、企業合同を行ったり、軍需工場に転じたりと様々な模索がなされた。細々と黒染を続けていたところも、戦局が悪化するにつれて受注が減少し、染料の配給も途絶えがちとなったが、組合幹部らが「黒紋付喪服はお国の為に不幸にして戦に斃れた勇敢な英霊を故国に迎える礼装」と軍部に強く働きかけ、黒染染料の特別配給を受けることができ、一部の工場は終戦まで存続したという（生谷吉男・京都黒染工業協同組合青年部［1988］127〜134ページ）。

　戦後の1949（昭和24）年に中小企業等協同組合法が施行され、事業別の協同組合の結成が進められた。これに伴い、同年、京都黒染工業協同組合が設立された。初代理事長には、大正時代に黒浸染の普及に寄与した高橋栄治が就任した（生谷吉男・京都黒染工業協同組合青年部［1988］305〜310ページ）。

## 戦後の黒染業界

　1949（昭和24）年設立の京都黒染工業協同組合は、当初、地域別の管区制が敷かれ、高橋栄治が拠点を構える中京区小川通の業者は第3管区、京都紋付の創業者、荒川金之助の中京区壬生は第5管区などと分類されていた[6]。しかし、その後、引染の模様関連業者が増えたため、「浸染部（浸染業者）」と「模様部（引染業者）」が組織された。

　黒染業界の動向を確認するにあたり、京都黒染工業協同組合の組合員数を見てみよう。図5－1は、組合設立の1949年から2021年までの推移である。組合員77名でスタートしたが、1950年代半ばにかけて減少している。これは、税務署が組合に対し一括課税を要請したことに起因する特殊要因である。組合幹部が各組合員の税額を査定する異常な事態となり、根拠が不明瞭で、不公平とい

(5)　1874（明治7）年に茶染商社、第一紺染商社、第二紺屋商社、第一藍商社の存在が確認される。生谷吉男・京都黒染工業協同組合青年部［1988］72ページ。
(6)　京都の染色業を支えた要因の一つが良質な水である。硬度が低く、鉄分が少ない京都の水は、染色に適しており、地下水の流れに沿う形で染色業者が集積立地している。当初は、西洞院通を中心に一条から五条の間に集まっていたが、明治から大正にかけて市街地が西に広がるにつれ、地下水が良質だった壬生一帯にも多数の染色業者が立地するようになった。生谷吉男・京都黒染工業協同組合青年部［1988］21〜25ページ。

108

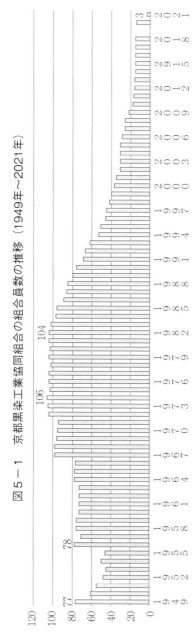

図5−1　京都黒染工業協同組合の組合員数の推移（1949年〜2021年）

出典：京都黒染工業協同組合の福澤佳計理事長（当時）提供資料。2020年と2021年は、京都紋付の荒川徹社長へのインタビューによる。

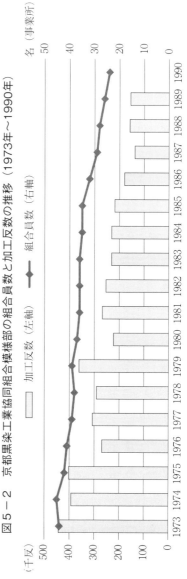

図5−2　京都黒染工業協同組合樣部の組合員数と加工反数の推移（1973年〜1990年）

出典：京都市中小企業指導所［1991］『京都黒染（引染）業界診断報告書』の3ページの表と5ページの表をベースに作成。

った不満を募らせた組合員が離脱した（生谷吉男・京都黒染工業協同組合青年部
［1988］314〜315ページ）。

　また、1956年の急増は、組合とは別組織の黒染集談会との合併が寄与してい
る。黒染集談会は業界の若手事業者が1952年に立ち上げた組織で、黒染技術の
講習会や研究会、染料会社の見学会などを開催するとともに、会員同士の親睦
を図るレクリエーションも実施し、京都市染織試験場とのつながりも強かった。
魅力的な活動内容にひかれ、組合脱退者を含む黒染業者が相次いで加入し、そ
の数は80に達した。このため、京都黒染工業協同組合は、黒染集談会へ組合加
入を強く求めるとともに、税金問題を引き起こした自らの体制も改めた。

　1956年、黒染集談会のメンバーが一括して組合加入したことで、組合の基礎
が固まったとされる。なお、京都紋付は、この時に組合加入者として名前が挙
がっている(7)。

　このように組合設立直後の数年間は紆余曲折があったものの、1956年以降は
基本的に、組合員数と生産量の動向はほぼ重なっている。前掲した『京黒染』
によると、「昭和30年以降、当業界では生産量が拡大してゆき、（略）、従業員
を多数雇用する必要が生じた」（324ページ）とある。また、組合が1982年に作
成した「京都黒染業界活路開拓調査指導事業報告書」は、1973年のオイルショ
ック以降、不況の渦中に巻き込まれた繊維業界にあって黒染業界は比較的安定
していたが、1976年以降、洋装ブラックフォーマル市場が拡大し、その基盤が
脅かされるようになったと指摘している。

　さらに、**図5-2**は、同組合の「模様部（引染業者）」に限ったものであるが、
1973年当時44あった業者が1990年には24まで減少した。模様部の黒留袖加工反
数も1989年には15万6,000反で、1973年の約3分の1にまで落ち込んだ。図に
はないが、従業員数も激減し(8)、需要と事業所数や従業員数の減少がほぼ同時

(7)　生谷吉男・京都黒染工業協同組合青年部［1988］315〜321ページ、336〜339ページ。京
　都紋付は1949年の組合発足時の名簿にも掲載されていることから、税金問題時に脱退し
　再加入したとみられる。発足時の組合員名簿は同書の310〜314ページに転載されている。
(8)　京都市中小企業指導所［1991］『京都黒染（引染）業界診断報告書』によると、模様部
　の従業員数は1981年から1990年にかけて222名が120名に減少した。

に進んでいることが分かる。

改めて**図5－1**を見ると、黒染業界の最盛期は1970年代で、組合員数が最も多かったのは1974年の106である。その後は横ばい状態にあったが、1982年を境に減り始め、2000年には40を割り込んだ[9]。その後も減少に歯止めはかからず、2010年以降は10数事業所で推移したが、2021年に11事業所が脱退し、京都紋付、馬場染工業、高橋染工場の３事業所となった。和装の黒染市場が壊滅するなかで、ほとんどの企業が市場からの退出を余儀なくされたのである。

## （2）黒染業界の構造

黒染業者と言いながら、実際には黒浸染と黒引染のいずれかに専門特化している。両者の加工方法や加工製品、受注先は大きく異なり、資金力や製品企画力などの面でも少なからぬ格差があり、それが難局に立ち向かう意欲や姿勢にも影響を及ぼした可能性がある。ちなみに、京都紋付は浸染業者である。

**図5－3**は、黒浸染と黒引染の生産工程をまとめたものである。黒浸染が扱うのは喪服や黒紋付などの製品で、黒浸染業者には、室町の繊維問屋などから精錬済みの白生地が持ち込まれる。黒浸染業者が自ら手掛けるのは、墨打ちと浸染で、紋糊（置き）、紋洗い、紋上絵の工程は外注される。

黒浸染業者は、受注先に対し染物としての完成品を納入するため、自らの加工技術をブランド化し、同業他社との差別化を図れるポジションにある。

## 図5－3　黒浸染と黒引染の生産構造

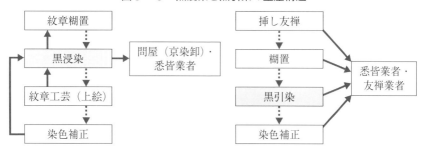

出典：『京黒染』と、陳［2019］13ページの図1をベースに作成。

表5－1　京都黒染工業協同組合の従業者規模別事業所数（1985年）

カッコ内は％

|  | 1～3名 | 4～9名 | 10～14名 | 15～19名 | 20名以上 | 合計 |
|---|---|---|---|---|---|---|
| 浸染部 | 16　(34.8) | 20　(43.5) | 2　(4.3) | 3　(6.5) | 5　(10.9) | 46　(100.0) |
| 模様部 | 10　(32.2) | 16　(51.6) | 5　(16.1) | —— | —— | 31　(100.0) |
| 合計 | 26　(33.8) | 36　(46.8) | 7　(9.1) | 3　(3.9) | 5　(6.4) | 77　(100.0) |

出典：京都市中小企業指導所編［1985］『京都黒染業界診断報告書』3ページの表1－1より作成。

　実際、1985年の『京都黒染業界診断報告書』では、黒浸染業者39事業所中13事業所が自社ブランドをもち、7事業所が「目下考慮中」と回答している。それに対して黒引染は留袖が中心で、黒引染業者は染め全体を取り仕切る悉皆業者[10]から仕事を受け、染工程の一つ（地染）を担う下請的要素が強い。

　また、染色製品は仕入品と誂品（あつらえひん）に分けられる。仕入品は問屋が最終需要をあらかじめ予測し、自己の企画に基づき、染色業者に染色加工を発注し、誂品は、悉皆業者が全国各地の消費者と染色業者を結び付ける。仕入品は、誂品に比べて単価は安いが発注量が多いため、仕入品を手掛ける黒浸染業者の事業規模は大きくなる傾向にあった。

　このように黒浸染と黒引染は大きく異なるため、京都黒染工業協同組合は、黒浸染業者が所属する「浸染部」と黒引染業者の「模様部」に分かれていたのである。

　表5－1は、1980年代当時の従業者規模別事業所数である。組合員97事業所のうち77事業所が回答した。浸染部、模様部ともに4～9名規模が最も多いが、10名以上規模は、浸染部10事業所（21.7％）に対して模様部は5事業所（16.1％）である。また、浸染部では、20名以上規模が5事業所（10.9％）あり、最大規模の事業所の従業者は37名だった。

　表5－2の年間加工金額で見ても、小規模事業者が圧倒的多数である。特に、模様部の零細性が際立ち、「3,000万円未満」の事業所が63.3％を占め、「1億円

---

(9)　和装市場縮小に伴って顕在化した京都黒染工業協同組合の限界性については、陳［2019］が論じている。

(10)　悉皆業者とは、問屋や呉服店などからの注文を受けて意匠を企画したり職人に指示を出したりしながら全体を調整し、一枚の着物を仕上げていくプロデューサーである。

112

表５－２　京都黒染工業協同組合の年間加工金額別事業所数（1985年）

（カッコ内は％）

| | 1000万円未満 | 1000万～3000万円未満 | 3000万～5000万円未満 | 5000万～8000万円未満 | 8000万～1億円未満 | 1億～2億円未満 | 2億円以上 | 合計 |
|---|---|---|---|---|---|---|---|---|
| 浸染部 | 7 (18.4) | 11 (28.9) | 7 (18.4) | 5 (13.2) | 1 (2.6) | 2 (5.3) | 5 (13.2) | 38 (100.0) |
| 模様部 | 6 (20.0) | 13 (43.3) | 6 (20.0) | 2 (6.7) | 3 (10.0) | — | — | 30 (100.0) |
| 合計 | 13 (19.1) | 24 (35.3) | 13 (19.1) | 7 (10.3) | 4 (5.9) | 2 (2.9) | 5 (7.4) | 68 (100.0) |

出典：京都市中小企業指導所編［1985］『京都黒染業界診断報告書』４ページの図１－２より作成。

以上」の企業は見られない。「１億円以上」加工しているのは浸染部の７事業所のみである。また、浸染部では、個人事業主（41.3％）と株式会社（40.0％）が拮抗しているが、零細企業が多い模様部は、個人事業主が51.6％を占め、株式会社は19.4％に留まっている。

　このように浸染業と引染業の立場は異なり、浸染業者は引染業者よりも、資金力や製品企画力に優れていた。そのため、縮小市場での存続可能性も高かったと推察される。

## （３）1980年代の黒染業者のリスク認識とその対応

　市場縮小が明らかになった1980年代当時、黒染企業はどのような展望を抱いていたのだろうか。京都黒染工業協同組合が1981年と1987年の調査で今後の経営に関する質問をしている[11]。両調査結果から当時の黒染業者の経営姿勢を振り返っておきたい。

　今後の経営方針について、図５－４と図５－５を比較すると、いずれも「現状維持」がトップであるが、1981年から1987年の６年間でその比率は下がっている。また、浸染部では、広幅など他分野への進出を考える積極的な事業所が１割程度存在するものの、模様部は皆無である。模様部では「転廃業を考える」企業が目立ち、しかもその比率は６年間で急伸し、1987年調査では26.1％に達した。

図5−4　今後の経営方針（1981年調査時）

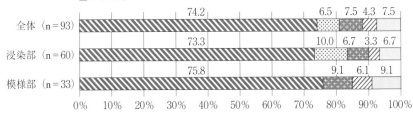

出典：京都黒染工業協同組合［1982］『京都黒染業界活路開拓調査指導事業報告書』30ページの図と表から
　　　作成。

図5−5　今後の経営方針（1987年調査時）

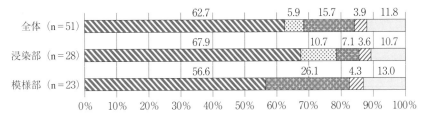

出典：京都黒染工業協同組合［1988］『京都黒染業界活路開拓調査指導事業報告書』24ページの表から作成。

　**図5−6**と**図5−7**はブラックフォーマルなどの洋装分野進出の意向を確認
したものである。1981年から1987年にかけ、「進出を考えている」事業所の比
率は15.6％から21.6％に高まったが、数字を押し上げているのは浸染部で、模
様部では「進出を考えていない」事業所の比率が74.3％から87.0％へ増加した。

⑾　調査結果は、それぞれ1982年と1988年発行の『活路開拓調査指導事業報告書』としてま
　とめられている。

図5−6　洋装分野進出に関する意向の有無（1981年調査時）

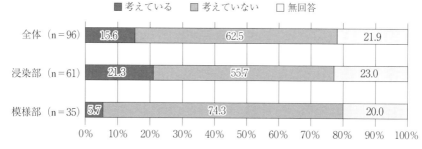

出典：京都黒染工業協同組合［1982］『京都黒染業界活路開拓調査指導事業報告書』31ページの図と表から作成。

図5−7　洋装分野進出に関する意向の有無（1987年調査時）

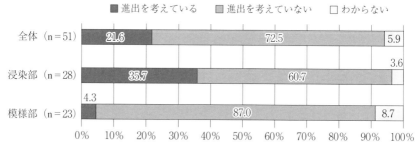

出典：京都黒染工業協同組合［1988］『京都黒染業界活路開拓調査指導事業報告書』25ページの表から作成。

　市場縮小に直面した1980年代、企業のほとんどは現状維持に終始し、新たな道を探る動きは浸染部の企業の一部に留まっていたことが分かる。特に、零細性が際立つ模様部の企業は存続可能性を模索することなく、将来への道を自ら閉ざしたように見える。

### ❷ 父から息子へと受け継がれる革新活動

　先にも述べたように、社員を雇用し後継者もいる京都紋付は、黒染をビジネスとして成立させている稀有な企業である。本節では、市場がほぼ消滅した黒

染業界において、京都紋付がなぜ存続できているのかを考えたい。京都紋付の時流に乗った新しいビジネスモデルがいかにして構築されたのか、荒川家のファミリービジネスであることが新しいモデル構築にどのように寄与したのかを検討していこう。

## （1）京都紋付の概要

京都紋付の2021年現在の資本金は2,250万円、従業員は4名である。荒川徹が代表取締役を務め、荒川姓の3人（女性2人、男性1人）が取締役に名を連ねている。荒川徹は大株主でもあり、京都紋付は典型的な同族経営である。

同社は、1915（大正4）年に荒川金之助が現在の地（京都市中京区壬生松原町）に立ち上げた個人商店を起源とする。創業者は現社長、荒川徹の祖父である。法人化したのは2代目の荒川忠夫である。創業者の息子で、現社長の父にあたる。1969年に「京都紋付」を社名に掲げ、「京都で一番になりたい」との思いを込めた。

同社は、この2代目の時代に急拡大し、京黒染業界のトップ企業に躍り出た。最盛期には、京都紋付1社で、1日1,000反を染めていたという。その後、現社長の叔父（2代目の弟）が3代目に就任したが、数年後に現社長が事業を継承した。4代目の現社長は、大学を卒業したあと京都の電子部品メーカーに数年間勤務し、20代半ばで京都紋付に入社した。社長就任は1996年、38歳の時である。

その後、市場は急速に縮小し、同社は企業存亡の危機に直面した。4代目は黒染の対象を和装から洋装に転換し、古着を黒に染めて生まれ変わらせる衣類の再生ビジネスで起死回生を図っている。

## （2）歴史的変遷

### 創業者が基盤を確立

京都紋付のベースは、前述したように、1915年に荒川金之助が立ち上げた荒川染工場である。初代は、柊屋の系譜にある北浦家の別家、北浦勝夫のもとで技術を習得し、創業したとみられる（**図5−8参照**）。

図5−8　黒染業界における京都紋付の系譜

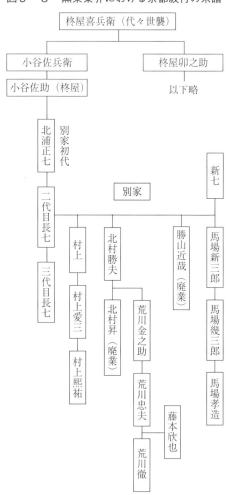

柊屋喜兵衛（代々世襲）

小谷佐兵衛　　柊屋卯之助

小谷佐助（柊屋）　　以下略

北浦正七　別家初代

二代目長七

三代目長七

別家

村上　北村勝夫　勝山近哉（廃業）

新七

馬場新三郎

村上愛三　北村昇（廃業）　荒川金之助

村上煕祐　荒川忠夫　藤本欣也

荒川徹

馬場幾三郎

馬場孝造

出典：『京黒染』459ページより作成。

## 2代目は画期的な黒染技術と広報宣伝で和装黒染事業を拡大

　1960年代後半から1990年代前半にかけて京都紋付の経営を担ったのが、創業者の息子である荒川忠夫である。彼の時代に京都紋付は躍進した。また、1969年に改組し、現在の「株式会社京都紋付」を名乗るようになった。

　京都紋付の躍進に決定的な役割を果たしたのは、黒染技術における革新である。2代目は、「体を切ったら、黒い血が出てくるかもしれん」と発するほど、黒く染めることにこだわった。その成果が、1978年に発表した濃色染め「純黒」であり、1981年に完成した「深泥黒」である[12]。

　独自に編み出した特殊加工により、これまでにない深みのある黒を出すことに成功した。その技術は高く評価され、同社は平成の大嘗祭で装束の染色を手掛けている。その技術に最大級の「お墨付き」が与えられたともいえる。

　2代目は、画期的な黒染技術を開発するだけでなく、その広報宣伝でも革新的であった。新しい黒染技術に独自の名前を付け、業界紙などでそのストーリーを語って、全国の小売店（呉服店）に売り込んだ。黒さを際立たせる黒染技術を武器に自社をブランディング

し、同業他社との差別化を図ろうとしたのである。

　このブランド戦略は功を奏し、全国各地の小売店（呉服店）が京都・室町の問屋に対して、「黒紋付の染めは、京都紋付の『深泥黒』で」と逆指名するほどの大ヒットとなった。

　黒く染めるだけであれば、値段の安い業者との価格競争に巻き込まれるため、自社の染めを差別化したのである。高度な黒染技術と斬新なブランド戦略で急成長する同社には、投資会社などから株式公開を打診する誘いも相次いだ。2代目は、黒染業界のイノベーターだったと推察される。

## 4代目は洋装分野への展開と染替えビジネスで本業存続にメド

　2代目の信念や志を継承し、黒染市場の危機的状況に立ち向かってきたのが、その息子で4代目の荒川徹である。4代目は、20代半ばから京都紋付で働き、和装の黒染事業の先行きを懸念して、様々な挑戦を重ねてきた。社長就任前の1991年には、中国で着物の縫製業や加工業に乗り出した。2代目が始めたマンション経営などの不動産業も引き継ぎ、1998年に完成した本社ビルはその一部をテナントに貸している（写真参照）。

　京都で生まれ育った4代目が、その人脈を生かして入居企業に京都の企業や人を紹介し、その事業拡大に貢献する一方、入居する着物レンタルショップから、着物の洗い（クリーニング）を自ら請け負って本業の収益につなげるケースもある。不動産業は安定し、2000年からは有限会社キョウモンで飲食業も展開中だ。

京都紋付の本社ビル

---

⑿　「深泥黒」は、2代目が黒い生地の上に生卵の白身をうっかりして落としてしまったのがきっかけだと言われている。白身が落ちたところが、これまでにないきれいな色になったため、それを応用した。

　しかし、取り組んだ全ての事業が順風満帆だったわけではない。着物の縫製業や加工業からは撤退した。好調だった飲食業もコロナ禍で一変したが、和装市場縮小に伴う危機感が４代目の挑戦意欲を駆り立て、事業の多角化を推進した。とはいえ、４代目は本業の「黒染」にもこだわり続けた。歌舞伎や能、大相撲などで黒紋付は今も第一礼装として着用されている。

「京黒紋付染という伝統産業、ひいては日本の伝統文化を継承していくためにも、黒の第一人者であるという使命を全うしたい」

　こうした思いから「黒染」で何ができるかを追求し続けた。そうしたなかで、黒染の洋装展開、さらにはアパレルの染め替えビジネスという新事業が誕生している。

## （３）黒染技術を核とした４代目の革新活動

　では、４代目の革新活動を詳しく見ていこう。

### 洋装素材を黒く染める技術の開発

　４代目は2001年、綿や麻などの洋装天然素材を黒く染める技術開発に着手し、約半年後、ほかに例を見ない深い色合いの黒染に成功した。通常、布は光を反射するため、本来の色よりも白く見えるが、黒染後に衣類に特殊な加工を施して、布の表面に光を吸収する膜を張ると光の反射が抑えられ、黒を際立たせることができる。４代目は、洋装素材を深みのある黒に染める技術を「深黒（しんくろ）」と命名した。同技術には、副次的に撥水効果もある。

　染料の安全性に対しても早くから強い関心を寄せ、2004年には「エコテックス®スタンダード100（Oeko-TexStandard100）」の「クラスⅠ」の認証を受けた。これは、繊維製品に対する国際的な安全基準で、欧州と日本の独立した17の検査研究機関が加盟するエコテックス®国際共同体（事務局：チューリッヒ）が定めたものである[13]。350を超える有害化学物質の分析試験にクリアした製品だけに与えられ、用途別に４分類で規制値が設定されている。「クラスⅠ」は乳幼児対応のもので、最も厳しい基準となっている。

## アパレル事業とブランディング

　洋装素材を黒く染める加工技術を開発した4代目は、2003年にアパレル事業をスタートさせた。京都のアパレル製造小売業者から、バッグに使用する帆布の黒染を依頼されたことが端緒となった。初めて手掛ける素材だったが、和装で培ってきた技術が生きたという。その後、アパレルメーカーとして、「深黒」で染めたオリジナル製品を売り出し、海外進出を試みるともに、染色業者としてアパレルメーカーなどからの依頼にも応え始めた。

　2009年に売り出した黒染デニム製品は、ジーンズの産地である岡山のデニムメーカーで商品企画をしていた女性スタッフが中心的な役割を担った。彼女は、洋服を黒染している京都紋付に興味をもち、同社に入社してきた。4代目は、予備知識がないからこそ感じる「黒染の魅力」を彼女から教えられ、デニムの黒染製品を「BL–WHY（ビーエルホワイ）」のブランドで売り始めた。BLはブラックを意味し、WHYには「和装（W）から発信（H）し、洋装（Y）へ」という想いを込めた。

　だが、すぐに問題が発生する。京都紋付は、百貨店やインターネットなどで販売したが、新製品を次々と展開しない限り売り上げが伸びない事態に陥ったのである。そのため、本業に立ち返り、アパレルからの染め依頼に応える加工ブランド「れい」を2015年に立ち上げた。これまでに、三宅一生、Vivienne Westwood、Championなどと組み、黒染加工を担ってきた。パートナーとして意識するのは、自社のブランド力向上につながるような有力デザイナーや著名ブランドである。

## 衣類の染め替えという新市場を開拓

　最近は、アパレル製品の染め替えビジネスに本腰を入れている。環境保全団体WWF（World Wide Fund for Nature・世界自然保護基金）と組んだ、衣類の再活用プロジェクト「PANDA BLACK」（2013年10月～2016年10月）で手ごたえをつかみ、そこから派生する形で、衣類を黒く染めてリユースする新ビジネ

⒀　エコテックスに関する説明は、同サイト（https://www.oeko-tex.com/en/about-us）を参考にしている。

ス「クロフィネ（KUROFINE）」を2016年にスタートさせた。

　きっかけは、「WWFが展開する衣類のリサイクルキャンペーンを手伝って
ほしい」という大手広告代理店の博報堂からの依頼だった。「洋服を黒に染め
替える」という新ビジネスを検討していた4代目は快諾し、WFFと京都紋付
のコラボ事業が始まった。「PANDA BLACK」プロジェクトを通じて、全国に
約500店舗を構える古着チェーンであるセカンドストリートとのつながりも生
まれた。京都紋付は現在、セカンドストリートに持ち込まれた古着の一部を黒
く染め替える仕事も請け負っている。

「クロフィネ」は、衣類を黒に染めて生まれ変わらせる加工ブランドとして立
ち上げたもので、「京都紋付の宅配キットを協力してくれる店などに置き、消
費者に配ってもらう」形でスタートし、その後、自社のサイトで受注するよう
になった。さらに、全国各地から送られてくる様々な洋服を黒く染め続けるう
ちに次の展開が見えてきた。

　その一つが、染めることによって衣類の表情が変化する面白さである。生地
の素材によって染まり方が異なる染料の特性を生かせば、複数の素材で作られ
た洋服に色の濃淡が生まれる。例えば、綿素材は黒に、ポリエステルと綿の混
紡素材はグレーに染まるといった具合である。染まり方の違いによって、思い
もよらないユニークな、あるいはファッショナブルな衣類が生まれてくる。

　もう一つが、世界的な広がりをみせるSDGsとの関連である。ファッション
産業では、衣服の生産から着用、廃棄に至るまでの環境負荷を考慮した、持続
可能なファッションへの関心が急速に高まっている。

　4代目は、「染め替えが広がることで、衣類の廃棄が減少し、SDGsで12番
目に掲げられている『つくる責任、つかう責任』に貢献できる」とその意図を
明示し、SDGsを強調し始めた。廃棄されるものに手を加えることで、新しい
価値が生まれるという「アップサイクル」がキーワードして浮かび上がってき
たのである。アップサイクルとは、リサイクルやリユースとは異なり、新しい
アイデアを加えることで別のモノに生まれ変わらせる、いわゆる「ゴミを宝物
に変える」という発想である。

　2019年には、黒染による衣料再生事業の社会性を高めるため、木村照夫・京

都工芸繊維大学名誉教授の支援を得て「一般社団法人・京黒染で繊維製品を再生する協会」を設立し、翌2020年には「クロフィネ」を再構築したリウエアの「K」プロジェクトをスタートさせた。

　目指すのは、黒染による衣料再生に対する世間の認知度を高め、普及させるためのプラットフォームづくりである。自社だけで展開するのではなく、サステイナブルファッションに関心のある企業を募り、そうした企業を「協力企業」、「賛同企業」と呼んで、黒染による衣料の再生事業を広くPRしてもらう戦略をとった。

　消費者からの古着の染め替え受注にあたっては、京都紋付が各協力企業専用のURLを発行し、協力企業はそのURLを自社のホームページなどに張り付け、京都紋付の黒染による衣料再生事業を紹介する仕組みである。協力企業のホームページなどを見て、それに共感した消費者は、提示されているURL経由で京都紋付にネット発注し、染めてもらいたい衣料を送る。協力企業が、アパレルメーカー、セレクトショップ、古着屋、クリーニング店といった洋服を扱う業種の場合は、店頭で消費者から古着を回収し、協力企業が京都紋付に発注、商品を発送することも可能である（**図5－9参照**）。

　協力企業から見れば、衣類の染め替えとその価値を消費者に伝えることで、サステイナブルファッションの推進企業というイメージアップを図ることができ、京都紋付から手数料まで得られるという魅力的な仕組みになっている。セカンドストリートやアーバンリサーチ、伊勢丹といった大手が名乗りを上げ、黒染による再生事業をPRし、京都紋付の認知度向上、事業拡大に貢献している。

　また、アパレルメーカーに対しては、最初は白で着て汚れたら黒に染め替えるといった商品を提案している。消費者にはそもそも、「染め替えできる衣類」という発想がないため、染め替え可能衣類には販売時にその旨を記した下げ札や織ネームをつけ、バーコードを読み取れば、染め替え後の商品写真が見られるようにしておくという。同事業でも、消費者が染め替えを依頼した時点で、協力企業に手数料が支払われる仕組みを構築している。

　2022年8月には、前述の一般社団法人を「REWEAR」に名称変更するとともに、廃棄される繊維に新たな経済的価値を付加するアップサイクルを強調す

図5−9　黒染による衣料再生事業のプラットフォーム

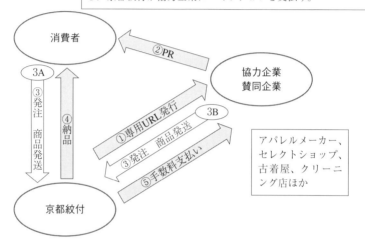

1．京都紋付は各協力企業（賛同企業）に専用URLを発行
2．協力企業は『K』プロジェクトをPR（専用URL提示）
3A．消費者が専用URL経由で京都紋付に発注
3B．協力企業が店頭で古着を回収し、京都紋付に発注、商品発送
4．京都紋付が消費者に商品を発送し、代金を回収
5．京都紋付が協力企業にコミッションを支払う。

出典：京都紋付提供資料に基づき作成。

るプロジェクトを打ち出した。縫製加工、再生ペットボトル繊維の活用など様々な手法を駆使して、廃棄物削減につなげたいとしている。4代目には、こうした活動への賛同者が大勢いる。一般社団法人日本繊維機械学会の研究者や同学会が2012年に立ち上げた「繊維・未来塾」で知り合ったテキスタイルやアパレルなどの経営者である[14]。

## （4）地域社会からの支援——革新計画の策定と各種認定制度の活用

　こうした新事業の創出に向け、4代目は本業の黒染技術を生かす本格的な革新計画を策定している。掲げたのは、①洋装素材への深黒染、②黒染ジーンズの開発・製造・販売、③海外を視野に入れた商品開発などである。革新計画は2010年、京都商工会議所の第1回「知恵ビジネスプランコンテスト」で認定を

黒染によってアップサイクルした繊維製品の展示会（二条城）

京都紋付の荒川徹社長（右）と一般社団法人REWEARの木村照夫代表幹事

得た[15]。2011年3月には京都市のオスカー認定も受けた。いずれも、和装の黒染技術と意匠力を生かしてアパレルのカジュアル市場に参入するという新規性や独自性が高く評価されている。

　京都紋付は、公的資金も積極的に活用してきた。京都府と公益財団法人京都産業21が新事業に挑戦する中小企業らに事業費の一部を助成する「きょうと元気な地域づくり応援ファンド」からは、2010年度と2012年度に事業資金を獲得した。

---

[14]　「繊維・未来塾」は2012年5月に立ち上げられた。素材メーカー、染色業、縫製業、商社、アパレル、繊維機械メーカー、大学などが連携したオール・ジャパンでの新しい産業基盤の構築を意識し、「メード・イン・ジャパンで世界を目指す」、「次世代を担うリーダーを育成する」といった目標を掲げている。カイハラデニムで世界に知られるカイハラ㈱、カシミアに特化した東洋紡糸工業㈱など、繊維関連企業の経営者を中心に約80人が塾生リストに名を連ね、イタリアやフランスといった海外にも直営店をもつレディスファッションのマツオインターナショナル㈱の社長が塾長を務める。具体的な活動としては、年数回の頻度で、経営、商品開発、人材育成などのテーマに即した講義、繊維産地訪問、会員企業の工場見学などを実施している。日本繊維機械学会サイト内にある「繊維・未来塾」（https://tmsj.or.jp/ffs/）より。

[15]　同コンテストは、京都の強みを生かし、企業価値を高めて顧客創造を図る中小企業の独創的ビジネスプランを応援するもので、初めての試みとなった第1回には51件の応募があり、6件のプランが認定された。

こうした公的機関からの「お墨付き」は、知名度や信用力のアップにつながった。アパレルの染め替えリサイクル事業は、WWFと組んだ、衣類を黒く染め替えて再活用するプロジェクト「PANDA BLACK」によって大きく前進した。また、衣類を黒く染めてリユースする「クロフィネ」事業の本格化にあたっては、2017年度に経済産業省の「ものづくり・商業・サービス経営力向上支援補助金」を得た。

　京都紋付では、自治体や商工会議所といった地域社会からの手厚い支援によって革新活動の種が芽吹き、苗木になった段階で、国などからより大規模な支援を受けている。地域社会が、伝統技術の継承と企業の存続に少なからぬ貢献を果たしていることがうかがえる。

## （5）引き継がれたチャレンジ精神

　京都紋付において、革新活動が際立つのは親子関係にある2代目と4代目である。2人の関係性を少し整理しておきたい。

　京都紋付は、和装に続き、洋装でも、他社を圧倒する究極の黒染技術を磨き、それをブランド化することで、同業他社に対する優位性を獲得した。2代目（父）の革新活動の基本は、4代目（息子）に引き継がれていることが分かる。

　他方、革新の中身は大きく異なっている。2代目は、本業の和装黒染市場が拡大するなかでの革新（技術開発とブランド化）であったが、4代目は本業の市場が衰退するなかで、アパレル、リサイクルといった新しい業界に飛び込んだ。技術開発とブランド化という先代の手法を踏襲しつつ、独自のビジネスモデル構築にまで踏み込んでいる。

　2015年9月の国連サミットで採択されたSDGsへの取り組みが急速に普及し、同社の染め替えビジネスは、「The New York Times」や『環境白書』で取り上げられた。4代目はこうした時代の潮流を強く意識し、アップサイクルという新しいビジネスモデルを探っている。

　また、革新活動の推進者は経営者自身であるが、外部からアイデアが持ち込まれたり、新しい社員の獲得がその具現化につながったり、外部の企業やデザイナーらと共同事業を立ち上げたりというケースが少なくない。自社ブランド

のアパレル事業は、岡山のデニムメーカーで商品企画をしていた女性の社員採用によって大きく前進した。洋服の染め替え事業は、博報堂からの1本の電話がきっかけとなり、WWFとのプロジェクトを通じて古着チェーンと信頼関係が構築された。日本繊維機械学会や「繊維・未来塾」を通じて懇意になった研究者や企業経営者は、繊維業界の将来を展望し、種まきをする同志である。

　このように、4代目の様々な革新は社員の採用や外部組織との連携によって実現してきたが、そうした経営資源が京都紋付に集まってきたのは、経営者が感度の高いアンテナを張り巡らし、自らその時々の取り組みを積極的に発信していたからと言える。4代目は次のように振り返っている。

「よほど賢い人やったら先が見えるかもしれんけど、凡人が結果を出そうと思ったら、動かなしゃあないです。自分が不可能やと思ったらそこで終わってしまう。不可能やと思わんと動くと、人との出会いがあるでしょ。出会うためにも動かなあかん」

「チャレンジすればするほど楽しいし、チャレンジする人が熱い思いを持っていたら、周りも巻き込めるんで。ただそのためには、真剣にやらないと。中途半端やったら、人もついてきてくれん」

　ところで、4代目の人生観や経営哲学はどこに由来しているのだろうか。2代目は、自らの人生訓を『凡人の法則――100話』として書き残している（写真参照）。同書は、現状維持を否定し、最高峰を目指して果敢に挑戦する2代目の心の内が吐露されたものである。

「異質の体験の中からチャンスが生まれるもんである」（61ページ）

「世の中の変化は激しい　これからは変化に対応して同じスピードで走れる変化対応体質の時代だよ」（65ページ）

2代目が書き記した『凡人の法則――100話』

「展開人生を　交わりて己に価値をつけてこそ人はつどいて栄えると知れ」
（81ページ）

「挑戦えの快感」（84ページ）

「始めなければ始らん　突破なくして人生なし」（103ページ）

　4代目の言動と驚くほど似ていないだろうか。4代目は事業を継承する前から同書を繰り返し読んでいた。そして、影響を受けたことも自覚している。

「おやじもチャレンジする人やった。チャレンジしんようになったらもう生きる価値ないという気持ちで、一生懸命、頑張っていた。その頑張りようが、人間としていいんですわ。僕はその根性とやり方をみていました。僕が『チャレンジ精神』や『自分で自分に重しをつけない』、『明るく元気に生きる』などを大事にしているのはおやじの背中を見ていたからかもしれません」

　和装の黒染に代わる新しいビジネスを真摯に模索する経営者が強いリーダーシップを発揮して試行錯誤を繰り返すなかで、アパレルの染め替えという新しいビジネスが誕生した。4代目の革新活動は、確かに経営者自身が強く意識し主導してきたが、そこには2代目がその身をもって示してきた生き様が色濃く反映されていると言えるだろう。

## （6）次世代への継承

　もっとも、4代目に影響を与えたのは父だけではない。息子の存在も大きかった。ファミリービジネスの神髄とも言える同族での事業承継への強い思いが同社の革新活動を支えてきた。

### 親から子への刷り込みと継承する事業の確保

　4代目は母親から「黒染の商売を継がなあかん」と言われ続け、学生時代から京都紋付の仕事を手伝っていた。他方、父親からは「商売を継ぐな」と言われ、飲食業をすすめられていた。家業を継ぐかどうかは別として、両親はビジネスに携わることを息子に望んでいたのだろう。4代目は大学卒業後、電子部品メーカーに数年勤務し、京都紋付に入社している。

　4代目は入社当時から、黒紋付染の将来に対し漠然とした不安はあったが、

結婚後は夫婦して息子に家業を継ぐよう言い含めてきたという。だが、それが自らを律することにもなった。

「息子に後継者指名をしておきながら、黒紋付染の仕事がどんどんなくなっていく。危機感はものすごかったですよ。息子のために何としても、と考えていろいろ動きました。必死でしたよ」

　京都紋付の売上高は1996年の12億円がピークである。5,000円の加工賃で24万着を染め上げ、2億円の経常利益を手にするビジネスで40名を超える従業員を抱えていた。日経ベンチャーで「日本の成長企業100社」に紹介されるほどの勢いだったが、その後わずか10年で売上高は半減した。2003年以降、少しずつ洋装の黒染市場を開拓してきたが、和装の黒染市場はそれを上回るスピードで縮小した。最盛期には業界全体で年間300万反を染めていたが、2014年には3万反を割り込んだ。100分の1以下になったのである。

　その年、4代目は、和装の黒染はもはやビジネスとして成立していないと決断し、大型機械を廃棄した。

「3年ほど赤字を出したんです。ここでなんぼ釣りをしても魚がいいひんのに、この規模で続けたらいずれ会社が潰れてしまう。退職金が十分出せるうちにと、希望退職を募りました」

　約30名が同社を去った。企業規模は大幅に縮小したが、4代目が意識したのは京黒紋付染の伝統技術を後世につなぐための自社の存続であり、そのための収益モデル構築である。京都紋付の売上高はここ数年、1億円程度で推移している。今は、規模の拡大よりも事業の継続に重きを置いている。

## 息子の入社と経営者教育

　4代目は入社当時から将来に対する漠然とした不安を抱え、30代で縫製業を中国で事業化し、40代でダイニング居酒屋を開始するなど、様々な新事業を立ち上げてきた。本業の黒染事業が危機的状況になったのは50代前半である。4代目は息子に事業を継がせるかどうかずいぶん悩んだという。洋装の黒染が軌道に乗り、企業存続のメドが立った段階で、息子への事業承継を決断した。2014年、息子は印刷会社を退職し、京都紋付に入社した。

　ちなみに、上述の大規模なリストラは息子の入社後に実施している。企業経営の厳しさを肌で学ばせたいとの思いがあった。

「会社の経営が不安定だったため、息子もどうしたらいいか揺れていたようだ。息子は、数多くの社員が働いていた時も、彼らが解雇された時も知っている。京都紋付のどん底を見たので、しっかり事業を継いでくれるだろう」

　4代目は、自ら立ち上げた洋装の黒染事業のさらなる発展と、5代目への事業承継という最も大きな課題に取り組んでいる。

## ❸ 存続企業と退出企業

　京都紋付は荒川家のファミリービジネスである。ただ、市場から退出した同業者もまたファミリービジネスであった。最後に、市場がほぼ壊滅するなかで、存続できた京都紋付と退出した同業他社との違いを考察しておきたい。

### （1）江戸から明治、大正、昭和と京都の黒染業界をけん引してきた企業の変遷

　京都の黒染業界のリーダー的企業は時代により顔ぶれが大きく変化している。茶染業でスタートし、江戸から昭和まで続いた工場として、『京黒染』は次の3社を挙げている。1763（宝暦13）年創業の柏屋平兵衛（奥田染工場）、1764（明和元）年創業の柏屋甚助（桂染工場）、1821（文政4）年創業の小桝屋源助（北源）である。また、昭和まで続きながら廃業した工場として、慶長年間（1596年～1614年）創業の井筒屋松村平兵衛と、1726（享保10）年創業の丸屋木村堪兵衛を明記している。

　先に述べたように、木村堪兵衛は、他社に先駆けて洋式染色工場への転換を進めた。木村堪兵衛、松村平兵衛、桂（柏屋）甚助は各種博覧会へ熱心に出品し、なかでも桂甚助は、パリ万博で茶染染色標本が名誉大賞金牌を受賞するなど、その染技術は卓越していたとみられる[16]。

　大正時代に台頭したのは高橋栄治である。松村平兵衛の工場で働いていた高橋は、松平とともに直接染料による黒染（煮黒）の技術を開発した。1918（大正7）年には独立開業し、直接染料で染めた黒染を「光沢黒」、「宝黒」のブラ

表5−3　京都黒染工業協同組合の歴代理事長（1949年〜1983年）

| | 氏名 | 在任時期 | 任期 | 企業名 |
|---|---|---|---|---|
| 初代 | 髙橋栄治 | 1949〜1951年 | 2年 | (株)髙橋染工場 |
| 2代目 | 松尾徳太郎 | 1951〜1955年 | 4年 | (株)丸松 |
| 3代目 | 古屋谷三 | 1955〜1969年 | 14年 | (株)甲州黒 |
| 4代目 | 伊藤新次郎 | 1969〜1971年 | 2年 | (有)伊藤新染工場 |
| 5代目 | 田中長太郎 | 1971〜1981年 | 10年 | 田中長染工(株) |
| 6代目 | 桂幸三郎 | 1981〜1983年 | 2年 | (株)桂染工場 |
| 7代目 | 古屋和男 | 1983〜 | 在任中 | (株)甲州黒 |

出典：『京黒染』403ページ。
注：企業名は『京黒染』の本文等に基づく筆者の追記である。

ンド（商標）で売り出し、巨万の富を得た。大正から昭和にかけて京都の黒染業界をけん引した髙橋は、第2次世界大戦後、京都黒染工業協同組合の設立に尽力し、初代理事長に就任した。

　表5−3は、京都の黒染業界が、成長期・成熟期にあった1980年代初頭までの歴代理事長の一覧である。こうした理事長輩出企業のうち、2021年時点で組合に残っていたのは、髙橋栄治の系譜をひく(株)髙橋染工場のみである。

　こうして見てくると、江戸時代から続く名門企業も、明治・大正時代に染色業の近代化をけん引した新興企業もそのほとんどが消滅している。

## （2）市場縮小期の企業動向

　京都紋付の2代目が活躍していた1980年代に大規模に事業を展開していたのは、田中長染工（2代目と同時代の経営者、田中長太郎）、馬場染工業（同、馬場孝造）、藤崎染工場（同、藤崎勝治）、甲州黒（同、古屋和男）、髙橋染工場（髙橋弘）の6社だったという[17]。

　表5−4は、1980年代から1990年代にかけて発行された『全国工場通覧』に記載されている京都の黒染業者の資本金と従業員をまとめたものである。驚く

---

(16)　生谷吉男・京都黒染工業協同組合青年部［1988］100〜101ページ。明治時代に出版された商工買物案内本『都の魁』には、染物工の部に、木村堪兵衛、桂甚助の名前がある。

(17)　京都紋付の荒川徹社長へのインタビューによる。

表5－4　1980年代から1990年代にかけて事業規模が大きかった黒染業者

| | 1980年版 | | 1982年版 | | 1984年版 | | 1986年版 | | 1988年版 | | 1990年版 | | 1992年版 | | 1994〜1995年版 | | 1996〜1997年版 | |
|---|---|---|---|---|---|---|---|---|---|---|---|---|---|---|---|---|---|---|
| | 資本金（万円） | 従業員 | 資本金（万円） | 従業員 | 資本金（万円） | 従業員 | 資本金（万円） | 従業員 | 資本金（万円） | 従業員 | 資本金（万円） | 従業員 | 資本金（万円） | 従業員 | 資本金（万円） | 従業員 | 資本金（万円） | 従業員 |
| ㈱京都紋付 | 1800 | I | | | | | | | | | 2250 | G | 2250 | G | 2250 | G | 2250 | G |
| ㈱甲州黒 | 1000 | I | 1000 | I | 1000 | I | 1000 | I | 1000 | I | 1000 | I | 1000 | H | 1000 | H | 1000 | H |
| 高橋染工場㈱ | 50 | I | 50 | I | 50 | I | 50 | I | 50 | I | 50 | I | | | | | | |
| 田中長染工㈱ | | | | | | | | | | | | | | | | | | |
| 馬場染工業㈱ | 1200 | I | 1200 | I | 1200 | I | | | 1200 | I | | | 1200 | H | | | 1200 | H |
| ㈲藤崎染工場 | 500 | I | 100 | I | | | | | 100 | I | 100 | I | 1000 | H | 1000 | H | 1000 | G |

出典：『全国工場通覧』各年版より作成。
注１：従業員数の「G」は30〜49名、「H」は20〜29名、「I」は10〜29名。
注２：空欄は掲載がないことを示す。
注３：㈲藤崎染工場は、1992年版から藤崎染工（株）に変更されている。

べきことに、市場が縮小傾向にあった1980年代から1990年代にかけ、京都紋付と藤崎染工場は資本金と従業員を増やしている。1980年代前半の京都黒染業界を分析した出石［1985］も、「自社ブランドをもち、新企画商品を考案し、卸問屋とタイアップしてそれを売り出す力をもつ大手の企業と、伝統的な加工業者の立場を重視する小規模な企業との間に大きな格差を生じ、近年その格差は拡大しつつある」（50ページ）と指摘しており、市場の衰退期においても、京都紋付をはじめとする一部企業はシェア拡大によって成長していたと推察される。

　また、大手企業は、京都黒染工業協同組合の理事長を務めるケースがほとんどだが、京都紋付の２代目は選ばれていない。名門としての立ち位置で商売を

続ける業者が少なくないなか、しがらみにとらわれることなく様々なチャレンジを繰り返していた京都紋付の２代目は、同業者にとって異端児的な存在であったのだろう。

　先に挙げた６社のうち、田中長染工と甲州黒はともに組合理事長を輩出した名門企業だが、後継ぎがいないこともあり、早々と撤退した。残った４社にも往時の勢いはない。高橋染工場は、染色工場をもたない一人ブローカーである。馬場染工業は、先代の次女が５代目を継承し、ほぼ一人で着物と洋服の黒染を手掛けている⒅。京都紋付と同規模で事業を継続しているのは、先代の息子２人が事業を継承した藤崎染工場（現・藤崎染工）だけである。

　こうして見ると、ほぼ壊滅した黒染市場で、2021年現在も存続している企業は、最盛期に業界大手のポジションにあり、事業を継承させたい、あるいは事業を承継したい親族がいた場合に限られている。体力のある大手は余力のない中小に比べて延命できたが、その多くは次世代への継承が高いハードルとなって市場から退出していった。

## （３）京都紋付の存続要因

　厳しい状況にあって、京都紋付は、現社長の息子が５代目を継承することが決まっており、将来を展望できる段階にある。同社は黒染業界において後発だったが、市場拡大期に経営を担った２代目が黒染技術を極め、独自開発した黒染加工をブランド化し、業界トップに押し上げた。また、本業で得た利益で不動産事業を展開し、経営の安定化を図った。さらに、そうした２代目の経営手法と自ら限界を定めないチャレンジ精神は、息子の４代目にしっかり引き継がれた。

　京都紋付は、２代目から続く不動産業、４代目が始めた飲食業と、複数の収益源を確保したことで、本業が多少厳しい状況になっても持ちこたえられる企

⒅　５代目は洋裁の専門学校を卒業後、テキスタイルデザイナーとして活躍したキャリアがある。馬場染工業が洋服を黒く染替える事業に進出したのは2004年である。家紋体験工房「柊屋新七」、花個紋を用いたオリジナルグッズの製造販売、アニメとのコラボ商品の企画製作・販売なども行っている。

132

業となった。そして、2代目同様、チャレンジ精神旺盛な4代目が試行錯誤を繰り返した結果、アパレルの染め替え、衣類のリサイクルという時宜にかなった新市場を切り開くことができたのである。

　和装の黒染市場縮小に対し、財産を確保して早めに退散という選択肢ももちろんあったが、4代目には事業継続に対する強い思いがあった。継がせたい息子の存在が大きいのだが、見逃せないのはファミリーとして蓄積してきた財務資本の存在である。様々な挑戦を繰り返すことができたのも、希望退職を募っての事業再構築を円滑に進めることができたのも、資金的な余裕があったからである。

　新しいビジネスを模索するにあたって4代目は、多くの人や組織とつながりながら、必要な経営資源を得たり、協業したりしていた。こうした社会関係資本に関しては、先代から継承したというよりも、自ら構築したという表現が妥当であろうが、社会関係資本の重要性を、2代目の言動から学んだ可能性は否定できない。さらに、新しい挑戦は、環境負荷が大きなファッション産業に一石を投じるものであり、その背景には伝統産業を守りたいという強い想いがある。こうした社会的価値が人々の共感を呼び、協働する仲間づくりや行政などからの支援につながっている。

　また、2022年12月には、京黒紋付染による京都紋付のアップサイクル事業が廃棄衣類の削減につながるとして、優れた革新的サービスを表彰する第4回「日本サービス大賞」（主催：サービス産業生産性協議会）の優秀賞を受賞している。

## おわりに

　本章は、伝統産業のなかでも市場が急速に縮小し、ほぼ消滅した京黒染業界に焦点を当てた。ほとんどの企業が退出を余儀なくされ、存続できた企業はごくわずかである。その稀有な企業として京都紋付の革新活動を分析した。

　同業界は比較的小規模なファミリー企業で構成されており、同社もそうしたファミリー企業の一つであったが、際立っていたのは、経営者が極めて早い段階で市場縮小というリスクを強く認識し、その克服に向け、諦めることなく挑

戦し続けたことである。事業を後世に承継したいという経営者の強い執念が、チャレンジ精神を是とする先代からの教えと相まって、小さな試みが繰り返された。

　現社長は、そうした試行錯誤のなかから進むべき新たな方向性を見つけ、事業の継承にメドをつけたのである。不動産業、飲食業といった本業以外の分野への進出も、リスク分散という観点で見れば理にかなっている。

　黒染市場の成長期および成熟期に蓄積した財務資本によって、様々なリスクマネジメントが可能になった側面ももちろんあるが、同社に同業他社を圧倒する財務資本があったわけはない。やはり、将来を展望し、リスクを予知する能力、その克服に向けた揺るぎない意志と行動力が傑出していたと言えるだろう。

　同一業界のファミリー企業を対象に、市場から退出した企業と存続している企業との差異に着目する研究は、ファミリー企業のファミリー性や企業家活動に関する議論を深化させる可能性がある。また、伝統産業は、機能特化した小規模事業者による分業で支えられてきたが、市場の大幅な縮小に伴って彼らが存在できる余地は減少し、企業家的志向性の強い中規模事業者が当該産業の将来を左右する段階にきているようにも見える。こうした点の解明は今後の課題としたい。

---

### 参考文献一覧

・荒川忠夫［1990］『凡人の法則——100話』Aクラブ（近代変身勉強会）。
・陳慕薇［2019］「市場縮小局面における同業者組合の限界性——1970年代半ば以降の京都黒染工業協同組合を中心に」『経済論叢（京都大学）』193(3)、35～54。
・生谷吉男・京都黒染工業協同組合青年部［1988］『京黒染』京都黒染工業協同組合。
・石田有年編［1883］『都の魁』石田戈次郎。
・出石邦保［1985］「京都黒染業の構造変化と課題——黒浸染業を中心として」『同志社商学』37(4)、29～52。
・京都黒染工業協同組合［1982］『京都黒染業界活路開拓調査指導事業報告書』京都黒染工業協同組合。
・京都黒染工業協同組合［1988］『京都黒染業界活路開拓調査指導事業報告書——無公害と省力化染法への移行、加工エリアの拡大、洋フォーマルへの対応』京都黒染工業協同組合。

・京都市中小企業指導所編［1985］『京都黒染業界診断報告書』京都市中小企業指導所。
・京都市中小企業指導所編［1991］『京都黒染（引染）業界診断報告書』京都市中小企業指導所。
・京都市立洛陽工業高等学校
　http://www.edu.city.kyoto.jp/hp/rakuyo/hp/index_03010_history.html、2021年8月20日アクセス。
・OEKO-TEX　https://www.oeko-tex.com/en/about-us、2022年11月20日アクセス。
・繊維・未来塾　https://tmsj.or.jp/ffs/、2022年9月6日アクセス。
・通商産業大臣官房調査統計部編［1980］『全国工場通覧1980年版』日刊工業新聞社。
・通商産業大臣官房調査統計部編［1982］『全国工場通覧1982年版』日刊工業新聞社。
・通商産業大臣官房調査統計部編［1984］『全国工場通覧1984年版』日刊工業新聞社。
・通商産業大臣官房調査統計部編［1986］『全国工場通覧1986年版』日刊工業新聞社。
・通商産業大臣官房調査統計部編［1988］『全国工場通覧1988年版』日刊工業新聞社。
・通商産業大臣官房調査統計部編［1990］『全国工場通覧1990年版』日刊工業新聞社。
・通商産業大臣官房調査統計部編［1992］『全国工場通覧1992年版』日刊工業新聞社。
・通商産業大臣官房調査統計部編［1994］『全国工場通覧1994～1995年版』日刊工業新聞社。
・通商産業大臣官房調査統計部編［1996］『全国工場通覧1996～1997年版』日刊工業新聞社。
・World Wide Fund for Nature（世界自然保護基金）
　https://www.wwf.or.jp/campaign/pandablack/、2021年8月20日アクセス。

インタビュー・講演など
・京都黒染工業協同組合・福澤佳計理事長（当時）
　2019年10月22日、福澤染工場（京都市上京区千本通竹屋町）でのインタビュー
・京都紋付・荒川徹社長
　2019年8月8日、京都紋付（京都市中京区壬生松原町）でのインタビュー
　2020年5月18日、龍谷大学経済学部の中小企業論での講義
　2021年6月14日、龍谷大学経済学部の中小企業論での講義
　2021年7月13日、京都紋付でのインタビュー
・馬場染工業・馬場麻紀氏
　2015年3月11日、馬場染工業（京都市中京区西洞院通三条下ル柳水町）でのインタビュー
　2016年2月10日、京都老舗の会の2015年度総会のパネルディスカッション

# 第6章 京仏壇・京仏具の(株)小堀

## 納骨壇で先陣を切る

## は じ め に

　京都で生産される京仏壇・京仏具も、経済産業大臣が指定する「伝統的工芸品」[(1)]の一つである。西陣織や京黒紋付染と同様に、生活スタイルや価値観が変化するなかで仏壇仏具市場も縮小し、その規模は1,000億円弱とピーク時の約3分の1に留まっている。

　伝統的な大型仏壇の需要は減少し、ご本尊を安置して礼拝供養するという仏壇本来のもつ役割も薄れているのが現状である。

　本章では、京仏壇・京仏具の伝統を守りつつ、アルミ製やスチール製の納骨壇事業をいち早く立ち上げた株式会社小堀を取り上げる。同社は1775（安永4）年に仏壇の産地として知られる彦根で創業し、1894（明治27）年に6代目が京都へ進出した。

　第2次世界大戦後は、その孫の8代目が納骨壇の製造販売を他社に先駆けて始め、跡を継いだ3人の息子（9～11代目）も、「伝統とは常に非伝統を意識することである」と、商品開発やIT活用などに力を入れてきた。伝統に固執すれば企業は競争力を失い、やみくもな革新は企業としてのアイデンティティ喪失につながりかねない。

　ここでは、ファミリー企業による伝統と革新のバランス経営の実態を探っていく。

---

(1) 京仏壇・京仏具は1976年に伝統的工芸品に指定された。京都府仏具協同組合が検査合格証を発行している。

# ❶ 仏壇仏具業界の歴史的変遷

　仏壇は、仏像を安置する壇を指す。仏具は、仏教で用いられる道具で、基本的な飾りとして、香炉、花立て、蝋燭立ての三具足（みつぐそく）が知られる。日本の仏壇仏具の歴史は、奈良時代の仏教伝来にまでさかのぼり、11世紀に本格化したとされる。当初は寺院向けだったが、江戸時代の宗門改制度や檀家制度によって庶民が仏壇を安置するようになり、家庭用仏壇が作られ始めた。

## （1）仏師の系譜

　6世紀半ば、百済から伝えられた仏教は奈良時代に国教化された。仏教によって国を守るという鎮護国家のもと、仏像製作に当初かかわったのは官営の仏工であったが、平安時代に入ると、僧籍を有する仏師がその主な担い手となった[2]。また、仏像の各部を別々に製作し、それらを組み合わせて一つの仏像を制作する寄木造は定朝が完成させたとされ、寄木造という技法と工程別分業によって大量かつ効率的な生産が可能になり、大型物も作れるようになった。

　宇野［1982］によると、「一三世紀後半より仏師が組織力によって造仏生活を送る仏所成立の機運がおこり、一四世紀には三条仏所が現われ」（165ページ）た。仏所は京都と奈良が中心で、流派によって三条仏所、七条大宮仏所などがあり、最も繁栄したのは七条仏所である。七条仏所は桃山時代に東寺の造営などで活躍し、江戸中期以降は幕府お抱えの御用仏所と位置づけられた[3]。

## （2）檀家制度と宗教

　仏師の手工業的、職人的側面は室町時代から急速に強まった。特に、江戸時代になると、宗門改制度や檀家制度によって、一般庶民に仏教が普及し、家に仏間や仏壇を設け、そこに仏像や位牌を祀るようになった[4]。檀那寺（だんなでら）への寺参りや説法の聴聞、葬式や先祖の法会なども日常生活のなかに定着した。

　庶民の檀那寺は、各宗各派の総本山を頂点に、本寺、直末寺、孫末寺、曾孫末寺といったピラミッド型の教団寺院組織の末端にあった。京都には数多くの

本山があったことから、名所見物という旅の魅力を兼ねた本山参りが人々の楽しみとなった[5]。地方の信徒が京都にもたらした経済的利益はこの本山参りに留まらない。彼らの浄財は本山を経由して、本山出入りの京都の商人に大きな潤いをもたらした。

　京都市編［1973］『京都の歴史6 伝統の定着』は次のように指摘している。「京都の諸宗本山に寄せた浄財の見返りとして、地方信徒のもとに、京都の本山から還流されるものは、彼らの法名であり、あるいは彼らの後生善処の保障であった。しかし、ときには、有形のものもある。それは金箔漆塗りの仏壇であり、位牌であり、かけ軸表装の本尊名号や絵像であり、また種々の仏像や仏具であった。彼らの法悦を満たすこのかずかずの宗教用具は、いずれも京都の市中で作られたものであることはいうまでもない。果して、この時期の京都では、前代にも増して、仏壇屋・位牌屋・数珠屋・仏師・経師屋・袈裟屋・仏具屋　まもり袋屋　和讃屋等々の商家が繁昌し、またこれらの宗教的工芸品の生産技術が発展し、それが今日まで京都の町の伝統的生産とあきないの一つの特色ともなっているのである」（321ページ）

---

(2)　仏は神聖な礼拝対象のため、造仏者にも精神性が求められるようになり、造仏者も僧籍で彫刻の心得があるものが適任であるといった機運が高まり、造仏者の呼称も、「仏工」ではなく、仏を造る法師を意味する「仏師」が使われるようになった。宇野［1982］が詳しい。

(3)　三山［1996］による。七条仏師は明治時代に終焉を迎えた。田中［1932］の仏師系図には37代までが掲載されている。業務に仏壇仏具関係が認められるのは35代の廣教（1982年没）までで、その長男で36代の康彦を、「明治三十二年ニ九州長崎縣佐世保ニ住シ家計貧シクシテ小賈商人トナル」とあり、37代の勝太にいたっては「佐世保海軍工廠ニ勤ム」となり、宗教関係とはまったく異なる職に就いている。

(4)　日本工芸の歩みに関する文献を渉猟し『工芸志料』としてまとめた黒川真頼は、1614（慶長19）年に将軍・徳川秀忠が戸ごとに仏舎を造り、仏像を安置するようにとの法令を出し、仏師らが城下町に店を構えるようになったこと、仏師らが尺寸の仏像ばかりつくりその技術は、往古の仏工に及ばなかったことを記載している。

(5)　江戸時代も元禄を過ぎると、京（京都）の政治的、経済的地位は、江戸と大坂の興隆によって相対的に低下した。他方、古都が持つ伝統文化の雅に惹かれて多くの人々が上洛し、名所や旧跡を訪れた。江戸中期の京都はいわゆる観光都市としての性格を強くもつようになり、庶民層にまで都見物が広がった。

## （3） 激動の明治維新

　江戸から明治への転換期に、京都仏教界を震撼させたのが、1868（明治元）年の神仏分離令である。習合していた寺院からの神社独立や神社からの仏教的要素の除去などが各地で行われ、寺院の仏像、仏具などの破壊・撤去運動が巻き起こった。

　これに追い打ちをかけたのが、寺社領を対象とした上知令である。明治政府は1871年に境内を除くすべての領地と除地（免租地）の上知を命じた。東本願寺では28,014坪が町内に払い下げられ、境内地は18,600坪に減少した。政府は同年、寺請制度の廃止も布告している（京都市編［1974］532〜533ページ、531ページ）。

　廃仏毀釈の風潮が広がり、由緒ある仏像や仏具などが廃棄され、寺院の廃滅・合併が進んだ。吉田光邦は『日本の職人』で、仏師らが直面した明治の惨状を記載している。仏像や仏具を注文する人はいなくなり、飴売りになった者、人力車の幌の竹骨の細工をする者など、その落魄ぶりはひどかったという。

　とはいえ、逆風も1877年頃には収まり、日本古来の伝統を愛護する流れが台頭し、荒廃した寺院の仏像修理などが始まった。内国勧業博覧会などを通じて日本の木彫技術に触れた外国人から仏像製作の仕事も舞い込むようになった。信者の仏壇仏具需要も戻り、品質面で優れ、諸宗本山の所在地でもある「京都もの」は歓迎される傾向にあった。

## （4） 明治から昭和初期の動向

　明治時代、京都にはどれほどの仏壇仏具業者が存在していたのだろうか。廃仏毀釈後の業界動向は**表6−1**からうかがえる。明治後期から大正にかけて業者は増え、1913（大正2）年時点で、仏壇（神棚含む）の製造は261業者、職工は650名を数える。

　京都の仏壇仏具業界を牽引してきた業者についても確認しておこう。

　**表6−2**は『京都商工人名録』のデジタル版で、1905（明治38）年に記載されている業者をまとめたものである。掲載業者が、その後刊行された『京都商

表6-1　京都府の祝祭具の生産額、製造戸数、職工数の推移（1909年〜1913年）

| 年 | | 生産額（円） | 製造戸数 | 職工数 |
|---|---|---|---|---|
| 1909（明治42） | | 572,708 | 195 | 770 |
| 1910（明治43） | | 641,700 | 371 | 836 |
| 1911（明治44） | | 535,828 | 479 | 1,294 |
| 1912（大正元） | | 451,564 | 530 | 1,296 |
| 1913（大正2） | | 457,997 | 574 | 1,314 |
| 内訳 | 仏壇（神棚を含む） | 163,186 | 261 | 650 |
| | 珠数 | 121,349 | 78 | 245 |
| | 婚儀具 | 104,917 | 73 | 132 |
| | 位牌・祭具（葬具を含む） | 47,423 | 86 | 145 |
| | その他 | 21,122 | 76 | 142 |

出典：京都府編［1974］『京都府誌（下）』53-54ページより作成。

表6-2　明治後期から昭和初期にかけての主な仏壇仏具業者

| 1905（明治38） | 1938（昭和13） | 住所 | 屋号 | 経営者 | 営業税（円） |
|---|---|---|---|---|---|
| 1 | | 萬壽寺室町西 | 丹文 | 和泉文次郎 | |
| 2 | ○ | 醒ケ井揚梅下 | | 合名会社八幡屋井澤佛具店 | 180 |
| 3 | ○ | 七條新町東 | | 合名会社若林卯兵衛商店 | 86 |
| 4 | ○ | 花屋町油小路西 | | 若林捨治 | 36 |
| 5 | | 三條寺町東 | みすや | 吉田源之丞 | |
| 6 | | 寺町三條上 | | 吉成恒藏 | |
| 7 | | 魚棚東中筋角 | 山崎屋 | 武内彌兵衛 | |
| 8 | ○ | 醒ケ井魚棚上 | | 武田新兵衛 | 40 |
| 9 | ○ | 正面烏丸角 | | 高橋仙助 | 61 |
| 10 | ○ | 七條新町西 | | 合名会社山崎屋本店 | 133 |
| 11 | | 中数珠屋町烏丸東 | 丸中 | 中村猪之助 | |
| 12 | ○ | 七條烏丸東 | | 株式会社福井彌右衛門商店 | 244 |
| 13 | | 新町魚棚南 | | 藤原種藏 | |
| 14 | ○ | 烏丸東本願寺前 | | 合名会社小堀佛具店 | 82 |
| 15 | ○ | 御幸町五條上 | 髙幸 | 櫻田幸七 | 40 |
| 16 | ○ | 花屋町西洞院西 | | 合名会社京極佛具店 | 82 |
| 17 | | 寺町松原南 | 大佛堂 | 乾助次郎 | |
| 18 | | 寺町佛光寺南 | 光朝堂 | 西川忠三郎 | |
| 19 | | 寺町六角南 | | 藤田源兵衛 | |

出典：『京都商工人名録』明治38年版、昭和13年度版より作成。
注：「○」は掲載されていることを示す。「○」が付いた業者の住所、屋号、経営者、営業税は昭和13年版による。

工人名録』の1938（昭和13）年度版に記載されているかどうかも合わせて明記している。

　1905年段階で19業者が掲載されている。このうち、1938年時点も名前があるのは10業者である。小堀はいずれにも名前があり、1938年時点の納税額は82円である（表記は、合名会社小堀佛具店）。1894年の京都進出から比較的短期間で、商売を軌道に乗せることができたと推察される。

## ❷ 仏壇仏具業界の動向

　次に、第2次世界大戦後の仏壇仏具業界の業界規模やその推移を見ておこう。

### （1）事業所数、従業者数等の推移

　図6-1は、「宗教用具製造業」に属する事業所数、従業者数、製造品出荷額等の推移を示す。同分類には、神棚や神輿なども含まれるが、仏壇仏具業界のおおよその傾向はつかめるだろう。

　戦後は戦争で焼失した仏壇の買い替え需要や高度経済成長期の住宅ブームによる新規需要などで、事業所数、従業者数、製造品出荷額等のいずれも増大した。静岡や徳島などで仏壇仏具の産地形成も進んだ。だが、事業所数と従業者数は1980年代前半、製造品出荷額等は1990年代前半がピークで、その後は縮小傾向にある。直近の製造品出荷額等はピーク時の3分の1にあたる約400億円に留まっている。表6-3は宗教用具小売業の1990年半ば以降の推移である。小売業も1994年以降、減少傾向にある。

### （2）中国製仏壇の増加

　仏壇は、熟練技術者不足やコスト高などから海外製が増え、国内の仏壇販売に占める輸入品の割合は8割強を占める[6]。財務省貿易統計の統計品別推移表で仏壇の輸入台数や金額を確認できるのは2001年以降であるが、海外生産が本格化したのは1990年代とみられる[7]。また、当初は一部工程のみを海外に依存したが、最近は完成品の輸入が多い。

図6－1　宗教用具製造業の事業所数、従業者数、製造品出荷額等の推移（1950年〜2017年）

### 事業所数

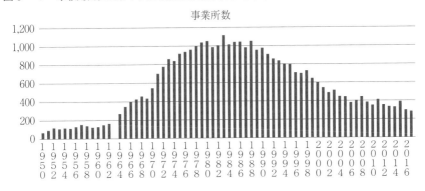

### 従業者数（名）

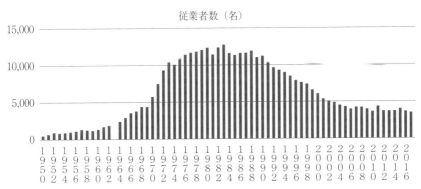

### 製造品出荷額等（百万円）

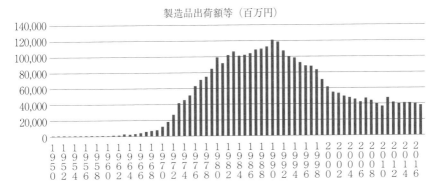

出典：経済産業省「工業統計表」各年版より作成。
注：従業者数4名以上が対象。

142

表6-3　1990年代半ば以降の宗教用具小売業の推移（1994年～2016年）

| 産業分類 | 年次 | 事業所数 | | | 従業者数（名） | 年間商品販売額（百万円） | 売場面積（㎡） |
|---|---|---|---|---|---|---|---|
| | | 計 | うち法人 | うち個人 | | | |
| 宗教用具小売業（5914） | 1994 | 5,619 | 2,726 | 2,893 | 21,752 | 366,948 | 683,273 |
| | 1997 | 5,460 | 2,808 | 2,652 | 20,840 | 361,707 | 654,171 |
| | 2002 | 4,886 | 2,587 | 2,299 | 19,363 | 270,570 | 656,217 |
| | 2007 | 4,536 | 2,489 | 2,047 | 18,083 | 255,745 | 633,409 |
| | 2012 | 3,243 | 1,742 | 1,501 | 12,690 | 157,887 | 525,923 |
| | 2014 | 3,004 | 1,698 | 1,306 | 12,024 | 163,942 | 486,008 |
| | 2016 | 3,490 | 2,116 | 1,374 | 13,560 | 179,477 | 437,752 |

出典：総務省・経済産業省「2016年経済センサス—活動調査」より作成。

図6-2　仏壇の輸入動向（2001年～2020年）

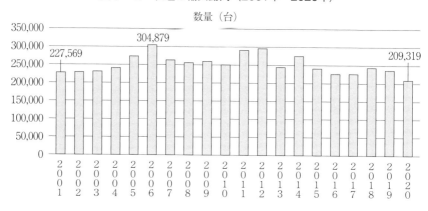

数量（台）

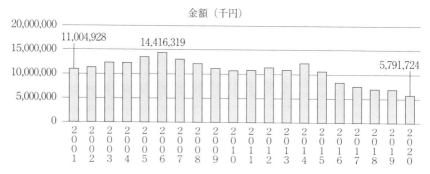

金額（千円）

出典：財務省「貿易統計」各年版より作成。

図 6 - 2 は2001年から2020年にかけての仏壇の輸入動向を示している。2001年時点で輸入台数は227,569本、輸入金額は110億493万円に及んでいる。その後も増え続け、2006年には304,879本、144億1,632万円に達した。2020年も20万本を超えている。ただ、

表6－4　仏壇の主な輸入相手国（2020年）

| 国名 | 数量 | 量（KG） | 金額（千円） |
|---|---|---|---|
| 合計 | 209,319 | 5,482,540 | 5,791,724 |
| 中華人民共和国 | 164,607 | 3,859,170 | 3,798,732 |
| ベトナム | 17,808 | 791,995 | 933,531 |
| タイ | 7,198 | 160,172 | 113,387 |
| インドネシア | 8,030 | 334,402 | 625,046 |
| カンボジア | 11,676 | 336,801 | 321,028 |

出典：財務省「貿易統計」より作成。

金額の減少傾向は顕著で、2020年は57億9,172万円に留まった。なお、**表6－4** から明らかなように、主な生産国は中国である。2020年時点で、輸入数量の78.6％、輸入金額の65.6％を占めている[8]。

## （3）仏壇仏具に対する変化する需要とその対応

近年は、核家族化の進行などで先祖供養の習慣が薄れ、生活スタイルも変化するなかで、仏壇や墓石の購入、神社仏閣への寄付などの宗教関連費は減少傾向にある。総務省の家計調査年報によると、1世帯当たりの信仰・祭祀費は2000年の18,257円が2020年には14,577円まで減少した。祭具・墓石も2020年は1,848円で、2000年比約45％に落ち込んでいる（**図6－3**参照）。

仏壇に対する志向も大きく変化した。家具やインテリアと調和するコンパクトサイズの仏壇が人気である。(株)鎌倉新書が運営する仏壇情報検索サイトの2018年の調査[9]によると、購入平均価格は33.6万円で、購入価格帯では、「5万

---

(6)　2018年の国内仏壇の年間販売本数は約28万本で同年の貿易統計に基づく年間輸入本数は約24万本。『仏事』2019年8月号、27ページ。

(7)　中国と日本の仏壇仏具業者を調査した伊藤［2007］は、日本企業が1980年代に、浙江省に合弁会社を設立したことが契機となって中国人や台湾人経営の仏壇仏具工場が増え、日本向け輸出が増加したとしている。

(8)　海外製との差別化を図るため、全日本宗教用具協同組合は国産仏壇に対する統一表示を作成している。

144

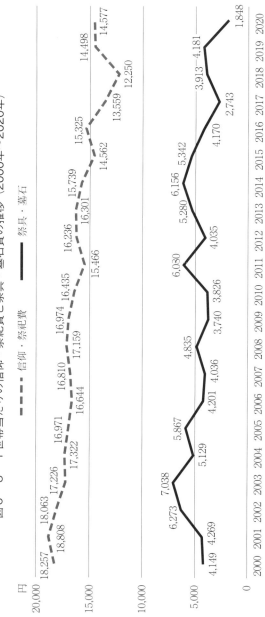

図6−3　1世帯当たりの信仰・祭祀費と祭具・墓石費の推移（2000年〜2020年）

出典：総務省「家計調査年報　家計支出編」各年版より作成。

注：信仰祭祀費は寺の信仰寺費、神社の氏子費、寺・神社への寄付及び信仰に関するもので、教会費、教会献金、宗教団体の会費、さい銭、お札、お守り、護摩、護摩木、納骨堂、墓地の管理料・使用料、寺の墓帰際代が含まれる。祭具・墓石は、神棚、神仏具、経机、ちょうちん、数珠、位はい、線香、ろうそく、墓石である。

～15万円」が最多の25.3％を占めた。大型仏壇離れは顕著で、仏壇の小型化、家具化、低価格化が進んでいる。

　また、仏壇の役割も変容し、「故人の魂を慰めるため」、「故人と対話するため」、「先祖の魂を慰めるため」が購入理由のトップ3で、ご本尊を安置して礼拝供養するためという本来の意識は薄れ、故人を想い、故人とつながるための存在として認識されている[10]。

　こうした市場ニーズの変化に対し、仏壇仏具業者も対策を講じてきた。現代の暮らしへの調和を意識し、家具調仏壇、小型仏壇などを売り出し、位牌も、黒い漆塗りに金色の文字という従来スタイルにこだわらず、青や赤といった鮮やかなもの、石や古木を使ったものなど多様化している。最近人気が高い、遺骨を自宅で保管する手元供養のための新商品開発にも余念がない。さらに販売面では、ファッショナブルな店舗を構えたり、仏壇仏具販売の店と葬祭場を併設したり、海外の市場開拓に乗り出したり、インターネットを活用したりと、様々な試みが続いている。

　全国的に見れば、仏壇仏具業界の最大手は、1929年創業の株式会社はせがわ（本店：福岡市）[11]である。全国に130店舗（2022年6月現在）を構え、1988年11月に宗教用具関連業界としては初めて上場した。仏壇仏具の製造販売に留まらず、葬儀や墓石工事までをもトータルでコーディネートする方向へその業態を変化させている。

---

(9)　回答者は全国40歳以上の男女433名。2018年1月～11月の期間中「いい仏壇」からクーポンを発行したユーザーで、2018年12月3日～9日にかけて実施した。詳細は、いい仏壇のサイト、https://www.e-butsudan.com/questionnaire/18.html を参照されたい。

(10)　加地［1996］は、仏壇が儒教的なものであると指摘する。仏教には輪廻転生という死生観があり、死後に意味を認めていない。他方、儒教では、精神を支配する魂と肉体を支配する魄で霊が構成され、両者が分かれたものが死である。この魂と魄が憑りつく（招魂再生）場所が2枚の板でつくった神主で、中国仏教が招魂再生の儀式を取り入れたという。その過程で、神主が位牌となり、香を焚くことが焼香となり、魄を納める墓が重視され、祖先祭祀は先祖供養となった。日本では、この先祖供養、墓といった儒教的死生観が、江戸時代に寺院から檀家の一般庶民に広がった。

(11)　(株)はせがわのサイト、https://corp.hasegawa.jp/ による。

## ❸ 京都の仏壇仏具業界

　第2次世界大戦後、全国各地で仏壇仏具産地が台頭したが、京都は手作りの高級品に重点を置くことで差別化を図った。その需要の中心は寺院向け仏壇仏具である。各寺院から個別に注文を受けるため、機械を使った量産や見込み生産に適さないという事情もあった。

　また、宗派によって仏壇仏具の種類や形状、色などが異なるため、各宗派を専門とする仏壇仏具業者が存在している[12]。

　工業統計表で都道府県別の出荷額を見ると、京都は1970年から1990年にかけて徳島、愛知、静岡の後塵を拝していたが、バブル経済崩壊以降の市場縮小期にそのプレゼンスを高め、近年は全国1位である（**表6-5**参照）。2010年から2019年にかけては、出荷量も46億2,500万円から57億2,300万円に増加し、全国に占める比率も14.8％から18.5％と3.7ポイントも上昇した。安価な輸入品、小売価格の低下、一般家庭の仏壇仏具離れなど市場環境は厳しいが、寺院向けの高級品に特化していたことが奏功した。

　生産販売体制に注目すると、生産を組織し販売する問屋と専門加工業者に大別される。問屋は、木工、木彫、漆工、蒔絵、彩色、箔押などの専門特化した加工業者を統括し、自ら組み立てた製品を出荷する。典型的な「問屋制家内工業」形態が維持されてきた[13]。

　京都の仏壇仏具業界は「京都府仏具協同組合」を結成しており、そのメンバー（事業者）は156（2019年4月現在）を数える。事業者は工部と商部に分類され、前者は生産者や加工業者、後者は製造卸や製造小売、仏壇仏具店などで構成されている[14]。

　ちなみに、小堀は商部に属する。なお、京都で、最も長い歴史を誇る仏壇仏具業者は、仁和年間（885年～889年）創業の㈱田中伊雅仏具店である。また、一定規模以上の企業では小堀のように革新的な活動が目立つ[15]。

表6－5　宗教用具の出荷額が多い都道府県トップ5（1960、1970、1980、1990、2000、2010、2019年）

単位：金額は100万円、比率は%

| | 1960 | 1970 | 1980 | 1990 | 2000 | 2010 | 2019 |
|---|---|---|---|---|---|---|---|
| | 県名／金額（比率） | | | | | | |
| 全国 | 全国 984.5 (100.0) | 全国 12,800.8 (100.0) | 全国 100,625 (100.0) | 全国 111,271 (100.0) | 全国 58,712 (100.0) | 全国 31,257 (100.0) | 全国 30,965 (100.0) |
| 1 | 京都 182.1 (18.5) | 徳島 3,070.9 (24.0) | 徳島 25,681 (25.5) | 徳島 32,291 (29.0) | 徳島 13,285 (22.6) | 京都 4,625 (14.8) | 京都 5,723 (18.5) |
| 2 | 徳島 170.2 (17.3) | 愛知 1,506.3 (11.8) | 静岡 14,138 (14.1) | 静岡 17,441 (15.7) | 静岡 7,718 (13.1) | 徳島 4,190 (13.4) | 静岡 2,866 (9.3) |
| 3 | 愛知 156.9 (15.9) | 静岡 1,275 (10.0) | 愛知 11,925 (11.9) | 愛知 12,353 (11.1) | 京都 6,883 (11.7) | 静岡 3,463 (11.1) | 福島 2,845 (9.2) |
| 4 | 富山 75.6 (7.7) | 京都 917.3 (7.2) | 京都 7,337 (7.3) | 京都 10,940 (9.8) | 愛知 5,437 (9.3) | 愛知 3,396 (10.9) | 福岡 2,517 (8.1) |
| 5 | 大阪 68.3 (6.9) | 大阪 903.0 (7.1) | 滋賀 5,088 (5.1) | 大阪 5,562 (5.0) | 大阪 3,249 (5.5) | 福島 2,518 (8.1) | 愛知 2,222 (7.2) |

出典：経済産業省「工業統計表」（品目別統計表）より作成。

図6－4　京仏壇の製作工程

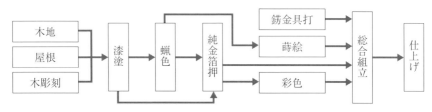

木　　　地：厳選された木材で仏壇の本体をつくる。
屋　　　根：細かい部品を手仕事でつくり、おのおの組立式に屋根をつくる。
木 彫 刻：図柄を選定し、桧・松などの木材に、のみ・小刀などで手彫りする。
漆　　　塗：型づくられた木地の上に下地加工した後、天然精製漆を手塗りする。
蝋　　　色：漆塗の表面を平らに研ぎ、磨いて光沢を出すなど仕上げ加工をする。
純金箔押：天然精製箔押漆で純金箔を1枚ずつ張り、またはその上に金粉を施す。
錺金具打：銅その他の地金に手加工で金彫をした後、仕上げをし純金加工などを施す。
蒔　　　絵：蝋色加工した上に漆などで下絵を描き、その上に金粉、銀粉、貝などを蒔き、
　　　　　　さらに加筆または研出する。
彩　　　色：金粉、顔料、絵具などで金箔の上に加工し、または直接下地づくりの上に加
　　　　　　工する。

出典：京都府仏具協同組合パンフレットなどより作成。

## ❹ 小堀——「革新」を重ねて業界のリーダーへ

　株式会社小堀は、東本願寺前に本店を構える。創業200年を超える老舗ではあるが、創業の地は彦根で、京都に進出したのは1894（明治27）年である。先に見たように、京都の仏壇仏具業の歴史は長い。京都では「新参者」ともいえる同社は、商品開発や市場開拓、販売方法などの面で先駆的な挑戦を続け、今や仏壇仏具業のリーダー的存在となっている。

### （1）企業概要

　小堀は、浄土真宗各派を中心とする寺院用仏具をメインに、納骨壇、内装工事なども手掛ける。売上高に占める寺院向けの割合は8割に達し、一般個人向けは2割に留まる。商品別では、伝統的な仏壇仏具と納骨壇がそれぞれ5割程

度を占める。

　京都山科に生産拠点を置き、「京都産」にこだわってきた。国内外の浄土真宗系寺院が主な顧客である。従業員は工場が65名、東京、札幌、福岡の 3 支店で15名、本店が10名である。海外市場の開拓やインバウンド需要を取り込む狙いで、中国人 1 名を雇用している。売上高は2018年度（2019年 1 月期）が14億円、2019年度（2020年 1 月期）は 9 億円で、直近は減少傾向にある。

## （2）小堀の発展経緯

　それでは、小堀の歴史をたどってみよう⑯。

### 京都に店を構えた 6 代目

　小堀家は、滋賀県長浜市小堀村の出身で、彦根に移った後、仏壇をつくり始めた。1775（安永 4 ）年のことである。彦根は大型の仏壇が主流で，初代は製造直販の店を営んだ。京都に店を構えたのは、本家の娘、松（通名は登美）と結婚し養子に入った小堀岩吉（1865〜1945）である。

　岩吉は、兄である 5 代目を支えて彦根で仏壇業を営んでいたが、妻の松、息子の房次郎とともに1894（明治27）年に京都に移住し、その翌年、仏具店「小

---

⑿　本山と商工業者は独自のネットワークを形成し、例えば西本願寺の取引業者は本派本願寺開明社、東本願寺の取引業者は真宗大谷派保信会を結成している。保信会については、奥田［2007］が詳しい。

⒀　仏壇仏具の生産体制は、京都市編［1976］392ページ、中江［1977］、荒木［2005］を参考にした。

⒁　京都府仏具協同組合や工部と商部の実態については、京都府仏具協同組合編［1976］、京都市中小企業指導所編［2000］、間苧谷［1973］などを参照されたい。

⒂　例えば、1830（天保元）年創業で小堀とほぼ同規模の若林仏具製作所（資本金3,000万円、従業員63名〔パート含む、2019年 8 月現在〕）は、新しい仏壇を提案するプロジェクト「レゾンデートル」を展開している。組んでいるのは、建築家やインテリア・プロダクトデザイナー、アーティストなどで、木地師、塗師、箔押師といった12人の職人と協業した。若林智幸［2020］『仏事』52〜53ページ、若林仏具製作所のサイト、https://www.wakabayashi.co.jp/ による。

⒃　初代から 8 代までの歴史は、小堀進がまとめた小堀の歴史「由来記」と、小堀作成の「2019年度経営計画書添付資料 小堀の共有メッセージ」、小堀のサイト、https://kobori.co.jp/ に基づく。

150

京都に拠点を構えた6代目、
小堀岩吉（左から3人目）と
5人の孫（1930年頃）（写真
提供：小堀）

東洞院の店舗（1911年当時）
（写真提供：小堀）

東本願寺前の店舗（1934年当
時）（写真提供：小堀）

堀岩吉商店」を開いた。その後、店は移転を繰り返し、自前の店をもったのは1914（大正3）年のことである。彦根から出てきて20年が経っていた。

　岩吉（6代目）は、カタログ『仏具実値表』を毎年発行し、全国に向けて販売した。北海道には1912（大正元）年から1933（昭和8）年まで22年間、毎年数か月の出張を続けている[17]。

　京都では新参者で思うように商売ができないため、東本願寺による北海道での開教をチャンスと捉え、札幌別院向かいの旅館を拠点に道内を回った。ものづくりにもこだわり、各地の博覧会に仏壇を出品して高い評価を重ね、京仏壇、高級仏壇としての地歩を築いた。念願だった現在地の東本願寺前に店を構えたのは、京都開店から約40年を経た1934（昭和9）年のことである。

## 家業を守った7代目

　その後、岩吉の息子、房次郎（1890〜1953）が7代目として事業を継承したが、戦況は拡大し、家業を手伝っていた長男の嘉一（1915〜1997）は1938年、次男の岩三（1918〜1945）はその翌年に入隊した。店員も相次いで徴兵・徴用され、銅や真鍮の仏具は軍に供出された。1945年の終戦時、房次郎は病床にあり、店は廃業寸前だったという。

　次男の岩三はフィリピンで戦死したが、長男の嘉一は1948年にシベリア抑留から帰還し、8代目を継承した。

## 果敢に攻めた8代目

　8代目の嘉一が経営を担ったのは戦後の激動期である。旧制商業学校を卒業して家業を手伝っていた嘉一は、軍隊に入るまでの間、京都での商売を軌道に乗せた祖父、岩吉から商いの基本を学んでいた[18]。さらに、シベリアでの厳し

---

(17)　北海道を拠点に、樺太へも2回出掛けている。

(18)　京都で成功した岩吉は、彦根藩の井伊家から依頼され、上級藩士である犬塚家の息子を預かっている。その子は房次郎と年齢が近かったことから、兄弟のように育てられたが、その後独立し、犬塚仏具店を開業した。房次郎の息子、嘉一は、実父よりも商才のある犬塚を頼りにしていたとみられる。嘉一の長男、賢一は、「父から房次郎の話は聞いたことがない」と回想する。

152

後に8代目として小堀を牽引する嘉一（中央壇上）、
その左が6代目岩吉、右が7代目房次郎（1943年
当時）（写真提供：小堀）

い体験が嘉一を突き動かし、小堀を大きく発展させた。

　8代目の時代に小堀は家業から企業へと大きく転じている。嘉一は、1949年
1月に店を再開し、1950年に合名会社小堀仏具店、1961年には資本金1,000万
円の株式会社小堀を設立した。このころには、東西両本願寺や全国各地の別院
から主要な仏具を受注できるまでになっていた。

　営業に関していえば、当初こそ出張ベースで各地の寺を廻っていたが、1962
年に東京、1971年には福岡に店を構えた。嘉一は商店経営の勉強会などにも熱
心だったという。

　新しい時代に即した商品開発にも取り組んだ。納骨壇事業を始めたのも8代
目である。納骨壇とは、納骨堂の中にある、遺骨を納めるお墓である。小堀は
1966年に納骨壇の製作を始め、西本願寺大谷本廟（第一無量寿堂）の納骨堂に
納めた[19]。

　西本願寺大谷本廟は、五条バイパスの道路工事のために墓地を移転せざるを
えなくなり、鉄骨コンクリート10階建ての納骨堂建設を決めた。本格的な納骨
堂としては日本初である。

　納骨壇の製作に対して、同業者の多くが「仏具業界がやるべき仕事ではない」
と非難したが、同社を含む2社が引き受けた。また、納骨壇は当初、木製での

製作が想定されていたが、地下の納骨堂は湿度が高い。「木製では耐久性に問題がある。アルミを使ってはどうか」と8代目が当時の総長に提案し、受諾された。

　8代目は、納骨壇製作の打診を受ける前から、核家族化の進行という潮流を踏まえ、外部デザイナーの協力を得ながら、アルミ素材を使った、単価が安く、デザイン性の高い新型仏壇の開発に取り組んでいた。アルミ製の納骨壇という斬新なアイデアは、そうしたなかから生まれたのである。その後、納骨堂が各地で建設されるようになり、同社は1972年、滋賀県米原に納骨壇専用工場を新設して拡大する需要に応えた。

## （3）1980年代以降の息子3人による小堀の経営

　8代目嘉一には3人の息子がいる。9代目は長男の賢一で、1982年から2012年まで約30年間社長を務め、2021年現在、会長職にある。10代目として2012年に社長業を引き継いだ次男の進が2017年に病に倒れたため、三男の正が同年、11代目に就任した。このように1980年代以降は、長男を中心に兄弟で小堀の経営をけん引してきた。

　彼らの取り組みを順次見ていこう。

　仏壇仏具業界を取り巻く環境はこの間、大きく変化した。市場はピーク時のほぼ3分の1にまで縮小し、すでに1,000億円を割り込んでいる。核家族化で、仏壇の必要性を感じない単身者

8代目から小堀の経営を継いだ賢一（長男）、進（次男）、正（三男）の三兄弟の幼少期、住まいを兼ねていた現店舗前で（1955年頃）（写真提供：小堀）

⒆　西本願寺大谷本廟の第一無量寿堂は1968年、第二無量寿堂は1990年に造営された。個人名義の区画と寺院名義の区画がある。大谷本廟への納骨の実態については、桐村・高木［2017］が参考になる。

世帯や2人世帯が増えた。縁の深さやつながりの長さを基盤に存在してきた寺も、定住型人口の減少とととともに、その数を減らしている。そうしたなかで、拡大が期待できる市場として注目したのは、納骨壇事業と海外事業である。また、仏壇の製作現場をネットで中継し、工房の一般見学を受け付けて、「京都産」をアピールしてきた。直近では、信仰や祈りの新しいありようについて提案している。

## 納骨壇事業

納骨堂は元来、墓に納骨するまでの間、遺骨を一時的に保管する場所だったが、現代の納骨堂は、墓の代わりとして遺骨を納め、供養するものが主流である[20]。納骨壇は寺が檀家らに販売し、数十万円から百数十万円が相場とされる。

少子高齢化や都市部への人口流出による地方の過疎化などの影響で、屋外の墓じまいが増える一方、屋内の納骨堂は高い人気を誇っている[21]。

鎌倉新書は、自社が運営する霊園・墓地・墓石選びのサイト「いいお墓」を利用して、お墓を購入した人に2011年からアンケート調査を実施してきた。購入した墓の種類について、2011年調査で「一般墓」は85.2%を占めていたが、2018年調査では41.2%と半分以下となった[22]。代わって伸びたのが、樹木葬や納骨壇である。厚生労働省の「衛生行政報告例」を見ても、納骨堂の総数は、2010年度の11,810か所が2020年度には13,038か所に増えている[23]。

納骨堂のタイプとしては、骨壺を個々に納めるよう区分けされ扉がついている「ロッカー式」、下段の遺骨を収蔵する部分と上段の位牌や本尊を飾る部分に分かれる「仏壇式」、収納庫に保管されている遺骨がカードなどを入れると礼拝室に自動的に運ばれてくる「自動搬送式」などがある。

仏壇仏具メーカーだけでなく、スチールメーカーやアルミメーカー、さらにはダイフクなどの大手物流システムメーカーも参入しているが、仏壇仏具業者の小堀は、「仏壇式」を得意とし、数多くの寺院との長年にわたる交流に一日の長がある。

小堀は、寺院に直接販売しているが、大規模な納骨堂では数千万円～数億円の受注額になる。納骨壇は従来型仏壇に意匠は類似していても、材料、生産工

小堀が制作した納骨壇　　　　新たに開発した石室型納骨壇

程ともに大きく異なり、難燃性、不燃性が求められる。ボディーは当初アルミだったが、スチールや天然石を素材とするタイプも開発した。写真の石室型は、北海道の寺院からの依頼に基づき、同社が開発したもので、不規則な区画が自然な感じを醸し出し、従来の納骨壇に残る工業製品のイメージを払拭している。特許も出願した。

　現状では、納骨堂の増築、増設による受注が多いという。ただ、仏壇と違い、納骨壇は新しいものが好まれるため、今後は買い替え需要も期待できる。今や、8代目が切り開いた納骨壇事業が小堀の屋台骨になっている。

---

⒇　納骨堂については、井上［2018］、横田［2008］などが詳しい。

㉑　「墓」と言えば、「○○家先祖代々之墓」などと刻んだ石塔建立型の先祖代々墓を思い浮かべるが、その歴史はそれほど古いものではない。『「お墓」の誕生——死者祭祀の民俗誌』をまとめた岩田重則［2006］によると、土葬、火葬ともに、中世までは石塔がない石塔非建立型であったが、近世の檀家制度、「葬式仏教」の浸透のなかで石塔建立型が増え、それも、戒名を刻む個人の石塔で始まり、先祖代々墓へ移行した。また、行政による火葬施設の整備に伴い、先祖代々墓が納骨のためのカロウト（納骨室）を備えるようになったという（70〜71ページ）。こうした事実を踏まえて岩田は、「お墓」とは前近代的残滓でもなく、伝統的生活習慣でもなかったとしている（141ページ）。

㉒　『仏事』2019年5月号、26〜30ページ、2019年6月号、28〜31ページ、2020年5月号、30〜35ページに、アンケート結果が詳細に分析されている。

㉓　厚生労働省の「衛生行政報告例」の各年版より。

## 海外事業

先に触れたように、日本で販売されている仏壇仏具の多くは中国製であるが、伝統的な日本製仏壇仏具が、中国やベトナム、タイなどで買い求められるようになった。仏教への関心が高まり、高額の商品を求める現地の富裕層が増えてきたためである。

小堀も海外市場の開拓に力を入れてきた。現地の寺院や資産家などが顧客で、1回の受注額は数千万円単位になるという。中国製に比べ、日本製は高額であるが、高級品を欲する富裕層は少なくない。小堀は2015年、香港に出店し、現地の仏教ブームを追い風に念珠や仏像を売り込んだ。北米にある日系人の寺院も重要な販売先である。なお、海外からの注文は基本的に前払いとしているため、未回収リスクはほとんど発生しない。

## IT 活用

小堀は、一般向け市場にも力を入れてきた。同社の強みは、京仏壇を中心とした高級品の広域販売である。ウェブサイトの活用開始は1995年と早く、顧客とのコミュニケーションツールとして位置づけた。2003年にはヤフーショッピングにも出店し、家庭用仏壇のネット販売を本格化させた。2005年には、自社のウェブサイトをコメントが書き込めるブログ形式に改良し、消費者が手軽に問い合わせできる仕組みを整えたことで、仏事全般に関する相談や資料請求の件数が増加した。こうしたネットの活用は、家庭用仏壇の売上増加に寄与したとみられる。

主力の寺院向けビジネスでも IT は積極的に活用された。2002年には、京都市内にある生産現場にビデオカメラを取り付け、インターネットを通じて仏壇仏具の生産工程を発注者がいつでも見られるようにした[24]。寺院向け仏具の多くは、檀家らが寄贈のために特注する。受注から納品まで数か月から場合によっては2年程度かかるが、作業の進捗状況を常時確認できるようになったことで、遠方の寺院や檀家らの理解が得やすくなった。京都で職人が大切に作り上げていることを PR できるメリットもあった。

さらに、社内の業務効率化に向けて統合基幹業務システム（ERP）を導入し、

京都本社と全国の支店、京都山科にある工房をインターネットで接続して、顧客管理、販売管理、仕入管理、会計業務、給与管理などを一元的なデータベースで連携させた。

　中小企業IT経営力大賞の2008年優秀賞受賞は、寺院向け会員制サイトの注文仏具の製作工程公開、社内業務プロセスの効率化などが評価されたものである。IT化は、ネット経由での売上増加、工房見学者からの受注、テレビ・ラジオ、新聞・雑誌などの報道による広告効果（約4,000万円）、「京都商工会議所ビジネスモデル認定」や「IT経営百選認定企業」などの選出による顧客の信頼向上などにつながった[25]。2007年の京都市オスカー認定もこうした一連の取り組みに対するものである。

### 自社工場での一貫生産体制

　先に見たように、京都の仏壇仏具は、高度な分業体制によって生産されており、熟練職人によって製作、加工されたものを小堀が最終組み立て、仕上げを担う。小堀はこうした伝統的な生産方法を守りながら、自社内での一貫生産体制も構築した。木材を数年かけて乾燥させ、部材を切り出す作業から、最後の組み立て、仕上げまでを京都山科の「小堀京仏具工房」で行う。仏壇仏具の土台となる木地づくり、漆塗り、金箔押しなどの工程も同工房で行われている。

　小堀は、東本願寺の御影堂の厨子、仏光寺内陣の内装など浄土真宗系寺院の仏具や、赤坂迎賓館の内装の金箔張替え、平城京の高御座（たかみくら）復元などを受注した実績があり、その高い技術を支えるのがこの一貫生産システムである。内製化によって、技術の蓄積が進み、その継承にも当事者として主体的にかかわれるようになった。

　この小堀京仏具工房は1996年の設立時に、職人の手仕事が見学できるように

(24)　生産工程のネット公開については、李［2007］272ページ、『京都新聞』2002年7月11日付朝刊11面、同2003年5月31日付朝刊9面による。
(25)　経済産業省「中小企業IT経営力大賞〈2008年認定事例の紹介〉京仏具株式会社小堀」https://warp.da.ndl.go.jp/info:ndljp/pid/11241027/www.meti.go.jp/policy/it_policy/it-keiei/itjirei/case2008/case_kobori.html（国立国会図書館保存版）。

するとともに2階に京仏具資料館を併設した。仏壇仏具の製作工程の見学、金箔押しなどの体験などを通じ、若い世代への伝統技術の普及にも努めている。

## 業界の健全化に努める

　現会長の小堀賢一は、仏壇業界全体の発展にも貢献してきた。「仏事コーディネーター資格制度」はその一つである。仏教と仏壇仏具、また、それらを取り巻く「仏事」に関する豊富な知識を持った実務経験者を業界が審査し認定するもので、2004年に民間資格としてスタートした。全日本宗教用具協同組合（以下、全宗教）の事業委員会委員長かつ仏事コーディネーター実行委員会委員長として同制度の骨子をまとめあげたのが賢一である。

　仏壇仏具は宗派や地域によって商品や呼称が異なるため、消費者には分かりづらい。同制度では、仏教、各宗派の歴史や仏事、仏壇仏具の基礎知識、販売技術などを養成講座で事前に受講し、その後の試験で合否を審査する。

　賢一は、「お客様への対応が今以上にきちっとしたものになれば、お客様の信頼も得られますし、ひいてはそれが需要にはね返り、それぞれのお店の活性化、仏壇仏具業界の社会的認知度の向上にもつながっていくはずです」と、仏事コーディネーター資格制度の意義を述べている[26]。

　さらに彼は、仏壇公正取引協議会の会長として仏壇の適正表示に取り組み、業界の信用向上に尽力してきた。2012年設立の同協議会は、公正取引委員会と消費者庁から認定・承認された業界の自主規制ルール、「仏壇の表示に関する公正競争規約（以下、仏壇公正競争規約）」を運用するための組織で、規約では、原産国や使用材料などの表示、不当表示の禁止、二重価格表示の制限などが細かく定められている。

　協議会には仏壇を取り扱っていれば誰でも加入でき[27]、加入すると会員証のほかに店頭ステッカーが配布される。消費者に安心をアピールできるメリットがあり、現在約420社が会員である。賢一は、「ただでさえ業界が危機的状況にある中、不当表示まで行き交うようになったら、業界が立ち行かなくなる」[28]という危機感から業界をけん引してきた。

## 新型仏壇から新しい祈りのスタイル提案へ

　これまで見てきように、ライフスタイルや居住形態が変化するなかで、仏壇は小型でデザイン性に優れたものが選ばれるようになり、仏壇の役割そのものも、故人をしのぶものとして認識される傾向が強まった。また、核家族化が進み、夫婦だけの世帯や単身世帯も増え、葬儀や墓の形態も変化しつつある。こうした宗教・信仰に対する向き合い方の変化に対し、小堀は、従来品よりもコンパクトでシンプルな家庭用仏壇を開発、販売するだけでなく、新しい祈りのスタイルを提案する試みも始めている。

　小堀は、2020年6月に、別会社として株式会社ホゥリーズ（京都市、資本金800万円）を設立した。社名は、英語の「holy（神聖な）」を語源としている。教義や儀式にこだわらない、自由な祈りをささげられる場や神聖なものに手を合わせられる場づくりを目的とした。小堀本店の2階に店舗を構え、「自然」と「いにしえ」をデザインの拠り所とした作品を販売している。

　例えば、「自然」の造形美を生かした作品として、北山杉の磨き材を彫りこんで内壁を金箔押しした厨子、台杉の枝分かれ部分を活用した花器などがある。「瞑想」というタイトルの作品（台の巾20.5cm、奥行20.5cm、全体の高さ18.6cm）は、自然にできたコナラの空洞を霊場に見立て、上下の黒塗部分を漆塗りのつや消しで仕上げで、空洞内にはLED照明がつけられている。また、「いにしえ」では、奈良や飛鳥時代の厨子や香炉などの工芸美と現代の意匠を融合させた。いずれも、漆塗、金箔押し、蒔絵といった職人の技術が一つ一つの作品に生かされ、伝統技術の継承につながっている。価格帯は数万円から数十万円である。「自然と工芸の融合」をコンセプトに、天然木などをくり抜いてボックス状のもの入れて製作する発明が特許として認定され、2021年7月に登録された。取

---

(26)　『仏事』2004年5月号、28〜33ページ。
(27)　入会金と年会費は必要である。仏壇本体の年間売上によってその費用は異なり、年間売上高が5億円以上であれば年間費、入会金ともそれぞれ10万円、5,000万円未満であれば、年会費は1万円、入会金2万円である。仏壇公正取引協議会のサイト、https://www.butudan-kousei.com/seller/entry.html による。
(28)　『仏事』2020年4月号、3ページと仏壇公正取引協議会のサイト、https://www.butudan-kousei.com/ による。

160

ホゥリーズで展開している作品群と発明者の小堀賢一会長

得した特許の名称は「仏壇等の祈りの対象物の置物」で、発明者は会長の賢一である。

これまでは、仏壇というカテゴリーのなかで、家具調、小型といった新しいタイプの仏壇を開発してきたが、今回は、既成概念の「仏壇」から離れ、新しい「祈りの対象物」を開発し、従来とは異なる祈りの市場を開拓しようとしているのである。

賢一は、「コロナ禍で人間関係が断たれ、社会への漠然とした不安が広がるなかで、祈りは大切であり、そうした祈りの文化を継承してきたのが、仏壇仏具業界である。今までの仏壇に納得されてない方や何かに手を合わせたいと思っておられる方に応えられるものを提案していきたい」としている。

## （4）引き継がれたチャレンジ精神

小堀では、明治時代に彦根から出て京都に店を構えた6代目、既存の仏壇仏具市場が拡大していた高度経済成長期に、新しい墓の形態である納骨檀事業に乗り出した8代目、さらにその息子世代へと、変革意欲が引き継がれている。10代目がしたためた小堀の歴史「由来記」には、父である8代目についての記述がある。

> 資金の乏しい中で嘉一を突き動かしたのは極寒シベリアでの生死をさまよった体験です。「六〇％成功の可能性があれば断行、その後は実行の過程で努力。もし失敗してもシベリア抑留より悲惨なことはあり得ない」との思いで、伝統産業を担う小堀としての道を拓きました。

同じ経営者として父の想いを理解し、自らの模範としていることがうかがえる。また、9代目で現会長の賢一は言う。

「伝統とは、常に非伝統を意識することです。11代目社長就任を機に、伝統に胡坐(あぐら)をかくのはやめようと改めて決意しました」

　その目的は明確である。

「長寿のために革新するのであって、業績を伸ばすために革新するのではない」

　小堀家に家訓はないが、同社は「神仏につなぐものづくり」を使命として掲げている。仏壇仏具にこだわらない新しい祈りの提案も、この理念に基づく発想である。

　小堀の場合は、6代目のチャレンジ精神が、極限下を生き抜いた8代目に引き継がれたことによって強化された。7代目は商売に消極的だったが、8代目は出征前に6代目から薫陶を受けている。8代目の成功モデルを見ていた3人の息子はごく自然にそれを受け入れたのだろう。既存市場の縮小という外部環境の激変も、新しい試みを後押しする力になったと考えられる。

## （5）業界活動を通じた学び

　強いリーダーシップで業界の健全化にも努めてきた9代目の賢一は、そうした活動が自社の経営戦略に多大な影響を及ぼしたと断言する。

「会社から離れ、一歩横あるいは一歩上から眺めると自社を客観的に分析できます。業界活動を通じて、全国の仏壇店の経営者の思いを実感でき、業界の全体像をつかめたことで、我が社の進むべき方向を定めることができました」

　その一つの象徴が、納骨壇事業の強化である。8代目が先陣を切った納骨壇に対する需要はこの半世紀で激変した。「やむえず納骨堂」という消極派は消え「納骨堂が第一希望」という積極派が増えた。賢一は業界活動を通じて、そうした潮流を素早くキャッチできたという。

　新しい祈りのスタイルを提案する新会社設立も、全日本宗教用具協同組合で「祈り」をテーマに取り組んできた成果である。「お客さまが本当は何を求めておられるのかを組合で追求していくなかで、祈りという言葉に出合い、そこからヒントを得ました。組合活動がなかったら、この新事業は思いつかなかったかもしれません」と振り返る。

　小堀は、複数世代の奮闘によって業界団体の長に推薦される「企業格」を持つまでに成長した。そして、9代目は、業界全体の健全な発展に貢献する一方、そこでの学びや気づきを自社の経営に生かしてきた。詳細は後述するが、業界では、経営陣から創業家一族が退場した企業や「安心」、「蓮華」といった仏教用語にちなんだ社名を掲げている企業も少なくない。そうした動きを熟知しているだけに、小堀家以外のものが事業を承継する可能性や社名から「小堀」というファミリー名が消える可能性にも含みをもたせ、多様な選択肢のなかから自社にとっての最適解を見いだそうとしている。

## （6）地域社会との関係

　小堀は、京都という地域社会にもまた生かされている。滋賀県彦根出身の6代目は、外様としての悲哀を幾度となく味わったと思われるが、息子の房次郎は、江戸時代から続く京都仏師・畑治良右衛門家から妻を迎えている。商売の発展とともに、京都の仏壇仏具業界で一定の地歩を固めたと推察される。

　また、京都には諸宗の本山がある。仏壇仏具業者にとって、京都に拠点を置く地の利は計り知れない。小堀がいち早く納骨壇事業を手掛けることができたのも、そこでの実績を踏まえて納骨壇事業を拡大することができたのも、西本願寺とのつながりが下地になっている。

　浄土真宗の本山と商工業者の結び付きは強い。西本願寺の取引業者は本派本願寺開明社、東本願寺の取引業者は真宗大谷派保信会を結成している。東本願寺の門前に店を構える小堀は、保信会のメンバーである。近年は、入札を導入する本山が増えつつあるが、長年にわたって御用達業者が優先的に受注してきたのも事実である。

　また、諸宗の本山からは最高級の逸品を求められてきた。御用達業者は、専門性の高さ、グレードの高さを追求し続けた結果、商圏は全国に広がった。コストを抑えた価格競争から距離を置けたことで「京都ブランド」という価値が生まれたとも言える。賢一は、「京都のものを買っていただけるのは、お客様にそれだけの値打ちを見いだしていただけるから」と言う。

　既述のように、京都府の宗教用具の出荷額は、バブル経済崩壊以降の市場縮

小期にそのプレゼンスを高め、近年は全国１位を誇る。寺院向けや高級品への特化が功を奏した。小堀の宗教的工芸品技術と商いの発展・存続において、京都という地は極めて重要な役割を果たしてきた。

## （7）ファミリーでの事業承継

ファミリー性についてはどうだろうか。

8代目の息子３人のうち、長男は長く東京の商社で働き、三男も音楽活動に勤しんでいた。長男が家に戻ってきたのは、父の入院がきっかけである。入院が長期に及び、また、繁忙期で人手が足りなかったことから、次男と三男も戻った。以前は店舗と家族の住まいが一体化していたこともあり、幼少期から実家の商売についてはごく自然に学んでいた。家業を継ぐことに大きな抵抗はなかったようである。

親子で襷をつないできた事業を、9代目から11代目にかけては３兄弟で担うことになった。その最大の要因は、30年間小堀の代表取締役社長を務めていた賢一が複数の業界団体の長に就任したことによる。賢一は仏壇公正取引協議会などの仕事が多忙になったことから、すでに経営の一翼を担っていた長弟に小堀の社長を託した。当時、３兄弟は小堀の大株主でもあり、経営における最高責任者の変更はスムーズに行われたという。10代目の進が病に倒れた際も、ごく自然に次弟に襷が渡された。３兄弟の子供世代が次期経営者として名乗りを上げるには若すぎたという側面もあった。

現在、10代目の長男と次男が小堀に勤務している。会長、社長ともすでに70歳代である。2019年には、次期取締役候補者を「執行役員」という名目で、50歳以下の社員から４人選抜した。この執行役員制の導入は、毎月開催する取締役会で決めた。2022年現在、取締役会メンバーは、会長と社長、それに社員から執行役員を経て選ばれた常務の３人である。

小堀は数十年前から、毎年、経営計画を策定し、社員に配布している。社員を執行役員、さらには取締役に抜擢したことで、社員の仕事へのモチベーションや同社への帰属意識の向上も期待できる。

後継者について言えば、近年は業界最大手の「はせがわ」をはじめとして、

創業家以外が経営者トップに就任するケースが増えつつある[29]。会長の賢一は事業承継について、「小堀家じゃないとダメってわけでもない。能力、気構え、心構えなどで判断していくことになるのだろう。家族経営の場合、親子で事業を継承するケースが多いが、子供が承継者として最適かどうかは別問題である。そうしたトラブルを回避するために、身内を会社に入れない企業もある。親子、さらにファミリーでの継承に必ずしもこだわる必要はない」と達観している。

　後世につないでいきたいのは、岩吉が掛け軸に残した言葉である。
「商売を一心にせよ励むべし　この世安楽みらい安楽　ひとりきて一人でかへる弥陀の国　あとを続けよ　家族もろとも」
　賢一は、ヒンドゥー教の聖典の一つである「バガヴァッド・ギーター」などに触れるにつれ、その深い意味に気づいたと言う。
「あんまり先々のことを考えずに、とにかく現在あるべきことをやりなさい。別の言葉で言うと、今やらなければいけない使命がある。それに全力を注ぎなさいと。この『商売を一心に』という文言からそれを読み取れるようになったんです」
　小堀の存在意義を社会に求め、小堀家というファミリーに固執しない柔軟な姿勢がうかがえる。

## おわりに

　小堀は、伝統技術の粋を尽くした荘厳な寺院用仏具に力を入れる一方、旧来のお墓に代わる納骨壇事業にも同業他社に先駆けて取り組んだ。こうした伝統と革新のバランスを図る8代目の経営スタイルは3人の息子にも継承されており、ITを活用した経営や新しい仏壇仏具の開発、海外市場の開拓などで数多くの挑戦を繰り広げてきた。休止や中止に至った試みも少なくないが、工房の建設などを通じて職人の伝統技術の継承やそのPRにも尽力している。

　小堀の場合は、京都に店を構えた6代目以降、すべての代が革新的だったわけではない。6代目の長男である7代目は、シベリアから帰還した8代目による商売再開に否定的だった。ただ、幸運にも、8代目は出征前に祖父である6代目から商いの基本を叩き込まれていた。店の裏が住居で、そこに祖父と同居

していた孫は、日々の生活のなかで伝統と革新のバランスの重要性などを受け継いだと推察される。

　また、8代目から9代目は親子での継承であるが、9代目から10代目、10代目から11代目は兄弟での引継ぎで、9代目は今も会長として同社の経営の一翼を担っている。9代目から11代目は一つの世代として、8代目からの襷（たすき）を次の世代につなぐ役割を担っているとも言えるだろう。

　小堀ファミリーの歴史は、経営者の子息が襷の承継者として常に最適であり続けるわけでないという事実を体現している。また、9代目社長で現会長の賢一は、業界団体の責任者としてその発展に尽くし、同業者の様々な悩みや課題に寄り添ってきた。同業者の新しい試みやその成果に関する情報もごく自然に入ってくる立場にあった。そうして得た数多くの知見が、小堀の経営戦略や経営体制に少なからぬ好影響を及ぼしている。ファミリー経営のよしあしを考える契機にもなったようである。

　仏壇仏具業界は、新型コロナウイルス感染拡大の影響を強く受けている。告別式を行わない直葬が増え、法要の延期や自粛も広がり、市場縮小の動きは加速している[30]。インターネットを活用したPRや販路の開拓なども含め、さらなる変革が急がれる状況にある。

　小堀の主な顧客は全国各地の寺院である。浄土真宗系の寺院の多くは世襲により住職を継承してきた。先代、先々代から続く長期安定的な取引は、各寺院と株式会社小堀のビジネス上の付き合いに基づく側面もあれば、寺院を管理・

---

[29] ㈱はせがわは2018年に代表取締役会長の長谷川房生が取締役を退任し、同社の役員から創業者一族は姿を消した。

[30] 信用調査会社の東京商工リサーチ［2021］によると、全国の主な仏具小売業者152社の売上高合計は、2019年8月期が前期比0.6％増の539億6,100万円、コロナ禍の影響を受けた2020年8月期は、前期比4.4％減の515億6,600万円だった。2019年8月期は、2019年10月の消費増税前の駆け込み需要などから若干増加したものの、2020年8月期は駆け込み需要の反動とコロナ禍で一変し、赤字は152社中47社と3割に上った。2019年8月期の赤字は27社（17.7％）だったことから、経営環境の厳しさがうかがえる。2020年の倒産は、前年より1件多い7件に留まるが、休廃業・解散は2018年以降、年20件超の高水準にあるといい、「葬儀のほか、法事などの法要や彼岸参り、月命日といった供養行事は。高齢の家族が中心となって執り行うことが多く、店頭販売を主力とする小・零細規模の仏具小売業者を直撃している」と分析している。

166

運営してきた住職家と小堀家の非ビジネス的な側面もあるだろう。仏壇仏具業界、なかでも寺院を主な顧客とする京都の仏壇仏具業者においては、ファミリー性が重要であることはいくら強調してもしすぎることはないのかもしれないが、他方で、各地の寺院も世襲制が崩れつつある。仏壇仏具業界のファミリー性については今後の課題としたい。

---

## 参考文献一覧

・荒木國臣［2005］『日本仏壇工芸産業の研究』赤磐出版。
・仏壇公正取引協議会、https://www.butudan-kousei.com/、2022年5月31日アクセス。
・仏壇公正取引協議会、https://www.butudan-kousei.com/seller/entry.html、2022年5月31日アクセス。
・仏事［2004］「今月のインタビュー「仏事コーディネーター制度」が目指すもの 小堀賢一（全日本宗教用具協同組合事業委員会委員長）」『仏事』2004.05、28〜33。
・仏事［2019］「鎌倉新書が運営する霊園・墓地・墓石選びのサイト「いいお墓」ユーザー調査（第10回）お墓の消費者全国実態調査結果報告 2018年度——一般墓が依然多数派を占めるがこだわりや選択基準に、ニーズに伴う変化がみられる」『仏事』2019.05、26〜30。
・仏事［2019］「「お墓の消費者全国実態調査」から見る、10年間の消費者動向の変化 一般墓の購入価格が大幅に減少し、樹木葬や永代供養墓を選ぶ人が増加 多様化するニーズに合致したお墓が選ばれるように」『仏事』2019.06、28〜31。
・仏事［2019］「「仏壇購入実態調査」から見る、10年間の消費者動向の変化 単価下落、サイズダウン、仏壇の役割変化 仏壇仏具を取り巻く環境はますます厳しく データ活用し、生活者の声を活かせるかが課題」『仏事』2019.08、26〜31。
・仏事［2020］「供養業界トップインタビュー（vol.27）仏壇公正取引協議会会長 小堀賢一氏 消費者の商品選択の役に立つために仏壇の正しい表示を推し進めていく」『仏事』2020.04、2〜3、20〜23。
・仏事［2020］「お墓の消費者全国実態調査」から見る、10年間の消費者動向の変化 家族の形の多様化が一層進んだ現れか？ 樹木葬を選ぶ人が大幅増加し、一般墓と永代供養墓がほぼ増加」『仏事』2020.05、30〜35。
・はせがわ、https://corp.hasegawa.jp/、2022年5月31日アクセス。
・いい仏壇、「仏壇購入実態調査2018」https://www.e-butsudan.com/questionnaire/18.html、2022年5月31日アクセス。
・井上理津子［2018］『いまどきの納骨堂——変わりゆく供養とお墓のカタチ』小学館。
・伊藤奈保子［2007］「変わりゆく仏壇・仏具業界——中国沿岸部の最近の動向と日本」稲賀繁美編『伝統工藝再考 京のうちそと——過去発掘・現状分析・将来展望』思文閣出版

所収。

・岩田重則［2006］『「お墓」の誕生——死者祭祀の民俗誌』岩波書店。

・加地伸行［1996］「仏壇の復権」『論争東洋経済』3、148〜157。

・経済産業省「工業統計表」各年版（ウェブサイト）。

・経済産業省、「中小企業 IT 経営力大賞〈2008年認定事例の紹介〉京仏具株式会社小堀」、https://warp.da.ndl.go.jp/info:ndljp/pid/11241027/www.meti.go.jp/policy/it_policy/it-keiei/itjirei/case2008/case_kobori.html（国立国会図書館保存版）、2022年5月31日アクセス。

・桐村喬・高木正朗［2017］「浄土真宗本願寺派門徒による大谷本廟での納骨・読経に関する空間的構造」『地理学評論』90(5)、504〜517。

・小堀、http://kobori.co.jp/、2022年5月31日アクセス。

・小堀［2019］「2019年度経営計画書添付資料 小堀の共有メッセージ」。

・小堀進［2015］「由来記」。

・厚生労働省「衛生行政報告例」各年版（ウェブサイト）。

・小菅慶太郎・吉野久和編［1905］『京都商工人名録明治38年』合資商報、https://dl.ndl.go.jp/info:ndljp/pid/779542/48、2022年5月31日アクセス。

・黒川真頼［1881］『増訂工芸志料』有隣堂、https://dl.ndl.go.jp/info:ndljp/pid/854120/72、2022年5月31日アクセス。

・京都府編［1974］『京都府誌（下）』名著出版。

・京都府仏具協同組合「パンフレット」。

・京都府仏具協同組合編［1976］『京仏壇京仏具』京都府仏具協同組合。

・京都市編［1973］『京都の歴史6 伝統の定着』學藝書林。

・京都市編［1974］『京都の歴史7 維新の激動』學藝書林。

・京都市編［1976］『京都の歴史9 世界の京都』學藝書林。

・京都市中小企業指導所編［2000］『京都府仏具協同組合集団診断報告書』京都市中小企業指導所。

・『京都新聞』2002年7月11日朝刊11面。

・『京都新聞』2003年5月31日朝刊9面。

・京都商工人名録発行所編［1940］『京都商工人名録昭和13年度』京都商工人名録発行所、https://dl.ndl.go.jp/info:ndljp/pid/1145094、2022年5月31日アクセス。

・李复屏［2007］『京仏壇・仏具業の現状と将来』河村能夫編著『京都の門前町と地域自立』晃洋書房所収。

・間苧谷努［1973］『京都仏壇・仏具業界実態調査報告書——京都府仏具協同組合加盟企業を中心として』京都市経済局。

・三山進［1996］「近世七条仏所の幕府御用をめぐって——新出の史料を中心に」『鎌倉』80、1〜44。

・中江勁［1977］『現代の仏壇仏具工芸——信仰構造の変革と仏壇業界の展望』鎌倉新書。

・奥田以在［2007］「東本願寺門前町の商いと宗教的ネットワーク」河村能夫編著『京都の門前町と地域自立』晃洋書房所収。

・総務省「家計調査年報 家計支出編」各年版（ウェブサイト）。

・総務省・経済産業省「2016年経済センサス——活動調査」（ウェブサイト）。
・田中喜作［1932］「本朝大仏師正統系図並松流」『美術研究』11、33〜43、
file:///C:/Users/tsuji/Downloads/011_33_Tanaka_Redacted%20(5).pdf、2022年5月31日アクセス。
・東京商工リサーチ［2021］「全国「仏具店」の業績調査」、
https://www.tsr-net.co.jp/news/analysis/20210316_02.html、2022年5月31日アクセス。
・宇野茂樹［1982］『日本の仏像と仏師たち』雄山閣。
・若林仏具製作所、https://www.wakabayashi.co.jp/、2022年5月31日アクセス。
・若林智幸［2020］「株式会社若林佛具製作所 「レゾンデートル」が提案する新しい祈りのかたち」『仏事』2020.02、52〜53。
・横田睦［2008］「お墓の知識（37）市街地における墓地を統廃合した後の「受け皿」と想定される施設、「納骨堂」の現状（1）」『用地ジャーナル』17(4)、58〜64。
・吉田光邦［2013］『日本の職人』講談社。
・財務省「貿易統計」各年版（ウェブサイト）。

## インタビュー・講演など

・小堀・小堀賢一代表取締役会長
2019年8月8日、小堀本社（京都市下京区烏丸正面上ル）でのインタビュー
2022年2月17日、同上
2022年4月22日、同上

第7章

# 原点回帰のイノベーション、(株)丸嘉

材木商から古材のネット販売へ

## はじめに

　日本の住宅は、欧米に比べて「寿命が短い」と言われてきた。物理的に住めなくなる前に取り壊し、建て替えられることが多いため、木材という天然資源を無駄にしている面は否定できない。循環型ではなく浪費型の生活様式である。

　しかし近年は、古い家屋が注目されるようになってきた。古民家を飲食店や旅館に改装し、解体した古民家の梁や柱などを新しい建物の内装に活用する事業も盛んになっている。こうした流れのなかから、古材という新しいマーケットが誕生した。京都市伏見区を拠点とするファミリー企業、株式会社丸嘉も、伝統的な材木商から天然木のフローリングや古民家を解体して得られる古材の販売に事業の軸足を移している。本章では、世代交代に伴い主力事業が大きく変化してきた同社のビジネス展開とその背景を検討していく。

## ❶ 木材卸売業と木材市場

### （1）木材卸売業

　丸嘉の祖業である木材卸売業の全国の概要を見ておこう。経済センサス（商業統計）によると、2016年の「木材・竹材卸売業」の事業所は法人・個人合わせて7122か所、従業者は44,652名、年間商品販売額は3兆7,691億9,700万円であるが、最盛期はいつ頃だったのだろうか。

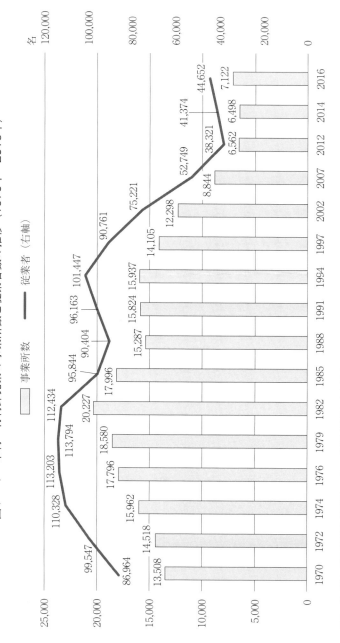

図7−1 木材・竹材卸売業の事業所数と従業者数の推移（1970年〜2016年）

出典：総務省・経済産業省「経済センサス（商業統計）」より作成。

図7-2　木材・竹材卸売業の年間商品販売額の推移（1970年～2016年）

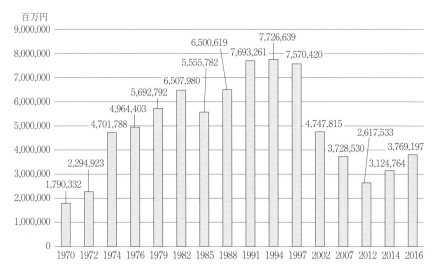

出典：総務省・経済産業省「経済センサス（商業統計）」より作成。

　**図7-1**は、1970年以降の事業所数と従業者数、**図7-2**は年間商品販売額の推移を示している。

　事業所数および従業者数は、1970年代後半から1980年代前半がピークで、20,227か所（1982年）、113,794名（1979年）を記録した。しかし、バブル経済崩壊後に激減し、2010年代前半には、事業所数、従業者数ともピーク時の約3分の1にまで落ち込んだ。他方、1994年がピークだった年間商品販売額（7兆7,266億3,900万円）も、2012年には2兆6,175億3,300万円まで減少した。もっとも、事業所数、従業者数、年間商品販売額はともに2010年代前半が底で、最近は若干もち直している。

　詳細は後述するが、丸嘉の現社長が事業を承継したのは2005年である。急速に縮小していく市場を前に、新たなビジネスモデルを模索せざるをえなかったと推察される。

172

## （2）住宅着工

　材木の主要用途である住宅の着工件数も確認しておこう。**図7-3**から明ら
かなように、我が国の新設住宅着工戸数は、1973年の191万戸をピークに長期
的には減少傾向にある。1980年代後半から1990年にかけてのバブル経済期に一
時的に増加して1990年には170万戸を上回ったが、翌1991年には前年比2割減
の137万戸まで落ち込んだ。

　その後、若干もち直し、1996年には164万戸まで回復したものの、2008年の
リーマンショックによる不況期に大きく落ち込み、2009年には、1965年以来最
低の79万戸を記録した。それ以後は、80万戸台から90万戸台で推移している。

　木造住宅の新設住宅着工戸数に限っても類似の動きを示している。1973年に
112万戸を記録したあと、長く減少傾向にあった。もっとも、近年は下げ止まり、
50万戸前後を維持している。

　また、新設住宅着工戸数に占める木造住宅の割合（木造率）はかつて70%台

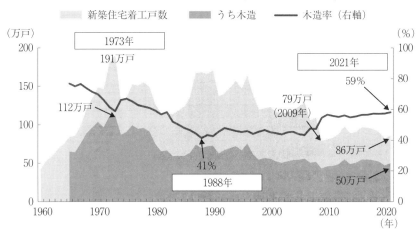

図7-3　住宅着工件数の推移（1960年～2021年）

出典：国土交通省「住宅着工統計」より作成。
注1：新設住宅着工戸数は、一戸建て、長屋建、共同住宅（主にマンション、アパート等）における戸数
　　　を集計したもの。
注2：1964年以前は木造の新築住宅着工戸数の統計がない。

を誇っていたが、1970年代から1980年代にかけて減少し、1988年には41％まで落ち込んだ。その後は40％台で推移してきたが、最近はややもち直し、2021年時点では59％である。

　住宅着工件数は景気の動向に大きく左右される。また、長期トレンドとしては、人口減少などの影響も受けて減少するだろう（東郷［2010］251ページ）が、住宅分野は依然として木材の大きな需要先である。

## （3）住宅の建築工法

　木造住宅には、在来工法（木造軸組構法）、枠組壁工法（ツーバイフォー）、そしてプレハブ工法[1]の３種類がある。在来工法とは、土台の上に柱と梁で構造物を造る工法である。他方、枠組壁工法は、壁、天井、床の六面を、２インチ×４インチの角材と合板をつなぎ合わせて造っていく。プレハブ工法は、工場で生産された部材を現場で組み立てる方法である[2]。

　かつて、木造住宅は在来工法で建てられていた。大工あるいは工務店は、町の材木屋から建築材を仕入れ、図面に基づいて現場で墨付けし、ノコギリ、カンナ、ノミなどの手工具を使って加工し、組み立てた。ところが、戦後の高度経済成長期に、こうした住宅生産システムは後進的で、近代化・工業化すべきであるという議論が沸き起こった（東郷［2010］238ページ）。プレハブ住宅が造られるようになり、1970年代には北米で主流の枠組壁工法が導入された。

　在来工法も、1990年頃から住宅建設の現場でノコギリやカンナ、ノミを使う作業を目にすることはほとんどなくなった。コンピュータで住宅の設計図を作成するCAD（computer-aided design）と住宅建築に必要な資材を自動生産するCAM（computer-aided manufacturing）を連携したシステムが構築され、設計からプレカットまでが自動化された。接合のための金物も事前に取り付けられるようになった。建築現場にはプレカットされた木材が届き、建築期間は大幅に短縮された。

---

(1)　プレハブ住宅には木質系のほかに、鉄骨系、コンクリート系がある。
(2)　一般財団法人日本木材総合情報センターのサイト、http://www.jawic.or.jp/qanda/index.php?no=22による。

## （4）古民家と古材

　日本の多くの住宅は木造建築である。その寿命については諸説ある。古い神社仏閣では、数百年前に建てられたものが少なくない。世界最古の木造建築として知られる法隆寺は、建立から1300年もの時間を経ている。

　木造住宅の税制上の法定耐用年数は22年だが、通常の維持管理で使用可能な範囲を示した期待耐用年数はもう少し長い。国土交通省によると、「フラット35基準程度で50年〜60年、劣化対策等級３で75年〜90年、長期優良住宅認定であれば100年超」である[3]。つまり、木造住宅も適切にメンテナンスなどを行えば100年を超えて使用できる。しかし、一般的な木造住宅は、物理的要因だけでなく、経済的要因など様々な理由によって建て替えられる。古い家が解体されると、木材が廃棄物として発生する。

　とはいえ、2000年に「建設工事に係る資材の再資源化等に関する法律（建設リサイクル法）」が成立し、廃木材の再資源化が義務付けられたことから、古民家の廃材活用ビジネスが登場した。ちなみに、「古民家」に明確な定義はないが、一般社団法人全国古民家再生協会によると、1950年の建築基準法の制定時に既に建てられていた「伝統的建造物の住宅」とされる[4]。古材の活用（宮崎ほか［2003］表３）としては、新たに製材し直す、あるいは集成材にする方法もあるが、丸嘉が取り組んでいるのは古材の風合いを生かした再利用（リユース）である。

## ❷ 京都の木材業の変遷

　京都の木材業の歴史を簡単に振り返っておきたい[5]。京都における木材の需要は、平安遷都（794年）以降、急増した。淀川水系の桂川（上流は保津川、大堰川と称す）に面した嵯峨、梅津が木材の集散地として栄え、洛中では堀川を中心に材木屋の街が形成された。『京都嵯峨材木史』には、879（元慶３）年に360の材木商人が神人に補された、と記載されている。

　堀川の材木商人は15世紀半ばになると、祇園社（八坂神社）に属する「材木

座」を結成し、木材を独占的に取り扱った。ただ、17世紀に入ると、角倉了以（1554〜1614）による東高瀬川の開削によって、その周辺に新たな材木町が誕生した。洛西の嵯峨、梅津、桂も、丹波材の陸揚げ地として繁栄し、1734（享保19）年に、「三ヵ所材木屋仲間」として株仲間を結成している[6]。

　さらに伏見は、淀川および高瀬川による船運の要諦として発展した。1838（天保9）年には49の材木商があり、製材、加工の樵木屋も1846（弘化3）年に279軒を数えたという（京都府木材組合連合会編［1988］25ページ）。江戸時代に京都で使われた木材のうち、約3分の1は丹波材で、残りは大阪から淀川を使って運ばれてきたとされる（京都府木材組合連合会編［1988］25ページ）。

## （1）明治維新後の京都木材業

　明治維新後は、西高瀬川の開発に伴い、丹波材が千本三条地域まで筏で運べるようになり、千本二条一帯にも木材商人が集積した。京都府は、解散した株仲間に代わる組織として同業者組合の設立を奨励し、嵯峨および千本の問屋・仲買商らは1897（明治30）年に葛野郡材木商組合を組織した（京都府木材組合連合会編［1988］30ページ）。

　1910（明治43）年には、重要物産同業組合法に基づき、京都材木商同業組合が結成された[7]。京都市内を中心にした木材販売業者の集まりで、結成当時の組合員は196名であった。少し時代が進んだ1922（大正11）年刊の『日本木材業名鑑』では、京都の材木商として284の名前が記載されている。その分布状

---

(3) 国土交通省［2013］「期待耐用年数の導出及び内外装・設備の更新による価値向上について」のスライド12枚目。https://www.mlit.go.jp/common/001011879.pdf。

(4) 一般社団法人全国古民家再生協会のサイト、http://www.g-cpc.org/（「古民家」の定義について）による。

(5) 京都の木材業の歴史は、西野元太郎［1973］の『京都木材業外史伝』、日刊木材新聞社編［1988］の『京都府木連のあゆみ』、京都木材協同組合編［2000］の組合創立50周年の記念誌『半世紀』を参照した。

(6) 丹波材については、藤田叔民［1973］の『近世木材流通史の研究——丹波流通の発展過程』が詳しい。

(7) 京都府木材組合連合会編［1988］30ページ。ただし、同書の64ページでは「1909年設立」と言及している。

表7－1　京都市内の材木商の数

| 地域区分 | 数 |
|---|---|
| 1部 | 54 |
| 2部 | 92 |
| 3部 | 56 |
| 4部 | 82 |
| 合計 | 284 |

出典：日本木材業名鑑［1922］の京都材木
　　　商要覧より作成。
注1：京都府葛野郡材木商要覧に記載の嵯
　　　峨、千本などを拠点とする70業者は含
　　　まれていない。
注2：日本木材業名鑑［1922］をベースに
　　　作成した藤田［1971］399ページの表
　　　では、2部93、4部81となっている。

図7－4　京都市の材木商の地域区分

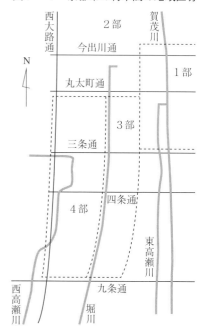

出典：藤田［1971］399ページ。

態を示したのが、**表7－1**と**図7－4**である。賀茂川から西、九条通より北に分布し、丸太町通から北の「2部」と堀川から西高瀬川にはさまれた「4部」により多くの業者が集まっていることが確認できる。なお、丸嘉の社長の曾祖父、小畑嘉吉の名前は「4部」に明記されている。

　木材業者を取り巻く環境が激変したのは、1929（昭和4）年である。アメリカから広がった世界恐慌で、日本の木材産業も未曾有の不況に陥った。1937年の日中戦争勃発後は、戦時統制が厳しくなり、1941年には、木材の生産と流通を国の統制下に置く木材統制法が施行された。統制会社として東京に「日本木材株式会社」、各道府県に「地方木材株式会社」が設立されることになり、個人企業による営業は禁止された。京都府内の木材業者も、新たに設立された京都地方木材株式会社に勤務するか、転廃業するかの選択を迫られた[8]。

## （2）戦後の復興と高度経済成長期

戦後の1946年、京都地方木材株式会社は解散し、木材統制法も撤廃された。材木業者は再び自由に営業できるようになった。1949年の中小企業等協同組合法の制定後、京都の木材業界は、数多くの事業協同組合を設立した。

このうち材木商がメンバーの京都市木材協同組合と京都木材仲買組合について簡単に説明すると、前者は明治末期に、重要物産同業組合法に基づいて設立された京都木材商同業組合の糸譜で、1960年の組合員は365名であった（京都府木材組合連合会編［1988］67ページ）。

後者は京都市内の仲買業者の集まりで、180名前後が参加し、京都市木材協同組

表7-2　京都市内の木材業者数
（1966年11月現在）

| 行政区名 | 数 | 備考 |
|---|---|---|
| 北 | 25 | |
| 上京 | 31 | |
| 中京 | 110 | 千本三条あたりが圧倒的多数で約半数 |
| 下京 | 34 | |
| 南 | 18 | |
| 右京 | 107 | うち45業者（嵯峨製材協同組合） |
| 左京 | 16 | |
| 東山 | 18 | |
| 伏見 | 33 | うち22業者（伏見木材協同組合） |
| 計 | 322 | |

出典：藤田［1973］557ページ、藤田［1971］354ページより作成。
注：「京都市木材協同組合員名簿」による。卸、加工（製材業）が主で、小売業はごく一部である。

合に次ぐ規模を誇っていた[9]。高度経済成長真っただ中のこの時期、京都の木材業界も盛況で、市内だけで300を優に超える材木商が活動していたことが分かる。

**表7-2**は、高度経済成長期の1966年時点の京都市内木材業者の数と地域分布を示したものである。京都市内の中京区と右京区に集中し、なかでも千本三条と嵯峨が目立っている。明治・大正期で確認した一大集積が継続されてきたことが確認できる。

---

(8)　京都府木材組合連合会編［1988］38ページ。当初、京都木材株式会社（京都市）と京都両丹木材株式会社（舞鶴市）に分かれていたが、1943年、京都地方木材株式会社に統合された。

(9)　京都府木材組合連合会編［1988］67ページ。なお、京都市木材協同組合のメンバーは、基本的に他の組合にも属していた。

178

## （3）多様化する住宅資材・工法

　戦後日本の住宅不足は深刻で、高度経済成長にも支えられ、新築住宅の建設
需要は急増した。第1節でも確認したように、それがピークに達したのが1970
年代初頭である。その後、オイルショックなどにより冷え込む時期もあったが、
1980年代後半から1990年にかけては150万戸を超える高水準にあった。

　もっとも、新築住宅着工戸数における木造比率は、統計データがある1965年
以降1988年までほぼ一貫して低下し続けた。木造新築住宅の年間着工件数その
ものも、1973年の112万戸をピークに減少し、21世紀に入ってからは50万戸前
後で推移している。こうした需要構造の変化に加え、建築工法や流通ルートも
多様化し、木材業者も新たな対応が求められるようになった。

## ❸ スクラップアンドビルドが際立つ小畑家のファミリービジネス

　本章が考察対象としている丸嘉もそうした企業の一つである。同社の現事業
は古民家を解体して得られる古材と天然木フローリングの販売で、年間売上高
数億円のうち6割を古材、4割を天然木フローリングに依っている。従業員14
名（うち4名はパート）はすべて女性である。資本金は1,000万円で、株式の
55％を社長が所有している。

　本書で取り上げている企業のほとんどがほぼ直系で事業を継承してきたファ
ミリー企業であるのに対し、丸嘉の現社長につながる小畑家は代々、子息らが
次々と独立して木材業に携わってきた。京都木材協同組合編［2000］の組合員
名簿には、丸嘉を含め、社長が小畑姓の企業が5社掲載されている[10]。

　小畑家の系譜を繙くと、襷を受け継いだ後継者は先代のビジネスをことごと
く破壊してきたことが分かる。唯一守ってきたのは、木・材木にかかわること
だけである。イノベーションという遺伝子が世代を超えて受け継がれてきたか
のような錯覚を覚える。

　まずは、小畑家を中心に、丸嘉の創業から現在に至る沿革を振り返ろう。

　現社長の高祖父にあたる小畑嘉兵衛が、福井県小浜村鈴鹿で木材商を始めた

のは、1860（安政 6）年のことである。「安政の大獄」で、前年の11月には吉田松陰（1830〜1859）が処刑されている。幕末の騒然とした時期であった。

　京都に移ってきたのは、現社長の曾祖父、小畑嘉吉で、1883（明治16）年に木挽木材商を立ち上げた。木挽とは、「木材を鋸でひいて用材に仕立てることである」（小学館『デジタル大辞泉』）。1892（明治25）年には五条烏丸に木材卸「木嘉小畑」を設立し、屋号「ねずみ屋」を名乗った。嘉吉は町の名士であり、後に得度して日蓮宗の僧になっている。

　現社長の祖父、栄三郎（1908〜1969）は嘉吉の七男で、高等小学校を卒業後、家業を手伝いながら夜は、京都 YMCA に通った[11]。家業を継いだのは、嘉吉が死去した1933（昭和 8）年である。太平洋戦争で徴兵されたが、1943年の復員後は、木材統制法によって設立された京都地方木材株式会社の統合製材課で働いた。

　戦後に同法が廃止されると栄三郎は家業を再興し、1950年には総合木材販売の(株)小畑商店を設立した。1960年代以降は業容を拡大し、住宅産業部門への納材を開始した。材料（材木）を売りながら、大工や建具を手配するというビジネスモデルで、事業は順調だった。「気性温和実直、人情味豊かな人柄」で、「木材の材質鑑識眼は他業者よりも勝れていた」とされる（西野［1973］145ページ）。また、京都木材仲買協同組合副理事長として業界の発展にも尽力している。栄三郎も先代同様地域の名士だった。

　栄三郎には息子が 3 人いた。いずれも大学卒業後、小畑商店に勤務した。当時、従業員は50名を数え、目利きが材木を仕入れ、腕利きが製材し、二次加工（再割加工）をした建築材を工務店や大工に販売していた。五条の本社に加え、

---

(10)　丸嘉以外の 4 社は、丸武木材(株)（小畑育夫、中京区）、丸忠商店（小畑恭男、同）、小畑材木店（小畑泰祥、下京区）、小畑龍三商店（小畑龍三、宇治市）である。丸武木材のサイト（https://marutake-m.co.jp/about/index.html）には、小畑嘉吉が木嘉小畑を1892（明治25）年に設立したことや、小畑武一が1960年に小畑商店から独立して丸武木材を設立したことが記載されている。丸武木材と丸嘉は、いずれも小畑商店から枝分かれした企業であることが分かる。昭和初期には、こうした小畑姓の企業が 7 社あったという。

(11)　西野元太郎［1973］の『京都木材業外史伝』に京都業界功労知名人物伝（故人）として、小畑栄三郎を含む18名の評伝が記載されている。本章の栄三郎に関する記載は、同書の145ページも参考にした。

伏見に営業所、淀に製材所を擁し、大阪・南港にも拠点があった。

　社長の栄三郎の下で兄弟が各事業所を統括していたが、1969年に栄三郎が亡くなると、次男の嘉蔵（1941年生まれ）は独立し、1976年に株式会社丸嘉を設立した[12]。その後、三男も独立したため、長男が一人で小畑商店を切り盛りすることになった。次男と三男の新会社設立には、彼らの子息が将来、自らの裁量で商売ができるようにとの計らいがあったと推察される。

　この頃、建材メーカーが台頭し、規格化された部材を使って住宅を建てるようになった。カタログの品番で建材を選ぶ時代がやって来た。嘉蔵はこうした業界の変化をとらえ、建材メーカーの建材を販売するという新事業を立ち上げた。

## ❹ 先代と現社長のビジネスモデル

　丸嘉現社長の隆正は同社を設立した嘉蔵の長男で、1970年に生まれた。小畑家として見ると、木材ビジネスを立ち上げた創業者から数えて5世代目にあたる。隆正は次のように言う。

「幼少期から店の手伝いをさせられ、厳しい先代の考え方を常に肌で感じていました」

　関西外国語大学英語科卒業後、大手住宅メーカーで営業に従事し、建て替えを希望する顧客に住宅展示場で対応した。丸嘉に入社したのは1995年で、2000年に専務となり、2005年には代表取締役社長に就任した。父の嘉蔵は、当初、代表権のある会長として隆正をサポートしたが、1年後には代表権を返上し、丸嘉の将来は隆正の双肩に委ねられた。

　目まぐるしく変化する経営環境のなかから隆正が見いだしたのが、天然木フローリングと古材の販売である。インターネットを通じた販売方法の新しさも評価され、2007年に京都市のオスカー認定を受けた。

　先代の嘉蔵は、建材メーカーの建材を問屋から仕入れ、トラックで現場に配達するというビジネスモデルを構築した。建材を配送しながら建築現場で大工や工務店と打ち合わせ、そこで注文を得て、建材メーカーにオーダーをかける。

大工や工務店の便利屋的役割を果たした。どんなに細かな注文にも応じ、現場に届けた。

　しかしながら、建材そのものはカタログに掲載されている標準品である。差別化の余地はなく、多忙なわりに利益が出ないという問題を抱えていた。そのため、丸嘉入社後の隆正には「第二創業をしなければ」との危機感があり、中小企業経営者が集まる中小企業家同友会の勉強会によく顔を出した。経営のヒントを得たかったからだ。2001年頃のことである。

　コンピュータやインターネット・オークションの話を聞く機会を得た隆正は、パソコンを導入し、算盤や電卓、紙による仕事を一掃した。また、そこで知り合った(株)白鳩の池上勝社長（当時）から、建築資材のインターネット販売を提案されると、直ちに取り入れた。白鳩は、同じ伏見に拠点を構える企業で、インナーウエアのネット販売で業容を急拡大していた[13]。

　隆正は独学で自社サイトを作り、洗面化粧台、床下調湿材、天然木フローリングなどを掲載した。だが、まったく売れなかった。そこで、作成のプロが必要と考え、京都駅前にあるコンピュータ専門学校に出向いて人材を募集した。専門人材を得た同社のサイトは充実し、天然木フローリングへの問い合わせが相次ぐようになった。

　インターネットで同社の存在を知った静岡県の高校教師は、京都まで来て天然木フローリングの実物を確認し、購入を決めたという。丸嘉は地元を商圏と考え、地域密着型の大工や工務店を顧客としてきたが、ネットを通じて遠隔地のマーケットにつながった。ネットを介せば小さな会社でも全国に販売できる、消費者に直接アピールできる、そんな世界があることに気付いた。

　戦時中、ほとんど空襲を受けていない京都には数多くの町家が残っている。京町家とは1950年代以前に伝統軸組工法により建てられた木造家屋である[14]。現社長は、承継当時、京都市中心部で京町家が解体される光景をよく見かけた。

---

⑿　小畑商店は、次男、三男が独立後、長男の勇夫が一人で経営したが、1993年に清算廃業した。

⒀　白鳩は、インナーウエアのインターネット販売が大当たりし、2014年4月に東京証券取引所JASDAQ（スタンダード）市場に上場している。

丸嘉本社の古材のストックヤード

古いものが好きだったこともあり、「立派な古木をリユースできないか」と考え始めたことが古材事業に取り組むきっかけだった。

こうして、天然木フローリングと古材の販売という新規事業が始まったが、現場の意識はなかなか変わらない。

「木材を買ってくれる古いお得意さんも、古い番頭さんも先代とのつながりが強く、私はいつまで経っても先代の息子、名前で呼ばれていました。また、電話を受け、建築現場までベニヤ板３枚を直ちに運ぶといった便利屋としてのビジネスモデルも続いていたんです」

隆正は社長に就任すると、既存事業から撤退し、天然木フローリングと古材という、自分の得意分野にビジネスを絞り込むことを決断した。

建築現場への自社による無料配達は廃止し、専門業者による有料配送に変えた。取引形態も大きく変化した。工事業者（Ｂ）との取引では「BtoB」が基本だが、天然木のフローリングや古材のビジネスでは、消費者（Ｃ）が素材を決め、それを使って工事業者（Ｂ）が家などを建てるため、「BtoBtoC（あるいはBtoCtoB）」となった。家を建てる場合はローンを組むことが多いため、代金は工事業者から受け取っている。

新規顧客（一般）と固定客（ルート）の割合はほぼ半々である。貸し倒れ（不払い）はなくなった。小切手や手形での受け取りをやめ、前金を基本にしたためである。この結果、キャッシュフローが大幅に改善した。新事業に絞る際、以前の売上高の半分で利益を倍増させる目標を掲げたが、実際にやってみると、利益率はかつての３倍にまで上昇した。その結果、９％ほどしかなかった自己資本比率は35％前後にまで増え、財務面で大きな改善が図られた。

従業員もかつては男性ばかりだったが、女性を積極的に新規採用した結果、全従業員が女性となった。こうした様々な試みに対し、先代は、「もうお前の

丸嘉本社の無垢材フローリングの体感型ショールーム

時代やから、よう考えてやれ」と言うだけで、反対はしなかった。

　天然木のフローリング事業では、学生時代の専門が生きた。英語科で学び、アメリカへの留学経験もあるため、海外ビジネスに対する不安はなかった。フローリングの仕入れでは、カナダに飛んで独自の調達ネットワークを構築した。

　古材は、数万円で買ってくれるお客さんがいる一方、いらない人にとってはまったく価値のない廃棄物である。どの古材が高く売れるかを見極めるためには、古材に対する目利き力が重要である。以前のビジネスモデルでは、価格は建材メーカーや市場競争によって決まっていたが、現在の天然木フローリングや古材では価格決定力を同社がもっている。同社の強みはこの目利き力で、現社長は先代から鍛えられたという。

　また、同社の古材ビジネスは、京都には古い良質なものがあるという地域イメージにも助けられている。京都の古材は、「京町家」や「京町家の古材」といったブランドイメージに支えられ、他府県の古材より高く評価される傾向にある。実際の古材は、ホテルや飲食店などのインテリア利用が多く、古材を使った空間で過ごしたいという新しい価値観に対応している。

---

⒁　京都市、財団法人京都市景観・まちづくりセンター、立命館大学が、2008年10月から2010年３月にかけて京都市内の京町家を調査した際に用いた定義である。詳細な結果は、「京町家まちづくり調査」記録集にまとめられている。

## ❺ ファミリー性と企業家的志向性——歴史に感謝と決別を

　先にも述べたように、小畑家は、一つの事業や組織を後生大事に守り続けるというよりも、分家や独立によって「木に関するビジネス」と「小畑」という名前を継承してきた。小畑という苗字でつながる一族として、木にかかわるビジネスをつないできたとも言えるだろう。

### （1）唯一無二の歴史に感謝

　現社長の隆正はかつて、自ら会社を立ち上げた起業家、創業者に特別な思いを抱いていた。憧れとコンプレックスが入り交ざった複雑な感情である。
「家が商売をしていたおかげで自分は恵まれて育った。食べることに困ったことがなく、教育も受けられた。だが、25歳や30歳で、場合によっては中学卒業後すぐに起業した人もいる。自分は家を継ぐ運命にあり、創業者にはなれない」
　自らの境遇に対する呪縛が解けたのは、40歳を過ぎた頃である。
「先代から受け継いだものを使って新しいことをすればよい。今があって未来がある」
　そんなふうに考えられるようになった。その転機は、先代のひと言であった。
「過去を否定するようなことは言うな。いろいろ変えるのはかまわん。けどな、今、お前が事業をやれているのは、わしやじいさんが、そしてそのじいさんがその時代に応じて必死でやってきたからや。それらをお前が引き継いで今があるんやで」
「お前が一(いち)からやったら、在庫も、取引してくれる商社もない。銀行に行っても、『誰や、君』って言われるぞ。書類にハンコをポンと押して代表者になり、名刺を作っても、商売ができるわけやない」
　世代を超えたファミリー性を自覚した瞬間であった。
　一族で枝分かれしながら木に関わるビジネスを継承してきた小畑家ではあるが、親戚一同が集まる冠婚葬祭などの場で、「誰が小畑の木材を率いていくんや」という話になることがある。

「栄三郎の孫で木のビジネスをやっているのは私だけ。気持ちのある人、できる環境にある人がやればいい」

　現社長は、過去、現在、そして未来に思いをはせながら、新しい流れを作り出している。世代を超えてつながっているのは、木を通じて人々の暮らしの快適さに貢献することであり、それを「木想商家」という経営理念として掲げた。

## （2）暖簾は掛け替えてこそ守られる

　隆正には暖簾に関する持論がある。

「暖簾は、かけっぱなしにしていると破れます。だからこそ、時代に合わせて新しい暖簾を掛け直す必要があるのです」

　第二創業や経営革新の重要性を「暖簾の掛け替え」という言葉で表現する。では、掛け替えながら何を守るのだろうか。

「大事にしたいのは、木を使う文化や木の暮らしです。材木屋を守ることではありません」

「私は、父がやってきたことを次々と破壊しました。でも、父は咎めませんでした。辛かったでしょうが、自由にやらせてくれました。『木を時代に合わせて生かす』という意識は、祖父から父、そして私へと脈々と受け継がれてきたように感じます」[15]

　それぞれの代が違う事業を展開して好結果を得たことで、5世代にわたって木にかかわるビジネスが継続された。その歴史的事実が、新しく経営を任された者に革新活動の重要性を訴えている。「先代と同じ事業をやり続けるのは大きなリスク」という強烈なメッセージになっているのである。

「歴史に感謝と決別を」——現社長の好きな言葉だ。

「歴史をつないでいくために、どのタイミングで、どこに、いかにメスを入れるのか。変えたらあかんものと変えなあかんものがあって、私は、強みが生かせる"木"の枠内で、どのようなイノベーションを起こせるかを考えてきまし

---

[15]　小畑姓の企業でも、古くからの木材屋にこだわったところは市場からの退出を余儀なくされたという。小畑家全体に広く、「革新の遺伝子」があるというよりも、現社長の曽祖父、祖父、父、そして本人へ、その遺伝子が継承されたと推察される。

た。部首のきへんは守りますが、その横に何をすえるか。木と何を掛け合わせるか」

　温故知新の発想で新しい事業への挑戦を続けている。

## （3）異業種との交流で刺激を受ける

　既述のように、現社長の隆正は中小企業家同友会で新しい事業のヒントを得て、第二創業に向けた一歩を踏み出した。35歳から40歳にかけては京都青年会議所に所属した。そこは、踏み出した方向性の正しさを確認する場でもあったようだ。サントリーと組んでお茶のペットボトルを売り出した「福寿園」の福井正興社長、バームクーヘンブームの火付け役とも言われる「クラブハリエ」を売り出した「たねや」の山本昌仁社長らの話に共感し、自信を深めた。
「みなさん、伝統を守りながら革新されていました」

　特に、同じ材木屋を祖業とするたねやの変遷には衝撃を受けた。
「材木屋、球根屋、和菓子屋、そして洋菓子のバウムクーヘンと、事業のカテゴリーまで替えてきた。革新にも、いろいろなレベルがあり、考え方があることを学びました」

　40歳から46歳までは京都商工会議所の青年部で活動し、その後、京都伏見ロータリークラブに入会した。様々な業種の経営者と出会えるこうした会は、同業者組合では得られない、新しい情報やアイデアに触れる機会であり、同時に経営者としての悩みを吐露できる貴重な場となっている。

## （4）次世代への継承に向けて

　現社長、隆正が幼い頃は、父の仕事場と家が同じ敷地内にあった。毎日、木と触れ合いながら過ごし、休日もほとんど休まない父の姿を見て育った。
「会社勤めもしましたが、戻ってくることが前提でした。ごく自然に、引き継ぐべくしてこの仕事に就いたと思います」

　京都木材青年経営者協議会が1982年にまとめた『西暦2000年の木材業界づくりへ』には、小学4年生の隆正の写真が掲載されている。1981年に行われた「ちびっこ座談会」に呼ばれた時のもので、家の仕事について聞かれた隆正は、「木

を取りに行ったり、掃除をしたりよくやりますが、時には製材所でお父さんと一緒に木の皮をむいたりもします。僕は働くことが好きですから……」と話し、「お父さんは僕に後を継げというようなことは言ったことはありません。僕もまだはっきりしたことはいえませんが、後を継ぐかもしれません」と、自身と家業の将来に対する思いを語っている[16]。木が極めて身近な存在で、それを扱う商売、家業を強く意識していることがうかがえる。

　他方で、社長就任後は、次世代への継承が重要な任務となっている。

　自らの経験を踏まえ、息子には、自身の背中を見せながら「木とは」、「商売とは」を、ごく自然に伝えるよう努めてきた。「木にこだわりつつも、これまでとは違う経営革新を目指す、そんな発想をもってほしい」と、小学生の息子を海外の仕入先に連れていくこともあった。

　大学生になった息子は今、「木にかかわる仕事がしたい」と将来展望を語り始めた。親子でこれからの時代に求められる新しい木のビジネスについて意見を交わす機会が増えた。

「以前は建物ありき、木ありきだったが、これからは、社会や暮らしが先にあり、そこに必要なものとして建物や木が位置づけられるのではないだろうか。例えば、古いアパートを、釣り好きな人ばかりが集まる"釣りキチ三平のアパート"に再生する。そこに木は使われているが、住人は木にこだわりがあるわけではない。不動産、建築、木、暮らしがセットになった商売を考えたい」

「私がやってきたことと、これからお前がやっていくことはおそらく逆にならんといかん」

　などと、思いをぶつけ合っている。

　各世代で新しいことに挑戦するという「革新の遺伝子」は、確実に引き継がれるようにしている。ただ、現社長には、もうひと踏ん張りとの思いも強い。

「社長の賞味期限は25年とも言われます。私が社長になって間もなく20年です。息子に襷（たすき）を渡す前に小さなイノベーションを仕掛けておきたい」

[16]　京都木材青年経営者協議会編［1988］113ページ。座談会には、木材商の家に生まれた、2世、3世の小中学生17名が参加した。

## ❻ ファミリー、同業者、取引先、地域社会との共存共栄

　これまで述べてきたように、現社長の高祖父が江戸末期に立ち上げた木材事業は、本拠地を移し、事業の中身を変え、分家し、新会社を設立しながら、小畑一族でつないできた。最後に、社会情緒資産の概念モデルに基づき、管理プロセス、戦略的選択、組織的ガバナンス、ステークホルダーとの関係、ビジネス・ベンチャリングの観点から小畑家のファミリービジネスを分析しておきたい。

### （1）管理プロセス

　現社長の高祖父である嘉兵衛以来、5世代にわたって木に関するビジネスを続けているが、代々、新しい分野に進出している。現社長と先代社長の価値観や言動をみても、小畑家の木にかかわるビジネスを後世につなげていきたいという強い意識がうかがえる。長期的繁栄を願う拡張的社会情緒資産（extended SEW）の側面が強い。

### （2）戦略的選択

　京都に拠点を移した第2世代の嘉吉は木挽木材商、その息子である第3世代の栄三郎は総合木材販売業、さらにその息子である第4世代の嘉蔵は建材メーカーの代理店業、そしてその長男である第5世代の現社長、隆正は天然木フローリングと古材の販売を主な事業としてきた。経営者が代わるたびに事業分野も変更されている。

　現社長は、現状維持をリスクと認識しており、インターネット販売にもいち早く進出した。戦略的選択面でも、創業以来一貫して拡張的社会情緒資産を重視している。

### （3）組織的ガバナンス

　資本金は1,000万円、発行株式数は1万株で、株主は4名である。現社長は55％を所有しているが、株が分散すると企業経営の自由度が減少し、事業承継

時の対応も複雑化することから、親族の株主と交渉し、所有株を100％に増やしたいと考えている。

　取締役は現在、社長の隆正とその妻の２名である。先代社長の父と母が2021年１月に取締役を退き、同時期に「取締役会設置会社」と「監査役設置会社」を廃止する登記も行った。経営戦略などに関する事案はそれまで、社長が先代に相談して決めており、それが取締役会の機能を担っていたが、先代の取締役退任に伴い、取締役会の開催を必要としない会社に変更したのである[17]。

　それ以来、社長は、新しい事業のアイデアなどを社員に提示し、意見を求めたうえで最終判断を下している。社長が強いリーダーシップを発揮し、有能な社員の協力を得ながら事業を展開することが基本的方針である。

## （４）ステークホルダーとの関係

　現社長は事業内容を一新した。新しい顧客はインターネットを通じて獲得したものが多く、市場は全国に広がっている。とはいえ、前社長時代から続く取引先も少なくない。小畑一族や同業者との交流も大切にしている。親戚に同業者も多かった。現社長は、親戚から「小畑家の木材ビジネスを引き継いでやってくれているのは君ぐらいや、しっかり頼むで」と声をかけられる。重い責任を感じる瞬間だ。

　木材業者との関係は極めて良好であるという。社長は、京都木材協同組合の会合などに参加すると、70代の先輩から「君の親父さんにはな、世話になったんや」と声をかけられ、もう少し上の世代からは「君のおじいさんに世話になった」と感謝される。
「私も中堅になった。20代、30代の若い世代のお世話をさせてもらおうと思っています。将来的には、彼らが私の息子の世話をしてくれるでしょう」

　京都の木材業者は古くから、同業者で集まって街を造り、座や株仲間を結成

---

[17]　2006年に会社法が施行され、非公開会社（株式譲渡制限会社）は「取締役会」を廃止できるようになった。取締役会廃止に伴い、監査役も必須機関でなくなるため、監査役も廃止できる。迅速な意思決定、役員報酬のコスト削減などがメリットとして指摘されている。

して、自分たちの商売を守ってきた。相互扶助の精神は、何世紀にもわたって脈々と受け継がれてきたと推察される。

「私たちのビジネスでは、情報がとても大事なんです。お客さんのニーズに、自社の在庫だけで対応することはできません。建具屋さんや仏具屋さんから、『こんな材料ないか』って聞かれた際、自分の店になければ、親戚の店や知り合いの店から調達して届けてきました。同業者同士で、上手に譲り合い、回し合うことで、商いを続けてこられたのです」

業界には、同業者や顧客、そして社会全体を意識しながら商売をするという風潮が今も色濃く残っている。

京都市の面積の約4分の3は森林が占める。その事実に着目した京都市は、木の文化の継承・発展と、温室効果ガスの吸収源、生物多様性、景観の保全、水源かん養といった森林の多面的機能の活用に本腰を入れ始めた。

そして、2021年には「京都市木の文化・森林政策推進本部」を設置した。木や森林に関心がある企業や大学などをつなぐプラットフォーム「木と暮らすデザイン KYOTO」も立ち上げ、木材の生産や市内産木材を使った木製品の製造・販売の支援、木と共に暮らす魅力的なライフスタイルの発信などに取り組んでいる。

また、京都中央信用金庫は、2022年7月、地域の伝統産業を支援する地域商社を設立した。新会社では、京都の素材や技術を生かしたホテルの内装提案なども行うという。地元行政や金融機関のこうした新しい試みに、現社長も積極的にかかわっている。

「京都の木のブランド化を推進する委員会などで、新しい木の使い方を提唱しています。自分の会社を守ることももちろん大事ですが、私たち木材人がなすべきことは、床柱1本、板1枚を売ることではなく、木を使う暮らしや木の文化の継承です。古材もそうでしたが、文化レベルが高まると自然に事業も伸びてきます」

丸嘉は、ステークホルダーとの関係においても将来世代を意識している。

## （5）ビジネス・ベンチャリング

現社長は、建材メーカーと工務店をつなぐ便利屋的な商売から撤退し、ネットを活用した事業へ転換した。利益率や自己資本比率を高め、安定的な経営を目指している。消費者（C）が素材（古材など）を決め、業者（B）がそれを使って工事をするといったケースが多く、そうした場合は代金を工事業者から受け取る。代金の受け取りにあたっても手形や小切手を廃止し、前金制に変えたことで代金の未回収問題も解決した。

最近は、余った素材を利用して中古住宅をリフォームして販売するという新ビジネスも始めている。未来を見据えた新しい事業の展開と言えよう。

## おわりに

以上から、丸嘉は、拡張的社会情緒資産の側面を強くもったファミリービジネスであることが確認できよう。市場環境が激変する「木」の業界にあって小畑家が5世代にわたって事業を継承できたのは、各世代が新しいビジネスモデルを構築してきたからであるが、その背景には、木に関するビジネスに関わり続けたい、木に関するビジネスを将来世代につなげたいという非財務的価値に重きを置く考え方が指摘できよう。また、それは、世代を経るごとに強化されてきたようにもみえる。

第二創業を何世代にもわたって継続的に成功させるのは至難の業だが、ファミリーとして蓄積してきた信用力、木材の目利き力といった自前の経営資源をフル活用しつつ、外部からの助言を素直に受け入れ、新しい人材を採用してそれを成し遂げてきた。経営陣は小畑家で固めているが、それ以外の面では極めて開放的でかつ企業家的志向性の強い企業である。

---

### 参考文献一覧

・藤田叔民［1971］「明治期の京都木材市場——特に嵯峨・千本市場について」同志社大学

人文科学研究所編『京都社会史研究』法律文化社所収。
・藤田叔民［1973］『近世木材流通史の研究——丹波材流通の発展過程』大原新生社。
・国土交通省「住宅着工統計」各年版。
・国土交通省［2013］「期待耐用年数の導出及び内外装・設備の更新による価値向上について」、https://www.mlit.go.jp/common/001011879.pdf、2022年8月20日アクセス。
・京都木材協同組合編［2000］『半世紀——京都木材協同組合創立50周年記念誌』京都木材協同組合。
・京都木材青年経営者協議会編［1982］『西暦2000年の木材業界づくりへ』京都木材青年経営者協議会。
・京都嵯峨材木史編纂委員会編［1972］『京都嵯峨材木史』嵯峨材木。
・京都市・財団法人京都市景観・まちづくりセンター・立命館大学［2011］「京町家まちづくり調査」記録集、https://www.city.kyoto.lg.jp/tokei/cmsfiles/contents/0000089/89608/whole.pdf、2022年8月28日アクセス。
・丸武木材、https://marutake-m.co.jp/about/index.html、2022年8月28日アクセス。
・宮崎博文・田中圭・井上正文・高梨啓和・平田誠・羽野忠［2003］「手壊し法による住宅解体廃木材の再資源化」『土木学会論文集』748、81～89。
・一般財団法人日本木材総合情報センター、http://www.jawic.or.jp/qanda/index.php?no=22、2021年9月3日アクセス。
・日刊木材新聞社編［1988］『京都府木蓮のあゆみ』京都府木材組合連合会。
・日本材木建築新聞編纂部［1922］『日本木材業名鑑』日本材木建築新聞編纂部。
・西野元太郎［1973］『京都木材業外史伝』京都木材業史後援会。
・総務省・経済産業省「経済センサス（商業統計）」各年版。
・東郷武［2010］「日本の工業化住宅（プレハブ住宅）の産業と技術の変遷」国立科学博物館産業技術史資料情報センター 編『国立科学博物館技術の系統化調査報告』15、231～315。
・一般財団法人全国古民家再生協会、http://www.g-cpc.org/、2022年4月28日アクセス。

インタビュー
丸嘉・小畑隆正社長
　2019年8月7日、丸嘉（京都市伏見区横大路貴船114番地）でのインタビュー
　2022年8月9日、同上

第8章

# 社員との共闘で時代を超える
# 近江屋ロープ(株)

## 麻糸や綿布などの商いから獣害防止ネットシステムの開発販売へ

## は じ め に

　現在、普及しているワイヤロープは、鋼線（鉄線）を撚り合わせて作られたものである。1834年にドイツの鉱山技師 W. A. J. Albert が発明したとされており、日本では、1897（明治30）年に東京製綱の深川工場で初めて製造された[1]。もっとも、植物や動物の繊維を用いた綱、縄の歴史は古く、数万年前から使われていた。フランスにある5万年前のネアンデルタール人の遺跡からは、撚り合わされた小さな断片が発見されている[2]。

　我が国でも、『日本書紀』、『古事記』に縄が登場する[3]。神社で神聖な場を区別するために張られた注連縄である。
しめなわ

---

[1]　ワイヤロープハンドブック編集委員会編［1995］『ワイヤロープハンドブック』と東京製綱のサイトの「沿革」、https://www.tokyorope.co.jp/company/histoy.html による。

[2]　BBC, "50,000-year-old string found at France Neanderthal site", 13 April 2020, https://www.bbc.com/news/world-europe-52267383

[3]　大野史朗［2004］の『農業事物起原集成』の「縄」の項に、「ナハは原語はなで、ノ（延）から轉訛したものであると思はれる。之れに行為を意味する接頭語ヒのついたものがナヒ（絢）となり、音便によりてナハ（縄）といふ名詞を生じた。それから連ねる縄といふ意で、ツナ（綱）といふ語も出来たものと云ふ。縄の事に関して古い記録は、紀、記の神代の巻であらう。其れには絡縄　シリクメ縄（共にシメナハの意）等の事が記載されてゐる。之れを以て見ると当時既に縄のあつたことは明かである。之が材料に関しては明記されて居らぬが恐らく藁縄であつただらう。又其外古い記録に樹皮或は長い葉を用ひて縄を製したことが残つている」（405〜406ページ）との説明がある。荒縄の歴史は、国立国会図書館が全国の図書館などと協同で構築しているレファレンス協同データベースが参考になる。https://crd.ndl.go.jp/reference/modules/d3ndlcrdentry/index.php?page=ref_view&id=1000091143

194

清水寺鐘の緒

仏教寺院にも綱や縄はある。京都の清水寺で、鐘を打ち鳴らす麻の綱、鐘の緒に手を触れる人も多いだろう。清水寺の鐘の緒は「近江屋ロープ」という老舗が手がけている。掲載した写真のように綱の下に桐の箱が付いており、底には現会長・野々内達雄の名が刻まれている。日本を代表する観光名所・清水寺に納めることができたのは、同社が創業200年以上の歴史ある企業であることも一つの要因であろう。

このように、近江屋ロープは伝統文化を守る一方で、近年は野生鳥獣による農作物被害という社会課題の解決にも力を入れている。動物からすれば、森も畑も同じ採食行動の場であるが、人間が栽培した農作物を食べると「害獣」とされてしまう。近江屋ロープは、こうした野生動物と人間との共生を、新たな使命と位置づけているのである。

近江屋ロープは2005年、「環境調和型獣害防止ネットシステムの開発・販売により、老舗の第二創業を実現する」というテーマでオスカー認定を受けた。野々内はその後、認定企業の集まりである京都オスカークラブの会長に就任し、メンバーの革新活動をけん引してきた。同社の沿革をたどると、歴代の経営者が競うように新機軸を打ち出してきたことがうかがえる。

近江屋ロープは、2018年3月に後継者不在の中小企業から事業を引き継いだ。そして、2022年3月には同社自身が成功裏に事業を承継し、野々内達雄の長男、裕樹（1979年生まれ）が社長に就任した。その際、2018年の税制改正で大幅に改正された事業承継税制の特例措置（特例事業承継税制）を活用し、相続税や贈与税を納付することなく後継者に株式・財産を譲渡した。

本章では、連綿と続く革新活動によって同社がいかに存続してきたかを考察するとともに、後継者不在企業の事業引き受けや後継者教育、株式などの財産分配といった、中小企業の事業承継についても議論する[4]。

## ❶ 綱産業と近江屋ロープ

冒頭に記したように、撚り合わせて作られたものを「綱」や「縄」、「ロープ」と呼ぶ。材料は植物や動物の繊維だけでなく、合成繊維や金属のワイヤなど様々である。では、こうした産業はどれぐらいの規模なのだろうか。日本標準産業分類（2013年改訂）では、3桁分類の「115綱・網・レース・繊維粗製品製造業」のなかに「1151綱製造業」が位置づけられている[5]。2020年工業統計調査で、「115111合成繊維ロープ・コード・トワイン」を見ると、事業所数は86、製造品出荷額等は255億9,000万円である。

近江屋ロープ（資本金3,800万円）は、社名が示すように「綱（ロープ）」の販売が出発点である。滋賀県湖西の堅田は麻や麻布で知られる。そこで麻関連の仕事をしていた近江屋藤助が京に上り、麻糸や綿布などを扱う「つな屋」を開業した。この1804年が近江屋ロープの起点である。

第2章で詳述したように、明治維新後、東京遷都によって衰退する京都は、その復興に向けて三大事業を展開した。その一つが市電（路面電車）で、写真を見ると、真ん中の正面を向いた路面電車が七条通、左の側面が見えている路面電車が西洞院通を走っている。矢印の先に近江屋ロープの店舗が見える。

同社は、現在も同じ七条西洞院に本社を構えており、JR京都駅から徒歩数分の交通至便な場所にある。

近江屋ロープのかつての本社

---

(4)　近江屋ロープについては、松岡編［2019］でも取り上げている。本章は、同書の第4章第2節第2項の「ロープの卸売から獣害防止ネットのメーカーに転じた近江屋ロープ」をベースに作成した。

(5)　国際標準産業分類（2008年の第4次改訂）では、「139その他の織物製造業」の下に「1394ひも類、ロープ、より糸及び網製造業」が置かれている。

196

図8−1　近江屋ロープの売上高の推移（1990年〜2017年）

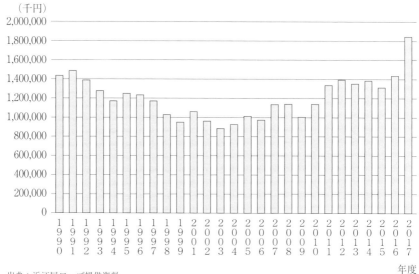

出典：近江屋ロープ提供資料。

近江屋ロープの現在の本社

　現会長の野々内達雄は、創業者の近江屋藤助から数えて8代目にあたる。7代目から事業を承継したのはバブル崩壊直後の1991年である。社長就任以降、業績は急速に悪化し、15億円あった売上高が1994年度には12億円となり、1999年度には10億円を割り込んだ（**図8−1**参照）。

　その後も、10億円を下回る年が続き、企業の存続が危うくなるなか、力を入れたのがイノシシ、シカ、サルなどの野生動物の侵入を防ぐ「獣害防止ネット」である。

　この事業が成長し、2017年度には18億4,000万円を売り上げ、バブル期のピークを超えた。経営基盤は強化され、8代目の長男も入社し、将来を展望できる企業となった。後継者がいない府内の中小企業から、事業の引き継ぎを乞われ、それに応じた近江屋ロープの事業領域は拡大した。2021年度の売上高は25億円に達し、2017年度から過去最高を更新している[6]。2022年3月には長男が事業を継承し、9代目社長に就任した。

## ❷ 革新の連続によって事業を継承

　近江屋ロープの歴史を少し振り返っておきたい。綱や縄、ロープは明治時代に入っても幅広い分野で使われた。5代目辰之助は屋号を「ヤマキ綱辰」と改め、「つな辰野々内商店」として麻ロープや綿ロープの製造販売に力を入れた。当時、綱や縄、ロープの用途は、農業用牛馬の追い縄や手綱から、鉱山、建築土木、船舶と多岐にわたり、軍需用も少なくなかった。

　同社は、第1次世界大戦後の世界恐慌期に卸売業へ本格進出した。6代目辰造が陣頭指揮を執り、社員らは西日本各地を行脚して販売先を開拓した。第2次世界大戦中は、麻ロープや綿ロープの工場を分離し、近江屋商店の商号で販売業に専念している。

　戦後の復興期を担ったのは、現会長の父、7代目泰一である。1951年には、ワイヤロープや集材機といった架空索道資材の取り扱いを始め、1957年から合

---

[6]　売上高は2018年度が22億円、2019年度23億円、2020年度23億7,000万円と順調に増加し、2021年度には25億円を記録した。

繊ロープも販売している。1960年には現在の社名および組織に改めた。そして、その2年後にチェーンソーの販売を開始し、産業資材部と林業機械部の2部門制を打ち出した。のちに同社の危機を救うことになる獣害防止ネットの開発は、長年にわたって培ってきた林業分野の知識や人脈がベースになった。

7代目はまた、井戸の滑車に使うロープ作りのノウハウや経験を生かして、工場内の走行クレーン設置工事業を始めた。1970年代に行われた東大寺大仏殿（奈良市）の昭和の大修理では、同社の天井走行クレーンが大きな役割を果たした。7代目が力を入れた天井走行クレーンを主体にした機械器具設置工事業は、8代目が新たに手がけた獣害防止ネットとともに近江屋ロープを支える中核事業となっている。

## ❸ 獣害防止ネットの開発

8代目は1977年に近江屋ロープに入社した。社長就任は1991年である。直前まで年間15億円程度の売上高があった。順風満帆なスタートとなるはずだったが、バブル経済崩壊後の景気低迷で、同社の業績も悪化を続け、2003年の売上高は9億円にまで落ち込んだ。

林業分野は1964年の輸入自由化、1970年代の為替変動相場制導入による円高、1990年代のバブル崩壊を経て構造不況に陥っていた。それに追い打ちをかけたのが、もう一つの屋台骨であった産業資材卸売業の瓦解である。公共事業の激減とホームセンターの急増で、得意先である各地の小売店が窮地に陥り、メーカーによるユーザーへの直販も増えた。「メーカー→商社→販売代理店（卸）→全国各地の小売店→ユーザー」という既存の流通体制が崩れ、卸売業を営んでいた近江屋ロープは時代に取り残されてしまった。

経営が傾くなかで起死回生に向けた動きは、林業分野から生まれた。シカ用防護ネットの開発は、60歳近い嘱託社員からの8代目社長への「直訴」がきっかけとなった。1997年、出張先の静岡県で、「私は林業のことしか分かりませんが、今日、社長と一緒に見たシカの害を防ぐネットを開発させてください。頑張りますから、私を見捨てないでください」と懇願された。

「そろそろ退職いただこう」と考え
ていた矢先だった。嘱託社員は8代
目が幼かった頃から近江屋ロープで
働いていた。8代目は、「見捨てな
いで」という言葉に心を揺さぶられ、
その場で「一緒にやろう」と約束し
た。その後、2人で開発したシカ用
防護ネットは人気を博し、林業機械
部の業績は増加に転じた。

**イノシシ用防護ネット「イノシッシ」**

　当時、農業分野でも、イノシシや
サルといった野生動物が田畑に侵入して農作物を荒らす獣害が深刻化していた。
ジリ貧の卸売に代わる新しいビジネスを模索していた8代目は、林業向けシカ
用防護ネットの応用商品として、「農業向けイノシン用」というアイデアを思
いつくと、後述する古参社員を鼓舞し、立命館大学理工学部教授にも協力を求
めた。

　実績のない新製品を公共機関に受け入れてもらうためには、しかるべき研究
機関のお墨付きが必要であった。100kgを超えるイノシシの衝撃に耐えうる商
品を開発するには、どのような材料を組み合わせ、いかなる設計にすればよい
のか。教授は、詳細なシミュレーションによって最適値を見いだすとともに、
実験によってその妥当性を検証した。

　近江屋ロープが2004年に売り出した獣害防止ネットは、金網や特殊繊維、電
気柵を用途に応じて組み合わせるもので、シカやイノシシだけでなく、これま
で対応が難しかったサルの侵入も防止できる。掲載した写真が同社の獣害防止
ネットで、「イノシッシ」の名前で売り込んでいる。持ち運びや組立が容易で、
場所を選ばず自設できる。しかも、専門家のお墨付きデータがある。先発メー
カーはあったものの、顧客である地方自治体への懸命な売り込みも功を奏し、
数年後には大きな利益を生むようになった。

　近江屋ロープは、獣害防止ネットの組立、配送、アフターサービスを担い、
部材は、付き合いの長い、信頼できる仕入先、つまり部品メーカーなどに外注

している。長く卸売をしていた同社ならではの強みを生かしたビジネスモデルである。

同社は、この獣害防止ネットの開発により、2005年、オスカー認定を取得したほか、翌2006年には、公益社団法人日本ニュービジネス協議会連合会主催のニッポン新事業創出大賞・アントレプレナー部門の特別賞を受賞した。さらに、2012年、京都商工会議所から、知恵を活用して新たな付加価値や顧客を創造する「知恵ビジネスプラン」として認定され、京都府の中小企業優良企業表彰も受賞した。危機的状況にあった近江屋ロープは、変化に適応して生き残り、企業としての逞しさを増した。

## ❹ 暖簾ではなく社員を守る

近江屋ロープの経営危機を救ったのは新商品の獣害防止ネットであるが、より本質的には、8代目が自らの生き方や価値観を変えたことによる。社内の雰囲気は一変し、会社は再生軌道に乗ることができた。

「尊敬していた父が1999年に亡くなり、この先どうなるかと追い込まれた時期がありました。ベテラン社員も思うように動いてくれません。そんな時、産業資材部の課長から『社長は卸売も私たちも見捨てておられるのでしょう』と言われました。またしても、『見捨てる』という言葉を社員から発せられ、愕然としましたね」

「その頃に参加した経営セミナーでも、私の人生の師である高橋佳子氏（宗教法人GLAの2代目主宰者）から『社長さんは、頑張っているとおっしゃいますが、本当にそうですか。暖簾を守ることが企業を経営する最大の動機になっているのではないですか』と言われ、社員との心のすれ違いに気付きました」

産業資材部の課長は高校卒業後に近江屋ロープに就職し、卸売一筋で生きてきた。

「35年も勤めてくれたのに、時代を超えられないからとお払い箱にするようなことがあっていいのだろうか。社員は、仕事を通じて豊かな人生を過ごしたいと思っている。彼を幸せにすることが私の使命ではないのか」

　暖簾を守るため、家を守るために汲々としていることを自覚した8代目は、課長に「これからは私と一緒にイノシシ用防護ネットの開発をしよう」と提案した。1週間後、課長は慣れ親しんだスーツを脱ぎ、作業服姿となった。市町村役場を訪問して商品を売り込む一方で、大学の研究室にデータ分析を依頼した。数年後、岡山県の東粟倉村がイノシシ用防護ネットの採用を決めた。受注額は1,000万円だった。

　経営者の意識変化に伴い、社内に漂っていた老舗の窮屈さは一掃された。会社の危機を乗り切ろうとする社員の挑戦意欲は目に見えて高まった。社員が活躍できる場を提供しようとする経営者の熱い想いに彼らも応えた。「社員と、社員の人生を守ることが第一だ」という「社員主義」を標榜するようになった8代目は、2004年、「たゆまぬ自己成長と社会への奉仕」を経営理念に制定した。社員には、自己変革への実践が毎年のテーマとして与えられている。また、社員同士の絆を大切にする風土が醸成されてくると、立場や年齢、部署を越えた協働作業が当たり前のように行われるようになった。自由闊達な明るい雰囲気の職場で社員が仕事に励むようになると業績も向上し、さらに社内が活気づくという好循環が生まれた。

　ファミリー企業ではしばしば、社長の役割は、先祖から引き継いだ暖簾を次の世代に託すことであり、それは襷をつなぐ駅伝ランナーのようなものであるとされる。そのため、会社あるいは家の継承が重視される。近江屋ロープの8代目も長きにわたり、「暖簾を守る」という価値観に捉われていた。

　しかし、暖簾至上主義から脱却した8代目は今、「血」、「地」、「知」という三つの「ち」から解放されなければならないと強調する。「血」とは、血統の血、すなわち家族・ファミリーに流れる価値観であり、「地」は地域で共有されている慣習や価値観を意味する。そして、最後の「知」は、大量生産・大量消費といった各時代に浸透している知識や価値観である。

　8代目は、もがき苦しむなかで、経営者として、人として成長し、三つの「ち」から自由になった。「暖簾を守る」というファミリー志向を捨て、「社員を守る」という価値観にシフトした。社員というステークホルダーの存在を認識し、重視したことが結果として暖簾を守ることにつながった。

## ❺ M&Aによる事業拡大

　こうして危機を乗り越えた近江屋ロープに8代目の長男が入社した。若い後継者の登場によって、同社は社内外に将来性ある企業という強いインパクトを与えることになった。そこにもたらされたのが、以前から付き合いのある企業経営者からの事業継承の依頼である。ここではA社としておこう。

　2018年1月、A社の93歳の社長と70代の支配人が、近江屋ロープの社長（当時）である8代目を訪ねてきた。

「野々内さん、お願いがあります。会社を整理します。うちの事業と社員を引き受けていただけませんでしょうか」

　93歳の社長は戦後にA社を立ち上げ、京都市に隣接する向日市で事業を続けてきた。小型の農業機械を農協経由で農家に販売し、社員10名（パートを含む）を抱えていたが、後継者に恵まれなかった。体力と気力に限界を感じた社長と支配人が出した結論が、会社を整理し、商権と社員を信頼できる先に委ねることだった。そして、その意中の相手が近江屋ロープだった。

　近江屋ロープは林業分野には強いが、農業分野に対しては脆弱である。農業分野に特化し、農協に取引口座をもつA社の申し出はありがたかった。

「林業分野と農業分野の相乗効果が期待できる」

　8代目がA社の事業継承を提案すると、役員も長男も諸手を挙げて賛成した。

　通常のM&Aであれば、売却会社の株式を買収会社が購入するため、多額の資金が必要となるが、A社は解散し、財産整理などによって債務もすべて清算した。そのため近江屋ロープは、A社に「暖簾代」を払うことなく商権と社員を引き受けることができた。

　A社の社長にとっては、自らの人生をかけてきた事業が存続し、社員に対する責任も全うできた。社員は、より待遇のよい企業に職を得た。そして、近江屋ロープは、農業用の機械や資材を農協経由で販売する商権を手に入れた。関係者全員が納得できる、「ウィン・ウィン」の関係であった。

　M&Aをビジネスにしている銀行などを介せば時間を要し、多額の手数料も

支払うことになるが、本ケースは中小企業の経営者同士が直接の知り合いだっ
たことからとんとん拍子で話が進んだ。3か月後の2018年4月、A社の社員6
名が近江屋ロープで働き始めた。8代目は、この縁を次のように分析する。
「どのような力がいかに働いたのかは正直、分かりませんが、90歳を超えた社
長とうちのおやじの関係もあれば、私との関係もあるでしょう。うちの息子が
業界で一生懸命やっている姿を見て、何かを感じられたのかもしれません。近
江屋ロープの歴史と信用もあったと思います。農協さんも『近江屋ロープなら』
と取引を継続してくれました。天から降ってきたような、本当にありがたいお
話でした」

　A社と近江屋ロープの仕入先が同じというケースも少なからずあり、仕入先
も近江屋ロープによるA社の事業継承を応援した。A社が廃業すれば取引そ
のものが消滅するが、近江屋ロープが事業を継承すれば、取引量は減らないば
かりか集約でき、生産性が向上する。

　とはいえ、異なる組織で働いていた社員が一緒に仕事をすれば、様々な軋轢
が生まれかねない。8代目は社員に「新しい人の面倒をきっちり見なさい。受
け入れなさい」と言い続けた。また、給与も賞与も差をつけなかった。A社か
ら受け入れた社員に近江屋ロープのヒット商品を担当してもらうといった工夫
もしながら垣根を取り払い、融和を図った。

　農協とは「持ちつ持たれつ」の良好な関係が構築された。農協と取引関係が
なかった頃は、近江屋ロープが単独で獣害関係の商品を行政などに売り込んで
いた。しかし、農協とつながりができると、地元に強い農協と組んで数千万円
単位の大型案件の入札に参加できるようになった。農協にとっても、近江屋ロー
プと協業することで大型の新しい仕事に関わるメリットが生まれており、ま
さに「ウィン・ウィン」である。

　このように、A社の事業を引き継いだ結果、様々な好循環が生まれ、近江屋
ロープの業績は急拡大した。先にも述べたように、2017年度の売上高18億
4,000万円が1年後には22億円に増加し、4年後の2021年度は25億円に達した。
「自分たちの事業に若干でも貢献するのであれば、困っている企業を引き受け、
雇用を守り、事業を成長させていくことは、地域とともに歩んできた老舗の使

命だと思います。ソロバンを弾いても、損得計算をしても、その通りにはなりません。私利私欲は横に置いて、困っている人を助けたい、社会に貢献したいといった視点で心をオープンにして誠実に取り組んでいたら、道がすーっと開け、人も企業も成長できるのではないでしょうか」

8代目はこう語る。振り返れば、近江屋ロープに対するA社の強い信頼も、A社からの円滑な事業引継ぎも、8代目の誠実で真摯な態度に起因している。近江屋ロープが、かつて開発したサル撃退用のネットは、他社の特許に抵触していた。特許を持つ企業の社長が、近江屋ロープの本社を訪ねてきた際、8代目は素直に頭を下げた。

「えらいすみませんでした。調査不足でした。でも、こういう想いで、このようにして、一生懸命に自分で作ったんです。お許しください」

困っている農家を助けたいという8代目の一途な思いと真摯な姿勢が相手の心を動かしたのであろう。

「うちの電気柵を購入していだだけるなら水に流します。ついては、向日市のA社経由でお買い上げください」

近江屋ロープがA社の事業をその後引き継ぐことになるなど、誰が想像しただろうか。近江屋ロープがA社の事業を引き継いだ2018年4月以降、特許を有する企業は近江屋ロープと直接、取引することになった。8代目の生きざまが様々な縁を生み出し、そうした縁が近江屋ロープを進むべき道に導いているかのようである。

## ❻ 9代目へのバトンパス

先にも述べたように、2022年3月、8代目の長男・裕樹が社長に就任した。その際、中小企業の事業承継問題への対応策として2018年に導入された特例事業承継税制を活用した。事業承継においては、後継者の確保・育成、関係者の理解、株式・財産の分配といった乗り越えなければならない障壁がある。最後に、そうした様々な課題にどのように対処したのかを見ていこう。

## （1）後継者の確保・育成

　ファミリービジネスでは、ファミリーから後継者が選ばれる。複数の候補者がいる場合は、適性などが見極められることになるのだろう。近江屋ロープの8代目には子どもが2人いたが、長男が幼少期から後継者として育てられた。「息子と遊びながら、うちの家族が代々、ロープの仕事をやってきたこと、これまでどんなことがあったかなどを話して聞かせていました。だからでしょうか、彼は自分が承継することを当たり前のこととして受け入れました。小学生の時には『僕はお父さんのロープ屋さんをやっていく』といった作文を書いていましたね」

　同じ時間を過ごすなかで家業を継ぐ自覚が芽生え、父親への信頼も生まれたのだろう。長男は、父親と同じ道を歩み、経営者に必要な資質や心構えを身につけようとした。父親も通った地元の中高一貫校を経て、父親と同じ慶應義塾大学で学んだ。数年間他社で勤務した後、近江屋ロープに入社というキャリアパスまで父親を踏襲している。

「大学生の時、まったく就職活動をしないんですよ。『お前が後継ぎだ』なんてことは一切言ってこなかったのですが、本人は実家に戻ることを決めていたんですね」

　長男は卒業後5年間、近江屋ロープの古くからの取引先である「芦森工業」に勤務した。同社は1878年創業の老舗であり、株式公開企業である[7]。麻糸商からロープのメーカーに転じ、明治から大正にかけては、紡績用のスピンドルバンドやスピンドルテープで事業を拡大し、戦後は、消防用ホースや自動車用シートベルトの市場に進出した。

　祖業が同じで、開発力、技術力に優れ、グローバルに事業を展開している。近江屋ロープの若き後継者の修業場としてう・っ・て・つ・け・であった。長男は、コスト、納期、品質に極めて厳しい自動車メーカーを相手にすることでタフな交渉

(7)　芦森工業は、1950年に大阪証券取引所に上場し、1961年には東京証券取引所第1部にも上場した。東京証券取引所の市場区分再編に伴い、2022年4月、東京証券取引所プライム市場に移行した。

力が身につき、立場や価値観が異なる人との付き合い方も学んだ。

　近江屋ロープに戻ってきた息子の仕事ぶりに、8代目も目を見張った。

「獣害防止関連商品を官公庁に売り込むためのプレゼンテーション能力は私よりもはるかに優れています。行政の仕組みをよく理解したうえで、どこをいかに攻めたらいいかを考え抜いていて。実行力も私の数倍上ですね」

　とはいえ、経営者に求められるものはもっと奥深い。

「社員との人間関係などはこれからの課題。将来的には、信頼できる右腕を育て役員に引き上げるといったことも必要になってきます。人の思い、感情の機微が分かるようになる必要があります」

　暖簾至上主義から社員第一主義に転じた8代目は、自らと重ね合わせるように若い後継者の人間的成長を見守っている。

## （2）事業の再構築と後継者の存在

　8代目の長男である現社長は幼少期からぶれることなく、初志貫徹で近江屋ロープの経営者となった。しかし、8代目自身は若い頃にすこぶる悩んだという。

「うちは小さな古い会社でしたから。友人は有名な企業に次々と就職を決めていっていました。私自身、海外で活躍したいという気持ちが強かったですね」

　揺れる8代目は、大学卒業前に1年間、アメリカ・カリフォルニアの大学に留学した。そうした試行錯誤を繰り返すなかで家業を継ぐ決断をし、1974年に大学を卒業して、東京上野にあるワイヤロープのメーカーに入社した。京都に戻ってきたのはその3年後である。

　8代目は大学生だった長男にも留学を打診したが、まったく関心を示さなかったという。近江屋ロープの厳しい経営状況に愚痴をこぼすこともなかった。事業を継承することを自らの使命と認識していたのだろう。8代目は、そんな後継者の存在をありがたく思うと同時に、強いプレッシャーを感じていた。

「息子が帰ってくるまでに何とか新しい事業を作っておきたい。今のままでは、苦労させるだけになってしまう」

「もう、あと5年しかない」

家では、妻とそんな会話を繰り返していた。

　長男は、8代目の希望であり、事業の再構築をやりきるための精神的支柱であった。獣害防止商品の開発が進み、収益化のメドがたった2000年代半ば、芦森工業に勤めていた長男が戻ってきた。

　「息子は水を得た魚のようでした。獣害防止の関連は近江屋ロープのこれまでのしがらみを超えた新しい商売で、市場は全国です。社会課題の解決に直接つながる側面もあります。若い人たちに元気を与えられるビジネスでした」

　屋台骨が崩れていくなかで新しい事業に懸命に取り組む父、その力になる覚悟を決めている息子、そして、そんな息子が躍進できる場を作って息子を迎え入れたいと奮闘する父。8代目による第二創業と9代目への鮮やかな襷（たすき）パスには、ビジネスの論理だけは説明しきれない、家族の深い絆がかかわっている。ファミリー企業ならではの強みが機能し、同社の再興は力強く後押しされた。

## （3）社長交代と株式・財産の分配

　9代目への継承にあたり、最後の課題が社長交代と株式などの譲渡であった。株式や事業関連の財産を後継者にいかに「相続」するかは、ファミリー企業の事業承継において極めてデリケートな問題である。分割して相続すると株式が分散し、後継者は株主の意向に振り回されて経営が立ちゆかなくなるリスクが生まれる。自社株などの取得に伴う相続税や贈与税も大きな負担である。

　こうした中小企業の事業承継を支援するため、国は2009年に事業承継税制を創設し、承継時の税負担を軽減した。事業承継税制は「経営承継円滑化法」[8]に基づく認定のもと、後継者が取得した一定の資産に対し、贈与税や相続税の納税を猶予する制度である。

　しかし、同制度はなかなか活用されず、中小企業の事業承継問題も解消されなかった。そこで2018年、国は10年限定の特例措置（特例事業承継税制）を設けた。2018年1月1日から2027年12月31日までの相続と贈与が対象で、いくつかの条件を満たせば税負担を実質ゼロにできるようになった。

---

⑻　中小企業の円滑な事業承継を支援するための法律で、2008年に施行された。正式名称は「中小企業における経営の承継の円滑化に関する法律」。

208

表8－1　事業承継税制の特例措置と一般措置の相違点

| | 特例措置（新制度） | 一般措置（従来制度） |
|---|---|---|
| 事前の計画策定 | 5年以内に特例承継計画を提出 | 不要 |
| 適用期限 | 10年以内の贈与・相続など<br>2018年1月1日〜2027年12月31日 | なし |
| 対象株数 | 全株式 | 総株式数の最大2分の2まで |
| 納税猶予割合 | 100% | 贈与：100%、相続等：80% |
| 承継パターン | 複数の株主から最大3名の後継者 | 複数の株主から1名の後継者 |
| 雇用確保要件 | 要件を満たさなかった理由を報告すれば可能 | 承継後5年間、平均8割の雇用維持が必要 |
| 経営環境変化による免除 | あり | なし |
| 相続時精算課税の適用範囲 | 60歳以上の者から20歳以上の者への贈与（贈与者の子や孫でなくても適用可） | 60歳以上の者から20歳以上の推定相続人、孫への贈与 |

出典：国税庁「平成30年度改正関係（法人版事業承継税制抜粋）」をベースに作成。

　新制度の特例措置では全株式が対象となり、納税猶予割合も100%へ引き上げられた。雇用確保の要件も実質に撤廃されるなど、使い勝手は大幅に改善されている。他方で、2023年3月31日（2022年度税制改正により2024年3月31日に延長）までに、認定経営革新等支援機関の指導および助言を受けた「特例承継計画」を都道府県に提出する条件が課せられた（**表8－1参照**）[9]。

　特例措置の説明資料に目を通した8代目は、「うちにとってありがたい制度」と直感した。7代目は8代目に事業を継承するにあたり、8代目が高校生の頃から税金を納めながら自社株の生前贈与を少しずつ進めていた。自社株の評価額もそれほど高くなかった。しかし、近江屋ロープは第二創業によって業績が急回復し、株の評価額も上昇した。8代目から9代目への事業承継では、相続税や贈与税の負担が懸念された。

　8代目は、後継者である長男に相談し、特例措置の活用を決めると、特例承継計画を策定し2018年12月、京都府に提出した。計画書には、事業承継を行う先代経営者と後継者の名前、自社株取得の時期や事業承継を行うまでの経営課題、後継者が自社株を引き継いだ後の5年間の経営計画などを記載した。

　ファミリー企業は、通常、オーナー社長とその親族で株式を保有している。

近江屋ロープも全株式のうち51％を8代目が保有し、残る株式も大半は一族が保有していたが、元役員2名も株主だった。彼らが株を所有したのは、経営幹部として8代目を支えていた時である。8代目からの依頼で取得した。

　事業承継にあたり、8代目は長男を伴って元役員を訪ね、「株式を買い取らせてほしい」と申し出た。身勝手な振る舞いに見えるかもしれないが、8代目と彼らは強い信頼関係で結ばれていたのだろう。快く了承され、全株式を後継者に集中させるという承継計画は大きく前進した。

　事業承継後に、特例認定申請書を京都府に提出し、承認された。事業承継特例の適用を受けられることになり、贈与税は無期限の猶予、つまり税負担は実質ゼロとなった。

　特例措置のメリットは大きかったが、適用を受けるには、「先代経営者は代表者になってはならない」という条件を満たす必要があった。そのため8代目は取締役会長に就任したが、代表権はない。後継者が、先代経営者よりも大きな権限を得て、名実ともに事業を継承することを保証する制度であるが、先代経営者にとっては不安な面もある。代表取締役社長となった後継者が、会社経営に一切関わらせないと先代を追い出すこともありえよう。

　特例措置の活用には、先代経営者と後継者の良好な関係が前提条件だ。さらに、後継者以外の親族は、株式などを引き継いでも自由に売却できるわけではないが、後継者一人に全株式や事業関連の全財産が譲渡されると不満がくすぶる可能性がある。

　野々内家では代々、長男が商売に関するものを相続し、ほかの兄弟姉妹は口を出さないという不文律がある。とはいえ、それでは公平性に欠けると、8代目は長女に対し、親としてできる限りの財産配分を決めた。それに対して長男は口を出さなかった。

「100年、200年続く企業の人間模様は実に様々です。私を含め、1人でも自分

---

⑼　特例承継計画の提出件数は、2018年4月から2021年6月までで9,693件である。毎年3,000件程度の提出がある。財務省「令和4年度税制改正要望（経済産業省）」の「コロナ禍等を踏まえた法人版・個人版事業承継税制に関する検討」（https://www.mof.go.jp/tax_policy/tax_reform/outline/fy2022/request/meti/04y_meti_k_17.pdf）。

の権利を強く主張する人がいたら、特例措置を使った事業承継はその時点で成り立たなくなっていました」

8代目の率直な感想である。近江屋ロープの事業承継は、ファミリー、株主、取引先といったステークホルダーの総意を得て、完遂された。ファミリービジネスは、ビジネスの論理や合理性だけで推し進められない部分があり、親子、兄弟姉妹といったファミリーの論理にも十分配慮する必要性や多様なステークホルダーとの信頼関係の重要性が改めて認識されよう。

## ❼ 社員との共闘で時代を超える

21世紀の新しい中小企業モデル、老舗（長寿ファミリー企業）モデルを構築しようと邁進した8代目は自らの経験を踏まえ、老舗が長く生き続けるための条件として三つのポイントを挙げる。

第一が自己変革である。8代目は、経営不振という試練のなかで、暖簾ではなく、社員やその家族の人生を守ることが自らの使命と認識するに至った。自分のファミリーだけを守っていても、社員はついてこないことに気付いたのである。

「時代の流れを変えることはできません。しかし、自分を変えることはできます。最も重要なことはリーダー自身が変わっていくことです。様々な試練は、私たちリーダーに変革を呼びかけているものと受け止めるようになりました」

第二は会社のDNAである。同社が独自に開発した獣害防止ネットは、先代から受け継いだ綱や林業の商売を諦めることなく、そこに新しい需要を見いだしたもので、自社の強みを最大限に活用している。「老舗は、自社のDNAを生かして現代のユーザーが満足する商品やサービスを創造することが大事」と言い切る。

第三は風通しのよい組織である。「これまでの老舗には主人と従業員という強い主従関係がありましたが、リーダーと社員が響き合う協働の風土を構築し、継承していくことこそが、企業の存続につながると思います」との言葉、何とも耳通りがよい。

　ところで、暖簾の継承はもはや関心事ではないが、暖簾はしっかり活用している。屋号の「近江屋」を社名に入れて続けているのは、カタカナの名前にはない、信用力の高さを感じさせられるからだ。同社は、「京都で200年続く近江屋」という暖簾を生かしながら、「安全（ロープ）」、「省力（工場クレーン）」、「環境緑化（獣害防止ネット）」をテーマに、ユーザーに満足してもらえる商品の開発やサービスの提供ができる会社を目指している。

# おわりに

　すでに明らかなように、社会情緒資産の概念モデルの観点から近江屋ロープを分析すると、拡張的社会情緒資産の側面が極めて強い。有能で意欲的なファミリーメンバーで歴代の経営をつなぎ、各代の経営者が事業の再構築に取り組んで企業を存続させてきた。

　詳細が分かる8代目の社長時代に限っていえば、様々な機会を捉えて事業計画やビジネスプランを作成しており、環境変化に合わせて自社の事業を捉え直している。企業として進むべき未来を常に意識し、そのビジョンを社内外に浸透させてきた。

　当初こそ、暖簾やファミリーにこだわったが、次第に社員を第一に考えるようになった。獣害防止ネットでは、社員のリスキリング（再教育）と企業としての新事業展開を見事にリンクさせ、企業の再興につなげている。また、ガバナンスの面でも、経営幹部に一族以外の者を登用し、株式まで保有してもらっていた。財務状況も公開している。地域社会や社員のため、そして自社の成長のためと、M&Aにも積極的であった。

　近江屋ロープは確かに野々内家で継承してきたが、8代目はファミリーをやみくもに優先するのでなく、社員の人生を最優先に考え、取引先や地域社会との関係を大切にしてきた。多彩なステークホルダーとの協働のなかで時代を超え、世代を超えて存続する長寿ファミリー企業モデルとも言えるだろう。

## 参考文献一覧

・BBC［2020］"50,000-year-old string found at France Neanderthal site", 13 April 2020, https://www.bbc.com/news/world-europe-52267383, 2022年8月30日アクセス。
・経済産業省［2021］「2020年工業統計調査 品目別統計表」、https://www.meti.go.jp/statistics/tyo/kougyo/result-2/r02/kakuho/hinmoku/index.html、2022年8月30日アクセス。
・国立国会図書館レファレンス協同データベース、https://crd.ndl.go.jp/reference/detail?page=ref_view&id=1000091143、2022年8月20日アクセス。
・国税庁「平成30年度改正関係（法人版事業承継税制抜粋）」、https://www.nta.go.jp/publication/pamph/jigyo-shokei/pdf/0018010-082.pdf、2022年8月30日アクセス。
・松岡憲司編［2019］『京都からみた、日本の老舗、世界の老舗』新評論。
・大野史朗［2004］『農業事物起原集成』（紀田順一郎監修・解説、『事物起源選集5』）クレス出版。
・東京製綱、https://www.tokyorope.co.jp/company/histoy.html、2022年8月30日アクセス。
・ワイヤロープハンドブック編集委員会編［1995］『ワイヤロープハンドブック』日刊工業新聞社。
・財務省「令和4年度税制改正要望（経済産業省）」「コロナ禍等を踏まえた法人版・個人版事業承継税制に関する検討」、https://www.mof.go.jp/tax_policy/tax_reform/outline/fy2022/request/meti/04y_meti_k_17.pdf、2022年8月30日アクセス。

### インタビュー・講演など
近江屋ロープ・野々内達雄会長
2018年5月31日、龍谷大学経済学部の地域活性化プロジェクト・京都ものづくりでの講演
2022年8月18日、近江屋ロープ（京都市下京区夷之町689）でのインタビュー
2022年9月20日、同上

# 第9章

## 京都が育んだ伸銅（しんどう）・電線業

### 明治期の津田合名会社[1]

## はじめに

　伸銅とは、銅・真鍮（しんちゅう）などの銅合金を延伸して棒・線・板・条・管に成形する加工工程のことである。銅と亜鉛の合金である真鍮は、加工が容易で細工物・箔などの製品に用いられ、京都や伏見では、古くから仏具やキセルなどを製作する真鍮業が発展した。近世の真鍮業は、明治期以降に伸銅業が芽生える母体となった（今井［2015］85〜86ページ、95〜96ページ）。

　江戸後期から明治にかけて、京都洛中の銅物問屋は、北白川、鞍馬、八瀬といった鴨川支流域（鞍馬川・高野川・白川）や宇治川流域の上流に水車工場を設置し、河川の落差・水流を利用して伸銅を行うようになった。伸銅業の立地条件として、水車動力のための豊富な水流と落差が得られること、木炭・薪材等の燃料の調達が容易なこと、需要地に近く交通が便利なことの三つが挙げられるが、京都の水車伸銅は、地域のソシオ・エコロジカル（socio-ecological）な環境が育んだ生業であったと言えよう[2]。

　やがて「電化」の時代が到来し、東京、神戸、大阪に続いて京都でも電灯会

---

(1)　本稿は、伊達［2022］を改稿したものである。

(2)　日本伸銅協会［1967］68ページを参照。同書では、伸銅業の発祥地は京都の鞍馬であろうと記されている。また、大阪の枚岡（現・東大阪市）、関東では埼玉の膝折（現・埼玉県朝霞市）などの地域でも、明治期以降、水車伸銅工場の集積が見られた。また、明治期日本の水車利用の特徴や、琵琶湖疏水の開削と水車利用との関連については、末尾至行氏による地理学の視点からの研究蓄積があり、本稿もその研究成果に依拠している。末尾［1980、2003］などを参照されたい。

社の設立や発電所の設置が進められ、電信・電話網や電気鉄道が敷設されるようになると、電線という銅線の新たな用途が開拓されて輸入代替・国産化が進んだ。加えて、明治政府が推し進めた富国強兵政策によって、銃弾の薬莢<sup>やっきょう</sup>などに使用される銅板の需要が増大する。こうして、水車伸銅工場のなかから近代的な量産工場が複数現れるようになり、産業としての伸銅業が確立されていく。

このような時代背景のなかで京都の伸銅業は、1890年代以降、琵琶湖疏水・蹴上発電所の電力や鴨川運河の水力をいち早く利用して工場の立地や動力を変更し、電線という銅線の新しい用途を開拓して発展を遂げた産業である。

では、明治期京都の伸銅業の企業家たちは、疏水・運河の開削や水力発電所の設置というソシオ・エコロジカルな環境条件の変化（自然環境の人為的改変）に対してどのように主体的に適応したのだろうか。すなわち、個々の企業家の適応行動（製品・立地・動力・製造などの戦略）や企業間取引、産業連関をどのように変容させたのだろうか。

以上のような問題意識に基づいて、本書のテーマである「長寿ファミリー企業の革新とコミュニティーの関係」に接近したい。本章では、第一に、明治の「電化」の黎明時代に、京都の白川や高野川流域、琵琶湖疏水流域の岡崎、そして鴨川運河流域の伏見を舞台に繰り広げられた伸銅工場の立地や動力をめぐる企業家たちの適応行動を探る。第二に、伸銅業の企業家たちが電線という新しい製品を開発・製造し、新たに勃興しつつあった電力業や電気鉄道業、電機製造業との取引を始め、産業連関が形成されていった過程を跡づける。

以下、第1節では、琵琶湖疏水・鴨川運河の開削の経緯、蹴上発電所の設置について概観した後、京都工業の産業別電力使用状況を考察する。第2節では、明治期の京都の伸銅業の立地や工場動力の変化を分析する。続く第3節では、銅線から被覆電線へ製品構成を移し電力業・電鉄業や電機製造業との取引を進めた津田合名会社の事例を取り上げる。この会社は、今日、京都府久御山町で各種の電線やケーブルを製造する津田電線株式会社の源流であり、同社は京都を代表する長寿ファミリー企業の一つである[3]。

最後の第4節では、小括として、産業連関の観点から疏水・運河開削や水力発電所設置の意義を考察し、伸銅業の企業家たちが果たした役割を指摘する[4]。

## ❶ 琵琶湖疏水・蹴上発電所・鴨川運河と京都産業

### （1）開削の目的と経過

　本節では、琵琶湖疏水・鴨川運河の開削の目的と経過について述べた後、電力の産業別利用動向について考察する。明治維新と遷都の後、京都府は、勧業政策の一環として、琵琶湖疏水と鴨川運河を開削した。開削の当初の目的は、1883年11月に北垣国道京都府知事が上下京連合区会で行った演説に簡潔に示されている[5]。

　北垣は、京都を近代的工業都市として再興させる上で直面する課題と解決策を指摘し、具体的には、大阪や兵庫と異なり、海浜に接していない内陸型都市・京都では、工業の振興や機械化を図るうえで火力・石炭の利用には大きな困難があること、鴨川・桂川・白川の水力では力不足であること、しかし隣接する琵琶湖の水を疏通させてその水力を利用すれば、土地の高低差という地域特性を生かすことができ、「京都の中央に無尽蔵なる一大石炭山」を開造した場合と同等以上の効果があることを力説している。

　1883年の琵琶湖疏水の「起工趣意書」では、「製造機械」を筆頭に、「運輸」、「田畑灌漑」、「精米水車」、「火災防虞」、「井泉」、「衛生」といった七つの目的が掲げられていた。このうち「製造機械」の内容を見ると、当初は、鹿ケ谷周辺に琵琶湖疏水を引水して工業用水車場を造成・設置し、その動力を用いて工

---

(3) 津田電線株式会社のホームページを参照。https://www.tsuda-densen.co.jp、2022年4月24日アクセス。同社は、1985年に京都府から「京の老舗表彰」を受彰している。また、産業新聞社編［2008］は、近代日本の伸銅業に関する初の体系的な研究書であり、加えて、津田電線株式会社所蔵史料を用い、明治期の津田の原材料の調達先や製品構成、販売先などについての詳細な分析も行っている。本章は、この研究成果に依拠している。
(4) 舟運、灌漑、上水道などを含め、琵琶湖疏水が京都の経済・社会にもたらした意義や効果を総合的に考察することは本稿の対象外であるが、これについては、吉田［1961、1978］、本間［1978］、小野［2015］を参照。
(5) 琵琶湖疏水や鴨川運河の設置の経過については、京都市電気局［1940］、京都市水道局［1990］を参照。

業の機械化を図る計画が構想されていた。しかし、この計画は、着工後の1888年10月から翌年１月にかけて実施された田辺朔郎（1861～1944）と高木文平（1843～1910）のアメリカ視察の後に、疏水の水力でタービン水車を回し発電する計画に大きく変更された。

　以上のような紆余曲折を経て、1890年には琵琶湖疏水が開通し、翌年５月に蹴上発電所が完成し、11月から送電が開始された。日本初の公営の事業用水力発電事業だと言われている[6]。

　疏水開通後、鴨川東側に鴨川運河を開削する計画が決定され、1894年９月に竣工した。二条・伏見間の約９kmを運河でつなぎ、淀川舟運と合流して琵琶湖・京都・大阪を連結することと、水車利用を図ることが目的であった。鴨川運河を引水し水車動力として活用したのが、伏見紡績[7]と、後述する津田針金工場であった。

## （２）蹴上発電所での水力発電

　疏水の水路を経て２本の鉄管で蹴上発電所に導かれた2,000㎥もの水量は、有効落差106尺（約32m）でペルトン水車を回し、ベルトで連結された発電機を運転させる。1891年の開業当初、発電所にはエジソン社製の直流発電機（80kW、500v）２台、ペルトン水車20基が据え付けられた。その後、1896年までの間に19台の発電機が導入された。内訳を見ると、18台が米エジソン社、ゼネラル・エレクトリック社、スタンレー電機社、トムソン・ヒューストン電機社、ウエスティングハウス社、独シーメンス社といった欧米製の輸入発電機であり、１台のみが国産の芝浦製作所製の二相交流発電機（60kW・2000v、133Hz）であった[8]。

　また、発電機の種類は、直流機６台、単相交流機４台、二相交流機３台、三相交流機６台とバラバラであり、電圧も500vから2,400v、交流の周波数も50、60、125、133Hzと多岐にわたっていた。それゆえ、各発電機は専用の電線で需要家と連結され、個別・独立に直流低圧で送・配電されていた。蹴上発電所の送電区域は、発電所から20町（約2.2km）以内に制限されていた。並列運転ができなかったので、琵琶湖の水量の増減はそのまま発電・送電の不安定に結

び付いた[9]。

　ちなみに、ペルトン水車は20台導入され、その多くが米ペルトン社製の輸入機で、国産は石川島造船所製の2台のみであった[10]。

　なお、1895年には交流式発電機が導入されている。1896年には送電制限区域が撤廃され遠距離送電が可能となり、京都市（上京区・下京区）の全域に及んだ。また、1896年からは、京都市域以外の愛宕郡、紀伊郡、葛野郡、宇治郡にも供給区域が拡大された。

## （3）電力の産業利用の動向

　表9-1は、蹴上発電所の電力の主な使用者と使用量について、1891年から1898年までの推移を産業別に示したものである。全体の電力使用馬力数を見ると、開業当初の1891年には、インクライン用（京都市）の35馬力と時計会社用の1馬力の計36馬力に留まっていた。しかし、1893年に336馬力、1895年に1,028馬力、1897年には1,837馬力と次第に増えていった（京都市電気局［1940］795ページ）。

---

(6)　自家用の水力発電については、蹴上発電所の開業以前から、宮城紡績会社三居沢工場（1888年7月）や下野麻紡績所（1890年8月）、古河の足尾銅山間藤原動所（1890年12月）においてタービン水車と直流発電機を用いて実用化されており、技術が蓄積されつつあった。絹川［1938］277〜353ページ、桑島編［1938］473ページ、吉田［1961］27〜28ページ、栗原編［1964］67ページ、71〜74ページを参照。

(7)　伏見紡績は1895年に設立され、その後、数々の合併・買収を経て、1906年に大阪紡績伏見工場となる。

(8)　山田［1898］624〜629ページ、日本工学会［1928］331〜332ページを参照。芝浦製作所製の交流発電機は国産初の事業用水力発電機であり、1895年に蹴上発電所に据え付けられた（東京芝浦電気株式会社編［1940］347ページ）。

(9)　蹴上発電所の発電機の直流・交流の混在や低圧送電など、発電・送電方式の技術的問題点や非効率性については、吉田［1961］137ページを参照。加えて、琵琶湖の水量が不足する場合には発電力の減退や電圧低下が生じ、また降雨が続いて琵琶湖の水量が増加すると閘門密閉のため停水され、停電を余儀なくされた。京都電燈株式会社編［1939］42〜43ページ、47ページを参照。

(10)　逓信省編『明治41年 電気事業要覧』165ページによれば、蹴上発電所のペルトン水車20基のうち4基は米ペルトン水車会社製、1基は川崎造船所製、15基は杉本鉄工所製とあり、開業後に国産化が進んだことがうかがわれる。

### 表 9 - 1　産業別の電力使用量の推移（1891年～1898年）

（単位：馬力）

| 業種 | | 使用者 | 1891 | 1892 | 1893 | 1894 | 1895 | 1896 | 1897 | 1898 |
|---|---|---|---|---|---|---|---|---|---|---|
| 電力 | | 京都電燈㈱ | | 90.0 | 192.0 | 352.8 | 409.2 | 444.2 | 544.2 | 544.2 |
| 鉄道 | | 京都電気鉄道㈱ | | | | | 200.0 | 200.0 | 200.0 | 200.0 |
| 染織 | 綿糸紡績 | 藤井紡績所 | | 35.5 | 50.5 | 51.0 | 51.0 | 51.0 | 51.5 | 51.5 |
| | | 京都紡績㈱ | | | | | 100.0 | 100.0 | | |
| | | 平安紡績㈱ | | | | | | 200.0 | 304.0 | 304.0 |
| | 絹糸紡績 | 第一絹絲紡績㈱ | | | | | | 100.0 | 100.0 | 150.0 |
| | 生糸撚糸 | 京都織物㈱ | | | 28.6 | 57.7 | 59.5 | 42.4 | 40.0 | 40.0 |
| | | 岩崎利平 | | | | 4.0 | | 4.0 | 4.0 | 3.0 |
| | | 本庄武助 | | | | | 15.0 | 20.0 | 25.0 | 25.0 |
| | | 日下部範四郎 | | | | | | 7.0 | 16.0 | 18.0 |
| | | 岩崎利八 | | | | | | | 1.0 | 3.0 |
| | | 聚楽撚糸（合資） | | | | | | | 4.0 | 4.0 |
| | 織物 | 松村善三郎 | | | | | 8.3 | 11.3 | 12.8 | 12.8 |
| | 綿ネル製造 | 西陣製織㈱ | | | | | | 100.0 | 100.0 | 100.0 |
| | | 大隈榮七 | | | | | | | 6.3 | 6.3 |
| | 製綿 | 京都製綿㈱ | | | | | | | 25.0 | 25.0 |
| 金属品 | 黄銅延板 製銅 | 俵　政七 | | | 10.5 | 10.5 | 15.5 | 15.5 | 15.5 | 15.5 |
| | | 京都製銅㈱ | | | | | | 30.8 | 31.0 | 31.0 |
| | 真鍮製造 | 岡田庄太郎 | | | | | | | 5.0 | 5.0 |
| | | 阪根彌兵衛 | | | | | | | | 5.0 |
| | 針製造 | 日本製針㈱ | | | | | 30.0 | 36.0 | 36.0 | 30.0 |
| | 箔打 | 岩坪五兵衛 | | | | | 5.5 | 11.9 | 12.8 | 12.8 |
| 機械・器具 | 伸銅機械 | 杉本傳治郎 | | | | | | 3.5 | 3.5 | 3.5 |
| | 電気機械 | 奥村　猛 | | | | | | 2.4 | 1.3 | 1.3 |
| | | 才賀藤吉 | | | | | | | 5.5 | 5.5 |
| | 理化学器 | 島津源蔵 | | | | | 4.0 | 4.0 | 4.0 | 4.0 |
| | 時計製造 | 京都時計製造㈱ | 1.0 | 10.0 | 15.0 | 23.6 | 35.5 | 7.5 | 23.0 | 23.0 |
| | | 大澤善助 | | 1.5 | 1.5 | 1.5 | 2.8 | 2.8 | 2.8 | 2.8 |
| 出版・印刷 | 印刷 | 太田權七 | | | | | 3.0 | 3.0 | 3.0 | 3.0 |
| | | 中西虎之助 | | | | | 1.0 | 2.8 | 2.8 | 4.8 |
| | | 京都印刷㈱ | | | | | | 10.0 | 11.0 | 11.0 |
| | | 京都博文（合資） | | | | | | 3.0 | 3.0 | 3.0 |
| | | 玉田安之助 | | | | | | | | 10.0 |
| 食料品・飲料等 | ラムネ製造 | 柳本平兵衛 | | | 1.5 | 1.5 | 1.5 | 1.5 | 1.5 | 1.5 |
| | 穀類挽粉 | 青木太兵衛 | | | | | | 10.0 | 10.0 | 10.0 |
| | 製油 | 山城製油㈱ | | | | 5.5 | 5.5 | 5.5 | 5.5 | 5.5 |
| | | 西村仁兵衛 | | | | | | | | 5.0 |
| | | 今西嘉兵衛 | | | | | | | | 5.0 |
| | 巻煙草製造 | 村井兄弟商会 | | | | | | 23.1 | 100.0 | 100.0 |
| 窯業 | 陶器製造 | 京都陶器㈱ | | | | | | 5.0 | 10.0 | 10.0 |
| 木製品 | 木挽 | 森崎徳次郎 | | | | | | | 5.0 | 5.0 |
| | 製漆 | 齋藤正太郎 | | | | | | | | 10.0 |
| その他 | | | 35.0 | 35.0 | 37.0 | 59.3 | 81.0 | 62.3 | 113.0 | 141.5 |
| 合計 | | | 36.0 | 172.0 | 336.6 | 567.4 | 1,028.2 | 1,520.4 | 1,838.7 | 1,951.2 |

出典：京都市電気局［1940］791～794ページより作成。
注：「その他」には、インクライン用（京都市）として1891年から1898年まで各年35馬力が含まれる。

　産業別に見ると、当初は、京都電燈株式会社と京都電気鉄道株式会社での使用が大半を占めていた。京都電燈は、1889年の開業当時は、高瀬川沿いの備前島町の会社敷地内に建設した火力発電所において米エジソン社製の直流発電機２台（50kW 低圧）を用いて発電していたが、蹴上発電所の送電開始後の1892年には火力発電を廃止し、蹴上発電所から電力供給を受けるようになった[11]。そして、京都電気鉄道は、1895年２月に「七条－伏見油掛」間を、また４月には内国勧業博覧会の開催に合わせて「七条－南禅寺前」間で路面電車の運行を開始した[12]。

　蹴上発電所の送電区域が拡大されるようになると、次第に染織や金属品製造、機械・器具などの工場での利用も増えていった。染織業の電力使用状況を見ると、綿糸紡績業では、藤井紡績所が紡績機の動力として電力を使用した[13]。一方、織物業では京都織物株式会社が、1893年12月、織物工場を点灯するため電力の使用を開始した（京都織物株式会社編［1937］144ページ）。染織工場の電力使用量が全体に占める割合は大きいが、工場の動力用は少なく、ほとんどが工場照明の電灯用だった。

　金属品製造業では、俵政七（俵黄銅伸板製造所）、京都製銅株式会社、岡田庄太郎（岡田伸銅所）、阪根彌兵衛（阪根鎰伸工場）は伸銅業の工場である。俵黄銅、京都製銅、岡田伸銅所は、いずれも岡崎町に立地していた（産業新聞社編［2008］208～211ページ）。

　俵黄銅は1892年に設立され、国内で初めて、電力を利用して圧延ロール機で黄銅板を製造したと言われている。京都製銅は1896年に設立され、同年より31馬力の電力供給を受け、黄銅板の製造を開始した。岡田伸銅所は1897年から５

---

[11]　京都電燈株式会社編［1939］41～42ページを参照。なお、京都電燈の火力発電所は1894年に全廃されたが、その後、電力需要の増加に伴い復活し、1901年には東九条発電所が竣工した（同上、58ページ）。

[12]　桑島編［1938］501ページを参照。また、電車の電動モーターのうち４台は米 GE 社製だったが、増車分は東京の三吉電機工場（後の芝浦製作所）製も使用された（同上）。

[13]　藤井紡績所は1888年に開業した小規模な紡績会社であり、当初は蒸気機関を動力として英プラット社製のリング紡績機４台、1,136錘を運転したが、蹴上発電所の開業とともに電力に転換した。しかし、生産量が少量であったうえに製品の品質低下などのため、1902年に工場は閉鎖された。絹川［1942］115～127ページ参照。

馬力の電力を使用しているが、1903年には62.5馬力に増やしている（京都商業会議所『半年年報（第1回）』1903年、68〜69ページ）。

　機械・器具では、京都時計製造株式会社を先駆けに、伸銅機械製造の杉本傳治郎（杉本鉄工所）、電機製造の才賀藤吉（才賀電機商会）と奥村猛（奥村電機商会）、理化学機器製造の島津源蔵（島津製作所）などが蹴上発電所の電力をいち早く機械の動力として利用している。

　奥村は、1885年に電気機器を製作する奥村電機商会を大阪で設立し、1896年には京都市岡崎円城寺町に工場を設置している。当初は、蹴上発電所の発電機や一般需要家の電動機の修理、電動ポンプの製作から始めた[14]。その後、1901年には100馬力程度の発電機・電動機、1905年には発電用タービン水車、1911年には誘導電動機や変圧器などを製作するようになり、徐々に高機能の製品を増やしていった[15]。

　同社製の電動機は、京都の伸銅業をはじめ多くの工場に据え付けられるようになっていった[16]。

　また、才賀は1896年に才賀電機商会を設立し、電灯照明設備の設置・据え付け工事に携わるようになった[17]。全国の電灯会社や電気鉄道会社の設立と経営にトップマネジメントとして関与しつつ、才賀製の電機製品を当該会社に販売していくようになった。

　奥村や才賀は、工場や発電所での電動機需要の高まりに対応し事業展開を図り、「電化」の黎明時代に関西を代表する電機製造業者となった。

## （4）京都府の染織工場・機械器具工場の動力化と電動化

　表9-2の『明治42年工場統計表』（職工5名以上の民営工場）を用いて、1909年の京都府の染織工場、機械・器具工場の動力化率（全工場数に占める原動機使用工場数の割合）や電動化率（総馬力数に占める電動機馬力数の割合）を分析しよう[18]。

　工場の動力化率を見ると、機械・器具は45.8％、染織は9.8％となっており、かなり低い。中分類では、紡績（4工場）が100％で最も高く、機械製造の77.8％、製綿の66.7％、金属品製造の63.3％がこれに続いている。京都の主力

産業である織物業は生産金額、職工数、工場数で最大であったが、工場動力化率は3.1％で著しく低い。織物業の動力化は、明治後期に至ってもなお進んでいなかった。

　紡績業の電動化率はごくわずかであり、「他より電力供給を受ける」の該当工場はなく、76.7％が蒸気機関、19.6％がタービン式水車であった[19]。

　伸銅業は、『工場統計表』においては中分類の金属品製造業、細分類の「鉄・鋼・銅・真鍮の条竿、線、板、筒、管その他の金属材料品」に含まれており、機械・器具のうち、生産金額や職工数で大きな割合を占めている。金属品製造業の電動化率は55％で、日本型水車が43.8％であった。

　細分類「鉄・鋼・銅・真鍮」などの金属材料品業で見ると、工場の動力化率は95.8％であり、かなり高い。また、電動化率は45.3％（ほとんどが「他より電力供給を受ける」）、日本型水車が54.7％であり、電動機と日本型水車とが併存していた。

---

(14)　奥村電機商会は、蹴上発電所の稼働開始後に故障した発電機を修理した（日比編［1956］、4～5ページ、609ページを参照）。

(15)　『明治44年 電気事業要覧』によれば、奥村電機商会は、石川県の 金沢電気瓦斯 直海谷発電所（45kW）の低型タービン水車（78馬力）、三相交流発電機（45kW）や鹿児島県の大島電機伊津部発電所（ガス）の発電機（60kW）を手がけている。また、このような製品・生産の拡大に伴い、奥村は1912年に合資会社に、1918年には株式会社に改組している。日本工学会［1928］406ページ、410ページ、桑島編［1938］519ページ、日比編［1956］4～5ページ、609ページを参照。

(16)　『日本工業要鑑 第4版 明治42年』［1909］によれば、奥村電機商会製の三相交流式発電機は、松田直七（鞘町五条下る）、阪根彌兵衛（宮川町松原通下る）、阪本菊次郎（川端通正面下る）などの伸銅工場へも導入された。

(17)　才賀電機商会については、吉田［1982］231ページを参照。

(18)　工場の動力化率や電動化率に基づく日本の工業化と動力革命の分析については、南［1976］を参照。

(19)　『明治42年 工場統計表』を細分類まで確認すると、タービン水車を使用していたのは綿糸紡績工場である。『明治42年 電気事業要覧』（1910年）によれば、大阪紡績伏見工場（紀伊郡伏見町）は1908年から鴨川運河の水力を利用しタービン水車で自家発電を行い、電灯に使用した（66ページ、126ページを参照）。

表9－2　京都府の染織・機械器具工場の原動機使用状況（1909年、大分類・中分類）

| 業種 | 生産金額（千円） | 職工数（名） | 職工1名あたり生産金額（円） | 計 | 工場数 | |
| --- | --- | --- | --- | --- | --- | --- |
| | | | | | 原動機を使用する工場数 | 原動機の使用率（％） |
| 染織工場 | 22,480 | 24,370 | 922 | 1,630 | 160 | 9.8 |
| 製糸業 | 2,147 | 3,594 | 597 | 114 | 54 | 47.4 |
| 紡績業 | 5,520 | 2,806 | 1,967 | 4 | 4 | 100.0 |
| 撚糸業 | 31 | 2,270 | 14 | 83 | 22 | 26.5 |
| 真綿製造業 | 4 | 7 | 586 | 1 | | |
| 製綿業 | 114 | 140 | 816 | 12 | 8 | 66.7 |
| 織物業 | 13,543 | 12,457 | 1,087 | 1,068 | 33 | 3.1 |
| 染色整理 | 1,105 | 2,757 | 401 | 312 | 31 | 9.9 |
| 組物織物業 | 203 | 238 | 851 | 26 | 8 | 30.8 |
| 刺繍業 | 15 | 101 | 148 | 10 | | |
| 機械・器具工場 | 1,303 | 1,027 | 1,268 | 107 | 49 | 45.8 |
| 機械製造業 | 109 | 159 | 685 | 18 | 14 | 77.8 |
| 船舶車両製造業 | 12 | 51 | 227 | 10 | | |
| 器具製造業 | 273 | 390 | 699 | 30 | 4 | 13.3 |
| 金属品製造業 | 867 | 427 | 2,030 | 49 | 31 | 63.3 |

出典：農商務省『明治42年 工場統計表』（1911年）より作成。

## ❷ 明治末期の伸銅工場の立地や動力の変化

　本節では、明治末期京都の伸銅工場の立地や動力の変化について考察する。**表9－3**は、農商務省『工場通覧』を用いて1909年時点の京都府の伸銅工場の立地・動力の動向を地域別に示したものである。以下、白川・高野川流域、岡崎、伏見の順に考察しよう。

### （1）白川・高野川流域に立地した水車伸銅工場

　1883年の「水車取調表」によれば、愛宕郡白川村には精米用水車が多数設置されていた。これらのうちいくつかが、次第に伸銅や製粉などを営むようになったと考えられる[20]。

| 計 | (1)蒸気機関 | (2)石油機関 | (3)水車 | | | | (4)電動機 | | |
|---|---|---|---|---|---|---|---|---|---|
| | | | (計) | タービン式 | ベルトン式 | 日本形 | (計) | 自家発電 | 他より電力供給 |
| 6,395 | 4,063 | 75 | 425 | 352 | 27 | 46 | 1,832 | 1,062 | 770 |
| 956 | 955 | | 1 | | | 1 | | | |
| 1,790 | 1,375 | | 350 | 350 | | | 65 | 65 | |
| 878 | 247 | 14 | 14 | | | 14 | 603 | 36 | 567 |
| 503 | 4 | 3 | 42 | | 25 | 17 | 454 | 448 | 6 |
| 2,526 | 1,814 | 34 | 6 | 2 | | 4 | 672 | 497 | 175 |
| 301 | 268 | | 10 | | | 10 | 23 | 16 | 7 |
| 17 | | | 2 | | 2 | | | | 15 |
| 353 | 5 | 19 | 163 | | | 163 | 166 | 2 | 164 |
| 45 | | 16 | 3 | | | 3 | | | 26 |
| 13 | | | | | | | | | 13 |
| 290 | | 3 | 160 | | | 160 | | 2 | 125 |

注：職工5名以上の民営工場で、電力・金属精錬業は除く。原動機のうちガス機関については、該当工場がないので省略した。

　表9-3を見ると、白川流域には日本型水車を用いる伸銅工場が多数立地している。工場の創業年を見ると、多くは明治20〜30年代の創業と記載されており、この時期の銅線需要の拡大を受けて、業種転換をした工場も多いと推測される。白川の伸銅工場では、日本型水車を動力としてダイスを用いた伸線作業が行われていたようだ[21]。

　また、高野川流域では、津田針金工場が電灯線用の銅線を製造している。津田針金工場は、1854（安政元）年、問屋町五条下ルの初代・津田幸兵衛が愛宕

(20)　末尾［1980］156〜158ページを参照。
(21)　京都市立北白川小学校［1959］の235ページには、当時の北白川小学校の生徒たちが明治期の白川地区の水車伸銅工場の立地や作業工程を地域の老人から詳細に聞き取った記録が掲載されており、産業史研究の観点から見ても貴重な史料である。北白川小学校創立百周年記念委員会［1974］88ページも参照。水車やダイスを用いた伸線については、出水［1988］206ページを参照。

表9－3　京都府の伸銅工場の立地と動力（1909年）

| 地域 | 工場名 | 所在地 | 工場主 | 製品種類 | 創業年 | 職工数 | 原動機 | | |
|---|---|---|---|---|---|---|---|---|---|
| | | | | | | | 種類 | 機関数 | 馬力 |
| 白川・高野・鞍馬 | 伊東針金製造工場 | 愛宕郡白川村 | 伊東新次郎 | 銅線 | 1868 | 8 | 日 | 1 | 6 |
| | 松浦黄銅線工場 | 愛宕郡白川村 | 松浦伊三郎 | 銅線 | 1889 | 7 | 日 | 1 | 7 |
| | 三木銅線工場 | 愛宕郡白川村 | 三木伊三郎 | 銅線 | 1897 | 5 | 日 | 1 | 7 |
| | 磯谷針金製造場 | 愛宕郡白川村 | 磯谷嘉右衛門 | 銅真鍮線 | 1901 | 6 | 日 | 1 | 5 |
| | 佐敷針金製造工場 | 愛宕郡白川村 | 佐敷萬次郎 | 銅線 | 1901 | 5 | 日 | 1 | 6.5 |
| | 谷川銅線工場 | 愛宕郡白川村 | 谷川三次郎 | 銅線 | 1906 | 5 | 日 | 1 | 5 |
| | 上條針金製造場 | 愛宕郡白川村 | 上條久吉 | 銅線 | 1908 | 5 | 日 | 1 | 6.5 |
| | 津田針金水車工場* | 愛宕郡修学院村高野 | 津田幸兵衛 | 銅電燈線 | 1873 | 18 | 日 | 2 | 15 |
| | 岡田伸銅所分工場 | 愛宕郡鞍馬村二ノ瀬 | 岡田庄太郎 | 黄銅伸板 | 1896 | 7 | 日 | 1 | 7 |
| | 松宮伸金工場 | 愛宕郡上賀茂村 | 松宮孫治郎 | 真鍮板金 | 1905 | 5 | 日 | 1 | |
| 岡崎 | 俵黄銅伸板製造所** | 上京区岡崎町四天王 | 俵　政太郎 | 真鍮・板金 | 1892 | 20 | 他 | 3 | 15 |
| | 京都製銅㈱ | 上京区岡崎町宮徳成 | 山中與七郎 | 真鍮伸金、黄銅伸金 | 1896 | 41 | 他 | 2 | 50 |
| | 岡田伸銅所 | 上京区聖護院町 | 岡田庄太郎 | 黄銅伸板 | 1903 | 40 | 他 | 1 | 45 |
| | 三谷伸銅場 | 上京区聖護院町 | 三谷卯三郎 | 黄銅伸板、黄銅線 | 1906 | 33 | 日電 | 4　1 | 10　2 |
| | 杉本鉄工所 | 上京区麩屋町丸太町下ル舟屋町 | 杉本眞太郎 | 伸銅機械 | 1883 | 14 | 他 | 1 | 3 |
| 伏見 | 阪根鎔伸場 | 紀伊郡伏見町 | 白井庄三郎 | 時計原料金属 | 1889 | 15 | 日 | 1 | 12 |
| | 津田合名会社工場 | 紀伊郡伏見町堀ノ上 | 津田合名会社 | 裸銅線 | 1896 | 18 | 日 | 2 | 30 |
| | 同　第四工場 | 紀伊郡堀内村 | | 銅精煉 | 1902 | 15 | 日 | 1 | |

出典：農商務省『工場通覧』明治42年版、37年版、35年版より作成。
注1：「原動機」の欄の「日」は日本型水車、「他」は「他より電力供給を受ける」、「電」は「電動機自家発電」の略。
注2：*は明治35年版、**は明治37年版を参照。
注3：京都府内には他に宇治田原など南山城地域にも伸銅工場が多数存在していたが、割愛した。

郡修学院村の高野川左岸に水車を設置して、屋根瓦の固定などに使用される銅線（針金）を生産したことが起源と伝えられている。明治に入って津田は、日本型水車の動力を用いて高野工場で各種電線の製造を始める（産業新聞社編［2008］70～71ページ）。

## （2）岡崎に立地し電力や水力を利用した伸銅工場

　水車利用のため鴨川上流域に立地していた伸銅業が市中の岡崎に立地する契機となったのは、琵琶湖疏水の開通と蹴上発電所の開業である。三谷伸銅は、三谷卯三郎が明治初期に家業を継ぎ、松原通柳馬場東で地金や器物の問屋業を営みながら八瀬、鞍馬、白川において水車伸銅工場を兼営してきた。1892年には岡崎の聖護院蓮華蔵町に伸銅工場を設立し、1905年には同地で琵琶湖疏水の水力使用権を取得し、水車動力の利用（精米と伸銅）を開始した（小野［2015］82〜84ページ）。

　第1節で述べたように、岡崎四天王町の俵黄銅伸板製造所、岡崎徳成町の京都製銅、聖護院蓮華蔵町の岡田伸銅所は、蹴上発電所の電力を使用して圧延ロールなどの機械を運転し、真鍮板や銅板を製造した。これらの工場が製造する真鍮板や銅板は、日清・日露戦争の時代に入ると銃弾の薬莢などに使用され、需要が急激に増大していく（産業新聞社編［2008］208〜211ページ、266ページ）。

　杉本鉄工所は前節の**表9−1**に登場する杉本傳治郎が経営する伸銅機械製造工場であり、電動機を利用して伸銅機械を製造した。傳治郎の後を継いだ杉本眞太郎は、1907年に上京区麩屋町丸太町下ル舟屋町から伸銅会社が多く立地する疏水沿いの岡崎西天王町に移転し、新工場を建設した[22]。

　以上のように、岡崎町の疏水脇の通りは、近代的な伸銅工場が集積する「伸銅通り」へと変容した（産業新聞社編［2008］211ページ）。

## （3）伏見に立地し、鴨川運河の水力を利用した津田針金工場

　1894年、津田は高野工場に加えて、銅線需要の拡大に対応するために伏見町堀ノ上に銅線製造工場を設立する。この工場の原動力は鴨川運河を引水した日本型水車であり、水力使用量は、京都市水利事務所「水力使用明細表」によれば、1895年に9.4個（個は1秒間1立方尺の流量）、翌年には31個に増えている[23]。

---

[22]　杉本鉄工所の所在地や生産設備については、『日本工業要鑑 第4版 明治42年』［1909］の483ページを参照。杉本鉄工所は、今日、金属熱処理業を営む株式会社KOYO熱錬（京都市南区吉祥院）の源流をなす。KOYO熱錬については第11章で詳しく述べる。

226

津田針金工場は1906年に合名会社に改組され、その生産能力も増強されるが、**表9-3**に示されるように、伏見堀内村の工場で精錬された銅は、隣接する堀ノ上の工場で裸銅線に伸線されたあと、高野工場で被覆加工され電燈線に仕上げられていたと推測される。

以上見てきたように、京都の伸銅業の立地と動力は大きく三つに類型化することができる。第一は、白川や高野川流域に立地し、河川の落差を利用して日本型水車を駆動し伸線する小規模な工場群である。第二は、岡崎に立地する比較的生産規模の大きな工場群であり、蹴上発電所の電力を機械の動力として利用し銅板・真鍮板を製造した。第三は、伏見に立地する銅線・電線工場であり、鴨川運河を引水して日本型水車を駆動し、伸線した工場群である。

また、津田針金工場や岡崎伸銅所のように、一方で、琵琶湖疏水や蹴上発電所に近接する岡崎町や、鴨川運河沿いの伏見町周辺に立地して、生産規模の拡大を図りつつ、他方で、白川・高野川流域の水車伸銅工場を兼営する事例も見られた。

## ❸ 津田合名会社の革新と産業連関

本節では、津田針金工場の事例を取り上げ、電信・電話、電力・電灯、電気鉄道など「電化」の黎明時代が到来すると、針金から銅線、被覆電線へと製品を革新し新たな販路を開拓したこと、また需要拡大に対応して工場の動力や機械を転換し生産能力を増強させたことを明らかにする。

### （1）工部省・逓信省への銅線の納入

1880年代に入って電信・電話が実用化されるようになり、銅線の国産化が課題となると、津田は他に先駆けて電気用銅線の製造に着手し、工部省に納入した。津田電線株式会社『電線要覧／営業案内』（1936年）には、「明治十四（1881）年本邦電信電話施設の企画あるを聞くや当時我国の銅線業未だ幼稚にして電気用銅線製造者無かりし先達之が製作の先鞭をつけ当時工務省［ママ］の御用を一手に引き受けたり」と記されている[24]。1889年には、津田は、硬銅線と珪銅

線を試作して逓信省工務局から「電
線用に適す」との試験成績表を得て
おり、また、日清戦争後の戦後経営
の一環で電話拡張計画が事業化され
ると1897年に逓信省向けに硬銅線を
製造・納入している。

　津田がこのような先駆的な成果を
挙げることができた要因には、良質
な銅の調達が可能であったことや、
銅を精錬・溶解する設備を導入して

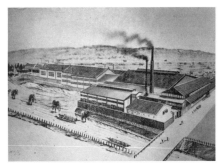

**津田合名会社の伏見工場**　（出典：津田電
線株式会社［1936］の口絵より転載。）

いたことなどが挙げられる[25]。津田は、明治後期に至るまで、原材料の「絞銅」
（南蛮吹で合銅から鉛を分離した残りの銅）の多くを福井県大野郡の面谷銅山
から調達していた[26]。

　大野で製錬された銅を用いて伸線した硬銅線は電導率が良好だと評価されて
いた。津田は、1890年に東京で開催された第3回内国勧業博覧会に純銅や黄銅
などを出品し、硬銅線に対して褒状を授与されている。また、1895年に京都で

---

(23)　京都市電気局［1940］802〜803ページを参照。鴨川運河の開削に際して津田は、伏見ま
　　での延長を強力に主張し、伏見船溜近傍に水路用の敷地数千坪を買収し、京都市に寄付
　　したという（京都市水道局［1990］347ページ）。

(24)　津田電線株式会社［1936］口絵、1ページを参照。日本工学会［1928］416ページ、日
　　本電線工業会［1959］20ページ、46ページにも同様の記述がある。

(25)　産業新聞社編［2008］108ページは、1879年、80年の在庫高を記した津田電線所蔵史料『現
　　品取調帳』の中に「漉銅」（山元で産出される鉛を含む粗銅、荒銅）や「鈴短」（亜鉛）、「折
　　錫」などの記載があることから、伏見工場の操業以前、高野工場の単独操業の時代に、
　　津田が南蛮吹で抜銀する精錬設備や、銅と亜鉛を溶解する真鍮吹の設備を保有し、溶
　　解・精錬作業を行っていたと推定している。

(26)　産業新聞社編［2008］106〜118ページを参照。福井県大野郡の面谷銅山は、1889年に三
　　菱合資会社が譲り受け、1896年から経営近代化が図られた。当時、面谷銅山では、含銀
　　銅の産額のうち約3分の1は、近隣の大野製錬所で南蛮絞り（荒銅に含まれる銀を抜く
　　方法）に附し、製錬された絞り銅は、線条の原材料として京都の津田商店へ売却された。
　　産額の3分の2は三菱大阪製煉所で電気分銅され、同所によって販売された（和泉村
　　［1977］460ページ）。津田が、良質の絞り銅の大量調達を可能にする何らかの優位性を
　　もっていたと推測することができる。

開催された第４回内国勧業博覧会には、銅丸棒、真鍮丸棒のほか、電気用銅線を出品している。この電気用銅線について、審査報告書には「一筋にして能く数百尺の長きに達し電導力高く耐張力強く構造また善良なるものと認む」と記されており、品質が高く評価されていたことが分かる[27]。

## （２）被覆電線の開発

1886年の東京電燈を皮切りに、神戸電燈、大阪電燈、そして京都電燈が電灯・電力の供給事業を開始すると、配電線・屋内線に用いられる木綿被覆電線（当時「東京線」と呼ばれた）の需要が飛躍的に高まった[28]。東京の藤倉善八（後の藤倉電線）、横浜の山田与七（後の横浜電線）、そして京都の津田幸次郎ら、被覆銅線の開発・製造に着手する企業家たちが登場した[29]。

津田がこの木綿被覆電線の製造を始める契機としては、京都帝国大学電気工学科教授の小木虎次郎（1866～1940）の勧めがあったという。小木は、1889年に東京帝国大学電気工学科を卒業後、京都電燈の初代技師長や京都水利事務所（蹴上発電所を管轄）の技師長を歴任した人物である[30]。また、1895年には京都電気鉄道が電車の運転を開始するが、津田は同社から発注されたトロリー硬銅線や送電用撚線を製造・納入している[31]。

産業新聞社編［2008］は、津田電線株式会社所蔵史料（『現品取扱帳』）を用いて、1893年から1894年の被覆電線の販売先別の売上高を詳細に分析している。それによれば、売上高の構成比は、京都電燈24.8%、京都水利事務所（蹴上発電所）22.0%、神戸電燈15.2%、岡山電燈9.4%、京都電気鉄道7.0%、愛知電燈5.6%、徳島電燈4.6%、高松電燈4.2%などである。被覆電線の多くは、1888年から1895年に開業した西日本各地の電灯会社や電鉄会社に供給された（産業新聞社編［2008］302ページ）。

電気事業取締規則が1896年に公布されると、津田は、絶縁性の高いゴム被覆線の開発に取り組み、アメリカからゴム線製造機械（チュービング機、押出機）を輸入し、試作を開始した（桑島編［1938］524ページ、日本電線工業会［1959］46～47ページ）。さらに、この機械を模造して自作している。1898年には、逓信省電気試験所にゴム線の試験を依頼し、1902年頃にはゴム線の市場供給が可能

になった。

　**表9-4**は、産業新聞社編［2008］が津田電線所蔵史料（『仕訳日記帳』）を用いて1907年１月から５月の電線の売上高を分析したものである。

　まず品目別に見ると、ゴム線23.8％、硬銅線23.4％、東京線（木綿被覆線）20.5％、銅生し線7.0％などとなっており、上位３品目で売上の約７割を占めている。また、この３品目の主な販売先の上位３社の割合を見ると、ゴム線においては、才賀電機商会（大阪）51.6％、日本商会（大阪）19.9％、松本重助商会（大阪）9.8％であり、硬銅線では、神奈川電機商会（大阪）41.3％、逓信省35.5％、岡沢商会16.5％、東京線では、京都電燈35.4％、神戸電燈15.1％、才賀電機商会11.8％であった。津田合名会社は、京都電燈など電灯会社向けに加えて、次第に才賀電機商会など電気機械製造業向けにゴム線などを供給するようになった。

　なお、1907年時点の銅原料の調達先を見ると、面谷鉱山の名前は消え、代わって藤田組の小阪鉱山（秋田県）で産出・製錬された電気分銅が登場している。この頃になると、三菱大阪製煉所、大阪電気分銅、古河鉱業本所鎔銅所などで

---

⑵　「第３回内国勧業博覧会出品目録（事務局）第六部」1891年、同「褒賞授与人名録 第五部」1890年、「第４回内国勧業博覧会審査報告」第六部16ページ、第七部54ページ、1896年を参照。
⑵　「東京線」と呼ばれた木綿被覆銅線は、東京電燈の注文により、三吉電機工場が製造したのが最初であるとされている（桑島編［1938］524ページ）。
⑵　山田与七は1884年に横浜で山田電線製造所を設立し、木綿被覆銅線を製造した。藤倉善八は1885年に東京で絹綿巻電線の製造を始め、田中商会（後の芝浦製作所）や明工舎（後の沖電気）などに供給した。日本工学会［1928］41ページ、桑島編［1938］524ページ、藤倉電線社史編纂委員会［1973］126ページを参照。津田や山田、藤倉らが活躍しえた背景の一つには、この時期にはまだ住友や古河など財閥系の産銅会社が銅線製造事業に本格的には参入していなかったことも重要である。ただし、山田電線や藤倉電線などは、古河の本所鎔銅所から銅線の供給を受けていた（産業新聞社編［2008］300ページ）。住友伸銅場は、1900年に電信・電話用珪銅線を逓信省に納入し、1908年に被覆線・ケーブルの製造を本格的に開始した（住友金属工業株式会社社史編纂委員会［1957］11～16ページ）。古河鉱業は、1908年に横浜電線の経営権を取得した（古河電気工業株式会社・日本経営史研究所編［1991］81～82ページ）。
⑶　小木の経歴については、山田［1898］553～554ページ、京都電燈株式会社［1939］25～27ページを、小木と津田との関係については、日本電線工業会［1959］22ページを参照。
⑶　津田電線株式会社［1936］口絵、日本電線工業会［1959］37ページを参照。

表9－4　津田合名会社の品目別の売上高と主な販売先（1907年1月～5月）

| 品目 | 売上高 | | 販売先の上位3社の割合（%） | | | | | |
|---|---|---|---|---|---|---|---|---|
| | （円） | 構成比（%） | | | | | | |
| ゴム線 | 37,700 | 23.8 | 才賀商会 | 51.6 | 日本商会 | 19.9 | 松本重助 | 9.8 |
| 硬銅線 | 37,073 | 23.4 | 神奈川電機商会 | 41.3 | 通信省 | 35.5 | 岡沢商会 | 16.5 |
| 東京線 | 32,415 | 20.5 | 京都電燈 | 35.4 | 神戸電燈 | 15.1 | 才賀商会 | 11.8 |
| 銅生し線 | 11,015 | 7.0 | 才賀商会 | 45.3 | 大阪電燈 | 40.6 | 京都電気鉄道 | 3.9 |
| ガス巻き線 | 10,055 | 6.4 | 京都電燈製機課 | 51.7 | 才賀商会 | 20.3 | 益田繁見 | 9.1 |
| シンプレックス式線 | 8,235 | 5.2 | 神戸電燈 | 100.0 | | | | |
| ツロリー線 | 3,867 | 2.4 | 土佐電気鉄道 | 99.4 | 京都電燈 | 0.6 | | |
| 常針 | 3,256 | 2.1 | 伊東仁三郎 | 43.4 | 岡谷惣助 | 30.6 | 梅原喜三郎 | 11.9 |
| 改造線 | 2,137 | 1.4 | 伊東仁三郎 | 43.4 | 岡谷惣助 | 30.6 | 梅原喜三郎 | 11.9 |
| 亜鉛引線 | 1,555 | 1.0 | 土佐電気鉄道 | 70.4 | 神奈川電機商会 | 26.3 | | |
| 鉄バインド線 | 1,163 | 0.7 | 京都電燈 | 34.4 | 才賀商会 | 18.7 | 京都電気鉄道 | 13.4 |
| その他 | 9,661 | 6.1 | | | | | | |
| 計 | 158,130 | 100.0 | | | | | | |

出典：産業新聞社編 [2008] 306～307ページを一部修正して転載。

生産された電気銅の使用が普及・定着し、津田においても電気銅の使用が進んだようである[32]。

## （3）津田合名会社の工場動力

　表9－5は、『日本工業要鑑 第5版 明治44年』に基づいて、合名会社に改組後の1911年時点の津田の動力・機械設備を工場別に示したものである。まず、銅線を製造する伏見堀ノ上の第1工場において鴨川運河の水力を利用してタービン水車を回し、得られた電力でGE社製の電動機を動かし抽線機の動力とした。さらに、伏見堀内村の第3工場では、奥村電機商会製の電動機を原動機として用い、撚糸機などを動かしていた。

　電線の被覆加工仕上げを行う高野の第2工場においては、高野川に設置していた従来の日本型水車2基に加えて、蒸気機関を原動機として用いるようになった。日本型水車でロール圧延機を動かし、他方で、大阪鉄工所製の汽機と大井鉄工所製の汽罐とを動力としてブレード機（編組機）200台を駆動するようになった。使用人の数も102名であり、第3節の表9－3で見た1909年時点の職工数18名と比べて大幅に増えている。高野工場の生産能力が質的にも量的にも増強されたことを物語っている[33]。

　津田は、銅線需要の増大と立地条件の変化とに適応し、日本型水車・タービン型水車・蒸気機関・電動機といった多様な工場動力を併存・併用させながら生産能力を増強した。このような立地・動力・機械設備の組み合わせは、「電化」の黎明時代において、地域のソシオ・エコロジカルな環境条件の様々な変化に主体的に適応しようとする企業家の行動の結果である。また、そのような適応を可能にした要因の一つは、電力業をはじめ電機製造業や汽機・汽罐製造業、機械製造業など、地域内外の他産業の発展や革新だと言えよう。

---

(32)　産業新聞社編［2008］308～309ページを参照。

(33)　『日本工業要鑑 第4版 明治42年』［1909］には、高野工場の動力・機械設備が記載されており、原動機は、汽罐2台（コルニッシュ型・汽圧50馬力計40、前田秋三郎製、三重鉄工所製）、汽機（横置単筒式、馬力3）1台、機械は、水車式護謨被覆機4台、撚線機1台、ロール3台、巻取機2台、乾燥機2台であった。423ページを参照。この水車式護謨被覆機は、津田が日本型水車用に改良を加えたものかもしれない。

表9−5　津田合名会社の工場別の動力・機械（1911年）

津田合名会社　（京都市問屋町五条南）　各種電線製造販売
創業　明治39年8月　資本金10万円　積立金1万円　代表社員　津田幸二郎

| ■第1工場　（伏見町字堀ノ上1）　銅線製造　使用人22名　前年度の産額1,15万斤 | |
|---|---|
| 原動機 | 水車　ホリゾンタル・タービン1台　馬力40<br>電動機　交流三相式1台　馬力35　抽線機運転用　GE製 |
| 機械・設備 | 抽線機6台　反射炉2基　川崎鉄工所その他建築所製 |
| ■第2工場　（愛宕郡修学院村字高野）　被覆加工仕上　使用人102名　前年度の産額142万斤 | |
| 原動機 | 汽罐　コルニッシュ型　汽圧127　2台　馬力計40　大井鉄工所製<br>汽機　1台　馬力20　ブレード機械用　大阪鉄工所製<br>水車　日本型　落差32尺・30尺　2台　馬力計30　ロール運転用 |
| 機械・設備 | ミキシヤ・ロール2台　ウオッシャ・ロール2台　コンパウンド・ロール1台<br>ブレード機（編組機）200台　撚線機2台　自家製 |
| ■第3工場（紀伊郡堀内村字最上）　電線被覆加工　使用人25名　前年度の産額98万斤 | |
| 原動機 | 電動機　交流三相式2台　馬力計20　京都奥村電機商会製 |
| 機械・設備 | 撚糸機57台　一本繰横巻機3台　瓦斯巻機3台　糸巻機14台<br>糸繰ゼンマイ5台　巻取器2台　ダライ盤1台 |

出典：『日本工業要鑑　第5版　明治44年』[1911]634ページより作成。
注：蒸気機関は編組機用、ロール機は日本型水車を動力とした。

# おわりに

　本章は、「電化」の黎明時代の京都の伸銅業の発展を、動力・立地・産業連関の三つの側面から跡づけてきたが、前節までの分析を以下のように整理することができよう。

　第一に、動力と立地面については、京都の伸銅業は、琵琶湖疏水を用いた水力発電や、鴨川運河の水力を工場動力として積極的に活用し発展を遂げた。白川や高野川流域に立地し河川の生態系サービスを利用していた水車伸銅工場は、疏水・運河の開通や水力発電所の開業を契機に、岡崎や伏見にも立地するようになった。

　岡田製銅所、俵黄銅、三谷伸銅は、電力を利用して圧延ロール機を稼働させた。津田は、高野川流域に加えて鴨川運河沿いの伏見にも工場を立地し、運河の水力で日本型水車を回して機械の動力としただけではなく、銅線・電線需要

の増大に対して、動力を日本型水車からタービン水車へ転換したり、蒸気機関を併用したりするなど、積極的に対応した。

　第二に、産業連関の側面については、疏水・運河や水力発電所など社会的共通資本の設置は、当時勃興しつつあった電灯業や電気鉄道業、電機製造業、機械製造業など多様な産業の発展を誘発する契機となり、そのことがまた、伸銅業の製品やその販路面に変容をもたらした。銅・真鍮製の針金を製造していた津田は、「電化」の黎明時代の到来とともに裸銅線や被覆電線など新しい製品を開発・製造し、電灯会社、電気鉄道会社、電機製造会社などに製品を供給するようになったのである。

　このような動力面および製品販路面の産業連関は、発展途上国の経済発展の要因を研究したハーシュマン（A. O. Hirshman）が「前方連関効果」および「後方連関効果」と名づけた「誘発機構」である。前者は、ある産業がその産出物をほかの新しい産業の投入物として使用されるよう努力を誘発する効果であり、後者は、ある産業が自己の生産活動に必要な投入物を国内調達しようとする努力を誘発する効果である。

　当初は欧米から輸入された資本財や中間財が使用されるが、やがてそれらを国内製品に代替しようとする努力を様々な企業家に促す。また、運河や発電所などの社会的共通資本への投資によって、前方・後方連関効果の継起的発生が促進されると考えることもできよう。

　ハーシュマンが強調したように、このような前方・後方連関の誘発機構において中心的役割を担う主体は多様な産業の企業家たちであるが、その基底に存在するのは、産業間・工程間の「技術的補完性」（ハーシュマン）と、それに起因する様々な「技術的不均衡」（ローゼンバーグ、N. Rosenberg）である[34]。

　例えば、発電所から供給される電力を工場動力として利用するためには、送電・配電用の電線の架設や電動機の設置が必要となり、また電動機の使用は作業機との間で様々な技術的不均衡を引き起こす。このような技術的不均衡は、

---

[34]　技術的不均衡については、Rosenberg［1976］ch.6を参照。また、Hirschman［1958］42ページ、69ページは、技術的補完性が企業家の投資決定・実行能力に与える圧力や誘因を考察している。

234

その克服に向けた決意や努力を企業家に促す「圧力」として作用する。

　企業家たちは、電気工学の専門家との人的ネットワークを駆使して新たな知識を吸収したり、欧米の機械を輸入し改良を加えたりしながら様々な努力を積み重ねていく。

　明治期京都の産業発展については、従来、染織、陶器、酒造などのいわゆる伝統産業を対象に個別企業・産業レベルで議論されることが多かったが、京都の伸銅業の企業家の分析は、「電化」の黎明時代の産業連関の解明に大きく寄与する[35]。また、地域のソシオ・エコロジカルな環境条件との相互作用のなかで長期的に育まれ蓄積される企業家能力の解明に対しても、貴重な手がかりを与えてくれると言えるだろう。

### 参考文献一覧

・伊達浩憲［2022］「明治期京都の伸銅業の発展と産業連関——「電化」の時代の工場立地と動力を中心に」龍谷大学社会科学研究所『社会科学年報』52号、103〜114。
・出水力［1988］『水車の技術史』思文閣出版。
・藤倉電線社史編纂委員会［1973］『藤倉電線社史』藤倉電線株式会社。
・古河電気工業株式会社・日本経営史研究所編［1991］『創業100年史』古河電気工業株式会社。
・日比種吉編［1956］『日本電機工業史』日本電機工業会。
・Hirschman, A.O.［1958］*The Strategy of Economic Development*, New Haven: Yale University Press.（小島清監修、麻田四郎訳『経済発展の戦略』厳松堂出版、1961年）。
・本間尚雄［1978］「琵琶湖疏水ならびに蹴上発電所の技術について」電力中央研究所報告。
・今井典子［2015］『近世日本の銅と大坂銅商人』思文閣出版。
・和泉村［1977］『和泉村史』（小葉田淳監修）、和泉村役場。
・絹川太一［1938］『本邦綿糸紡績史 第3巻』日本綿業倶楽部。
・絹川太一［1942］『本邦綿糸紡績史 第6巻』日本綿業倶楽部。
・北白川小学校創立百周年記念委員会［1974］『北白川百年の変遷』地人書房。
・栗原東洋編［1964］『現代日本産業発達史Ⅲ 電力』公詢社。
・桑島正夫編［1938］『電気学会五十年史』電気学会。
・京都電燈株式会社編［1939］『京都電燈株式会社五十年史』。

[35]　三菱合資会社大阪製錬所や住友伸銅場など臨海工業都市・大阪の量産型伸銅業の産業連関との比較は、今後の重要な課題である。戦前期大阪の伸銅業については産業新聞社編［2008］を、大阪の産業集積とその多様性については沢井［2013］を参照。

・京都織物株式会社編［1937］『京都織物株式会社五十年史』京都織物株式会社。
・京都市水道局［1990］『琵琶湖疏水の100年 叙述編』。
・京都市電気局［1940］『琵琶湖疏水及水力使用事業』。
・京都市立北白川小学校［1959］『北白川こども風土記』山口書店。
・南亮進［1976］『動力革命と技術進歩—戦前期製造業の分析』東洋経済新報社。
・日本電気事業史編纂会［1941］『日本電気事業史』。
・日本電線工業会［1959］『電線史』。
・日本伸銅協会［1967］『伸銅工業史』。
・日本工学会［1928］『明治工業史 電気編』日本工学会。
・小野芳朗［2015］『水系都市京都——水インフラと都市拡張』思文閣出版。
・Rosenberg, N.［1976］*Perspectives on Technology*, New York: Cambridge University Press.
・産業新聞社編［2008］『近代日本の伸銅業—水車から生まれた金属加工』産業新聞社。
・沢井実［1990］「機械工業」、西川俊作・阿部武司編『日本経済史 4 産業化の時代 上』岩波書店に所収。
・沢井実［2013］『近代大阪の産業発展—集積と多様性が育んだもの』有斐閣。
・末尾至行［1980］『水力開発＝利用の歴史地理』大明堂。
・末尾至行［2003］『日本の水車——その栄花盛衰の記』関西大学出版部。
・住友金属工業株式会社社史編纂委員会［1957］『住友金属工業六十年小史』住友金属工業株式会社。
・東京電燈株式会社編［1936］『東京電燈株式会社開業五十年史』東京電燈株式会社。
・東京芝浦電気株式会社編［1940］『芝浦製作所六十五年史』東京芝浦電気株式会社。
・津田電線株式会社［1936］『電線要覧 / 営業案内（昭和11年版）』。
・山田忠三［1898］「京都疏水々々力事業ノ現況及将来」『工学会誌』第201号、550〜558ページ、202号、623〜639ページ。
・吉田正樹［1982］「電燈産業発展における中間商人の役割——才賀電機商会及び川北電気企業社による電燈企業経営、1900-1930」『三田商学研究』25(5)、812〜834ページ。
・吉田光邦［1961］『日本技術史研究』学芸出版社。
・吉田光邦［1978］「近代技術と琵琶湖疏水」、琵琶湖疏水図誌刊行会編『琵琶湖疎水図誌』東洋文化社に所収。

# 第10章

# ニューセラミックスメーカー、西村陶業(株)

## 精密材料開発に向けたあくなき挑戦

## はじめに

　京都は焼き物の産地として8世紀中頃からの歴史を有し、17世紀に入ると野々村仁清（生没年不詳）や尾形乾山（1663〜1743）などの名工が活躍する。明治期には産業の近代化が進み、日本初の事業用水力発電所が建設され、路面電車の開通などによって電力需要が増加した。それに伴い、陶磁器の技術を生かして電力用碍子などの工業用陶磁器（電磁器）の製造が始まる。

　第2次世界大戦後、家電製品の普及で工業用陶磁器の需要も増加するが、家電の海外生産が進むと、工業用陶磁器を製造する事業者は減少した。

　こうしたなか、西村陶業株式会社は創業100年を超え、現在も工業用陶磁器分野で独自の技術をもち、活発な事業活動を展開している。

　正社員50名の中小企業であるが、高い技術力を生かした新分野への挑戦が高く評価されていることは、京都市から「オスカー認定」を受け、日刊工業新聞社の「関西で長く愛されている優良企業180選」に取り上げられていることからも明らかである。会社のホームページを見た大学や研究機関からの照会も多く、日本のほぼ全ての国立大学から試作依頼があり、近年では、海外の大学や研究機関からの相談も絶えない。なぜ、西村陶業は100年以上にわたり事業を継続し、高い技術力を維持することができたのか。本章では、西村陶業の歩みを振り返り、今後の展望を探る。

# ❶ 工業用陶磁器の歴史

　京都の工業用陶磁器のルーツは焼き物にある。清水焼の関連産業として、1887（明治20）年前後に京都陶器会社が碍子（絶縁器具）の製造を始め、明治末には水力発電による電気事業の活発化に伴い、低圧碍子、ローゼット（内線器具）が生産されるようになる。1906（明治39）年には松風陶器合資会社（後の松風工業株式会社）が設立され、普通高圧碍子、特別高圧碍子の製造を手掛ける。こうした動きに刺激され、一般陶磁器製造から工業用陶磁器製造へ転業あるいは兼業する事業者が増えてくる。

　彼らはどこに立地していたのだろうか。もともと京都の陶磁器事業者は東山区の粟田地区、五条清水地区に集積していたが、住宅が増えるなど事業所を取り巻く環境の変化や土地の狭隘さから、大正初めには日吉地区、泉涌寺地区に広がり、工業用陶磁器の製造もこの地域で盛んになった。

　昭和に入り、京都の陶磁器業界は売上減、価格の低下などにより厳しい局面を迎える。日本が戦争に突入するなかで工業用陶磁器は軍需用としても使われ、急激な生産の減少は免れるが、戦時統制下で企業の統廃合が進められた。

　戦後は、電力需要の増大、配電、発電工事などの伸長に伴って活況を呈し、高度経済成長期に入ると家電製品の普及に伴って家電用部品としての需要が増えていくが、1990年代以降は、大手家電メーカーによる生産現場の海外移転や受注競争の激化などもあって事業者は減少していく。

　なお、戦後、弱電や通信機器部品などに利用されるニューセラミックス分野の市場が開拓され、京都では村田製作所（1944年創業）や京セラ（1959年創業）が急速に発展を遂げていく。

陶器店が並ぶ五条坂

## ❷ 工業用陶磁器の現状

### （1）市場規模

　工業用陶磁器のうちファインセラミックス[1]とは、「高度に精選または合成された原材料粉末を用いて、精密に調整された化学組成を十分に制御された製造プロセスによってつくられた高度なセラミックス」[2]で、市場規模は新型コロナウイルス感染症の影響を受けた2020年で２兆8,020億円を見込む（「ファインセラミックス産業動向調査2019」日本ファインセラミックス協会）。内訳では、電磁器・光学用が２兆236億円（全体の72.2％）と最も大きく、熱的・半導体関連3,350億円（12.0％）、機械的2,246億円（8.0％）と続く。なお、材料・部材として利用されるため、最終製品に直せば30兆円を超える額になる。

　京セラ、日本ガイシ、日本特殊陶業、村田製作所などの大企業から中小企業まで生産企業の規模は幅広いが、もともと陶磁器との関係が深いため、愛知県や岐阜県に所在する企業が多い。

　工業統計調査から眺めると、西村陶業は「21 窯業・土石製品製造業」のうち、主として碍子、碍管、電気用特殊陶磁器など電気用陶磁器を製造する事業所にあたる「2144 電気用陶磁器製造業」に属する。2018年の工業統計調査では、京都市内に事業所数２（従業員数４名以上）[3]、従業者数60名で、製造品出荷額等は秘匿である。

　他に工業用セラミックに該当するものとして「2145 理化学用陶磁器製造業」があるが、2018年工業統計調査の数字は、京都市内で事業所数３、従業者数30名、製造品出荷額等２億8,348万円である。

---

(1) 「ファインセラミックス」という言葉は京セラ創業者である稲盛和夫氏（2022年死去）の造語で、通常、ニューセラミックス、アドバンスドセラミックスなどと言われることが多い。本稿では「ニューセラミックス」と言う。
(2) 京セラホームページ「ファインセラミックスワールド」による。
(3) ニューセラミックスを利用した製品であっても、工業統計調査ではほかの産業細分類に含まれているものが大部分である。

　一方、全国工業統計調査によると、「2144 電気用陶磁器製造業」は、事業所数42、従業者2,086名、製造品出荷額等は120億6,962万円となっている。

## （2）京都の状況

　1979年4月、「京都工業用陶磁器業界診断報告書」が京都市中小企業指導所から発行されている。この診断報告書は京都電磁器工業協同組合[4]、電磁器紡織機部懇話会の2組合に属する企業15社とそれ以外の6社を合わせた、京都市の工業用陶磁器（電気用・理化学用・紡織機用）業界の21社が対象となっている。設立時期は明治（全体の19％）、大正（33％）、昭和19年以前（24％）、昭和20年以降（24％）である。長い歴史をもつ企業が多いことが分かる。また、資本金は100万円未満（13％）、500万円未満（31％）、1,000万円未満（25％）、1,000万円以上（31％）と小規模である。ちなみに、当時の西村陶業の資本金は1,500万円である。

　現在の状況は、京都市産業技術研究所が事務局を担う京都セラミックフォーラムの会員のうち、京都市内に所在する企業は13社[5]（この他、滋賀県、大阪府、奈良県などの企業6社が属している）である。

　このことから明らかなように、京都市内において工業用陶磁器を製造する企業は、廃業や他地域への移転などによって減少している。

## （3）西村陶業の特徴

　セラミックス製品は、様々な材料を組み合わせ、焼成することで製品を生産する。ニューセラミックスと一般的な磁器の違いは材料の純度で、ニューセラミックスは精製して不純物を取り除く。例えばアルミナの場合、純度が99.5とか99.7、99.9というレベルに達し、純度が高くなければ血球測定用の部品などとして使いものにならない。

　原料は国内のいくつかのメーカーから購入するが、それをどのように調合、焼成するかが企業の技術力、独自性になる。アルミナ、ジルコニア、イットリア、窒化アルミをはじめ、西村陶業はオリジナル配合の原料100種類以上のなかから、使用用途、条件に合わせ最適な原料を使用する。製品にする材料の開

発は社内で行う。多結晶のセラミックス（結晶粒子の大きさや隙間で強度が異なる）をどのように作るかがポイントとなる。

　西村陶業は、長年、工業用陶磁器の生産で培ったノウハウを生かし、ニューセラミックスの分野に進出し、セラミックス原材料の混錬から、成形・焼成・加工と、製品が完成するまでのトータルなセラミックスの製造を行っている。成形は、プレス成形、射出成形、押出し成形、CIP（冷間等方圧プレス）成形材料による機械加工、鋳込み成形のなかから、ニーズに合った最適な方法を選択する。

　取引先は全国に及び、製品分野も医療装置、半導体装置、光学機器、機械装置、照明器具など広範囲にわたる。近年では、強みをもつ独自製品として、高い放射電熱特性により金属を超える放熱効果をもつ熱放射セラミックスが挙げられる。

## ❸ 西村陶業の歴史（歩み）

### （1）創業者・西村政次郎（1918年社長就任）

　西村政次郎は1918（大正7）年、東山区馬町で電気関連部材である電磁器（電気用陶磁器）の製造を始め、個人企業として創業する。当時主流だった石膏型による成形に加え、金型による成形を切り開いた。その後、昭和初期に東山区妙法院前側町に自宅兼工場を入手し、製造規模を拡大する。

　1934（昭和9）年に京都陶磁器工業組合が設立され、政次郎は第3部「電気紡績器具部」（58社）の部長に就任している。1938年当時の京都は碍子の生産額が358万円（全国比21.6%）と、全国でも主要な生産地であった。

　戦時下の1942年には国の政令により営業部を残し、製造部は企業合同により

---

(4)　京都電磁器工業協同組合は京都市伏見区深草に事務所を置き、原材料の共同購入などを行っていたが、既に解散している。
(5)　13社のうち、電磁器（碍子を含む）を製造している企業が6社、ニューセラミックスを製造している企業が7社である。

日興電磁器株式会社に組み込まれた。しかし、戦後の1946年には製造部を日興電磁器株式会社から分離し、営業部に合体させた。

## （2）　2代目社長・西村與三吉（1947年就任）

1947年に政次郎の長男・與三吉が家業を継ぎ、株式会社西村製陶所として法人化する。

戦後復興期の当時は、電気絶縁材として配線器具用の磁器製品が中心であった。1949年には近隣に第二工場を新設した。1951年には第三工場の新設に合わせ40トン油圧プレスを導入し、大型製品の製造も可能となった。京都の陶磁器業界には小規模企業が多かったが、西村製陶所は、従業員80名で上位5社に入る規模であった（1958年頃）。

1960年には従来の登り窯の薪を使った焼成方法から、重油を使用した単独炉での焼成に変更する。コスト削減が主たる目的である。他社での導入事例はほとんどなかったが率先した。1967年に社名を「西村陶業株式会社」と変更し、その翌年、東山区の3か所に点在していた本社、工場を京都市が新しく造成した山科区の清水焼工業団地に移転し、集約する。当時の製造品目は、暖房器や電子レンジ、照明器具などに使われる家電用製品や車両用碍子など多岐に及んだ。家電用絶縁部品など多品種の商品に対応できるよう生産力を向上し、需要の増加に応えた。

## （3）　3代目社長・西村嘉夫（1981年就任）

1981年に現会長の西村嘉夫が社長に就任する。この時期、ニューセラミックス（高純度アルミナ）への需要が高まり、製造方法や製品に大きな変化が生じた。

1985年に新たな製造方法として、京都市工業試験場（現・京都市産業技術研究所）が開発した射出成形によるセラミック製造を、試験場の指導を得て開始する。射出成形は、当時は樹脂やプラスチック等用の製造方法でセラミックへの応用は日本でも初めてのことであった。

また、1984年に初めて材料に高純度のアルミナを使用した家電製品の部品生産（電子レンジ用）に着手する。アルミナを材料にする場合、焼成温度が従来

品より高くなるため、1985年に高温ガス焼成炉を、翌86年には２倍の内容積を
もつ高温ガス焼成炉を導入した。

　1990年代に入ると、家電製品の海外生産が進み、受注が減少することに備え
て、新たに機械製品（工作機械用、半導体製造装置用、医療機器用）への対応
を始める。機械製品の要求精度は従来の家電製品より高いため、焼成前後に製
品の切削が必要となり、原材料もジルコニアやフォルステなどが新しく利用さ
れるようになる。そこで、1998年に製品の高精度、高品質化を実現するために、
CIP成形機やNC（数値制御）工作機械などを導入し設備を一新した。

　2000年には生加工（焼結前の切削加工）を開始し、合わせてその測定に必要
なCNC（コンピュータ数値制御）画像測定装置を導入する。また、焼成後の
切削加工も自社で取り組むようにし、製品の精度を高めることに努める。その
推進役となったのが現社長の西村嘉浩である。

## （４）４代目社長・西村嘉浩（2011年就任）

　このように、新しい技術に挑戦し、製造技術を高めていく時期に当たる2011
年に現社長の西村嘉浩が就任し、それまで高めてきた技術をベースに新たな市
場開拓の取り組みを始める。

　一つ目は、新製品の開発である。IC冷却用などで使われるセラミックスの
優れた放熱性に着目し、熱伝導率に優れ、熱放射効果が高いヒートシンク材料
の開発、生産を始め、2012年には東京スカイツリーのLED照明用放熱部品に
採用された。

　二つ目は市場の拡大が見込まれる分野への進出で、半導体製造装置用部品や
5G用基板部品などへの取り組みを強める。

　三つ目は、ホームページを充実させることによる受注の拡大と海外展開であ
る。ホームページを見て、企業はもちろん、大学や研究機関から様々な問い合
わせや相談が寄せられる。海外からの照会も多いことから、英語版も充実させ
ている。1990年代から海外（中国）で委託生産を行っているが、近年は納入し
た製品の国外販売比率が約80％に達するなど海外市場との関係が深い。今後も
ヨーロッパの見本市への参加やホームページの充実などにより、海外との取引

国際見本市のハノーバー・メッセ2019（ドイツ）に出展、中央が西村嘉浩社長

拡大を図っている。

一方で、現社長は企業の信用力の強化、知名度の向上のために、公的機関の各種認定を受けることにも熱心である。2014年に京都高度技術研究所からオスカー認定を、2015年に京都市産業技術研究所から第3回「知恵創出"目の輝き"」企業認定を受けている。また、2016年には中小企業庁「はばたく中小企業・小規模事業者300社」、2018年には地域未来牽引企業に選定されている。このほか、2017年には「放射を活用したセラミックスヒートシンク N-9H」が一般社団法人京都産業エコ・エネルギー推進機構より京都エコスタイル製品として認定を受け、京都府の京都中小企業特別技術賞に選ばれている。

また、「ものづくり補助金」など、国をはじめとして京都府や産業支援機関の助成制度を積極的に活用し、材料、商品の研究開発を進めてきた。ロットの多少を問わず多様化するニーズに対応し続けることでさらなる発展を目指している。

## ❹ 企業の現況

### （1）事業内容

現在の従業員は50名である。開発2名、営業5名、海外担当1名、他は製造、検査、総務などに従事している。2021年4月期（2020年5月〜2021年4月）の売上高は8億円であった。売上高、利益とも過去最高を記録した。業績は好調である。このため、製造部門で15名のアルバイトも雇用している。

生産品目は、時代の変化に応じて姿を消すものも多いため、新製品を投入し

てカバーする必要がある。製品の80％が海外向けで、そのうち50％が中国であるが、直接の輸出は15％程度である。為替レートの影響は大きく、受注量の増減に直接関係している。

　納入先は全国にわたり、特に東日本が多い。シスメックス、住友電気工業、東レ、パナソニックグループ、三菱電機など大手企業が中心である。取引先への依存度は最大でも15％で、取引先の分散に努め、現在は多品種少量生産である。

　製品の切削加工技術は当初持ち合わせておらず、外注に頼っていたが、家電製品用から医療機器半導体製造装置などの機械用に移行するなかで必要になり、10数年前に技術を習得し始めた。内作化を進め、2022年現在、その多くを自社内で対応している。以前は外注比率が40％近くあったが、20％に半減した。

　今では同一品種の製品ならば、日本を代表するような大手企業とも同レベルの技術力がある。逆に、大手にはできない、試作品などの一品物にも対応できるのが強みである。材料的には、アルミナが60％を超え、フォルステライト、コーディエライト、ステアタイトが40％弱、磁器が約３％の割合である。西村陶業にとっては、アルミナを手掛けるか、アルミナの炉を持つかが大きな分かれ目であった。

　業種別の売上高は、半導体／製造装置用（23％）、機械部品／ポンプ部品用セラミックス（15％）、医療装置用／分析装置用セラミックス（14％）、碍子（11％）、セラミックヒートシンク（10％）、その他（ポーラスセラミックなど）27％とバランスよく分散させている。最近は電気自動車部品が急速に伸びている。

　開発はこれまで２名で担当してきた。１名は伏見工業高校窯業科卒の大ベテランで、もう１名は京都工芸繊維大学の卒業生であったが、大ベテランが退職したために、新しく入社した社長の次男が勉強を始めている。開発だけでなく、製造部門でも他企業からの転職者を含め、技術に精通した従業員が多い。

　バブル崩壊から数年にわたって円高が急速に進んだ際、家電部品などについては中国で委託生産を開始した。現在も、それほど高い割合ではないが、中国の原材料で生産してもらっている。なお、技術レベルの高い韓国でも生産を行っている。

## （2）営業活動

西村陶業はその事業特性上、営業活動では、材料の特徴を売り込むことになる。製品のデザインなどの仕様は相手が示してくるので、それを、どのような材料で、いかに加工し、仕上げるかが勝負である。しかし、受注できるかどうかの最も大きな要素は価格である。

発注先のデザイン（仕様）に対して、形状や使い勝手という立場で逆提案することは多い。発注者は必ずしもセラミックスに詳しい訳ではないため、同社からの逆提案は歓迎される。一定の量がある場合は2～3社の見積もりとなり、大手企業と競合することもある。

毎月のホームページの更新も重要である。関係者の同社ホームページへの関心は高い。毎月1回、社長以下主要メンバーで会議を行い、内容を充実させている。ホームページを見て、企業はもちろん、日本中の大学や国公立の試験研究機関、さらには海外からも依頼や問い合わせ、試作の注文がある。なお、国外向け（英語表示）は、海外部長（社長の長男）を中心に対応している。

---

## ❺ 事業継続（長寿企業）の秘訣

西村陶業は電磁器の製造からスタートし現在に至るが、この100年間、社会経済情勢の変化に伴い製品も大きく変わってきた。京都の工業用陶磁器に関わる企業の多くが廃業するなかで、西村陶業が今日まで企業活動を継続、発展させてきた理由はどこにあるのか。この点について、いくつかの観点から整理してみたい。

### （1）新分野（材料、技術、市場開拓等）への挑戦

何よりも重要なポイントは、歴代の社長が、時代の流れを見据え、市場の獲得・拡大に向けて積極的な挑戦（決断）をしたことである。この点について時代を追ってまとめていく。

## 清水焼団地への移転

　2代目社長西村與三吉の時代、昭和30年代半ばから高度経済成長期を迎え、家電用製品の受注が増え、大量生産が必要であった。こうしたニーズに応えるため、それまで点在していた工場を京都市が新しく造成した清水焼工業団地に移転、集約させた。この時、工業用陶磁器を生産する事業者が数社、清水焼工業団地に移転している。長年にわたって活動を続けた陶磁器事業者の集積地域からの移転は、生産の拡大に対応するための決断であった。

## アルミナへの進出

　西村陶業にとっての最大の英断（転換点）は、3代目社長西村嘉夫がニューセラミックスの将来性を見通し、高純度のアルミナ素材に進出したことである。京都にはいくつかの同業者があったが、当時、アルミナに進出したのは西村陶業だけである。当初は高温焼成（1,600℃）できる炉が社内になく外注していたが、1984年に電子レンジ向けのまとまった注文が入り、今後もアルミナ関連の仕事が増えるとの予測に基づき、1985年に思い切って高温ガス焼成炉を導入した。

　アルミナは強度、耐熱性に優れていることから最もスタンダードな素材になっており、現在の西村陶業では全製品の60％強を占めている。純度の高いアルミナ製品に対応するには、原材料の調合や成型方法などに高度な技術が必要で、こうした技術はその後、他の純度の高い材料を焼成する際にも役立っている。

　同社が高温ガス焼成炉を導入できた理由は、京都のほかの企業より規模が大きかったこともあるが、もともと多品種少量生産に対応するなど新しいことにチャレンジし、取引先の要望に応えることを大切にしてきた企業風土も挙げられる。そして、その背景には、開発部があったことが大きい。以前から、公設試験研究機関を利用し、その技術を生かして独自の材料を開発してきた。特に京都市工業試験場は長年にわたって利用し、OBを社員として招へいしていた。公的な支援体制を積極的に活用しながら、新しい材料開発に取り組むというのが、今日まで続く企業風土と言える。

## 切削加工の取り組み

　切削加工に取り組んだことも大きな変革である。円高などの影響で家電製品の生産が海外に移行するなかで半導体製造装置や医療機器などに組み込まれる機械部品への進出を図る。この際に不可欠だったのが切削加工技術である。より高い精度が求められ、従来の製品のように焼成するだけでなく、焼成の前後に精密加工が必要で、焼成したものをダイヤモンドで削ったり磨いたりもする。この時の製造分野の責任者が現社長で、CNC 画像装置の導入や切削加工機器の整備を進め、自社で製造する体制を構築した。

　血液分析機器用や半導体製造装置用の製品は純度の高さを求められるだけでなく、切削加工で精度を上げることも要求されており、小ロットではあるが高付加価値の商品が生産できるようになった。


## 新商品の開発

　現社長の西村嘉浩は、企業からの受注に応じるだけでなく、これまで磨いてきた技術を生かして、独自製品の開発にも取り組んできた。電子機器の小型化や高密度実装に伴い、基板やデバイスなどの熱対策が重要になっており、同社は、電気絶縁性を有しながら効率よく熱を逃がすことのできるヒートシンク材料の開発に成功した。先に述べたように、東京スカイツリーの LED で照明用放熱部品として採用されるなど、着実に実績を上げている。

　国内外で特許や実用新案も有し、今後、各種電子機器の熱対策部品としての用途展開や次世代パワーデバイスの熱対策への取り組みなどを進める予定である。

## （2）事業の維持、拡大に向けた社内体制の整備

　以上のように、それぞれの時代において、特に材料、技術分野を中心に新たな挑戦が行われてきた。これは各社長の決断に加え、それを支える社内体制が整備され、社内風土が育まれてきたことが大きい。

## 経営姿勢

　西村陶業の基本方針は「下請けに甘んじない」ということである。そのため、絶えず新技術、新商品の開発を進め、価格競争に巻き込まれないように努めている。また、取引先も多様化し、1社依存にならないよう心掛けてきた。技術力の向上や品質保証に関しては、公設試験場や国などの施策を積極的に活用している。

　一方、地域や業界との関係構築にも注力してきた。古くから工業用陶磁器団体の役職にあったことはすでに述べた通りである。2004年以降は京都市産業技術研究所に事務局を置く京都セラミックフォーラム会長を務め、清水焼団地協同組合の副理事長でもある。

## 営業方針

　清水焼団地に移転し、生産体制を整備した当時は、家電製品用部品の大量生産が中心であった。これは典型的な受注生産で、発注企業の動向に大きく左右される。

　大手メーカーが家電製品の生産を海外にシフトするなかで、西村陶業はアルミナへの進出、焼成前後の切削加工技術の習得など独自の技術力を高め、新たな取引先を開拓するとともに、セラミックスの知識を生かした提案を行うことで販路開拓に努めてきた。

　営業担当者が全国の取引先を回るだけでなく、ホームページの充実で新たな取引先を開拓し、国内外の展示会にも頻繁に出展している。自社の高い技術力を背景とした積極的な営業姿勢が、今日の取引先の多様化につながっている。

## 独自の開発体制

　中小企業ながら独自の研究開発体制をもつことも西村陶業の特徴である。技術力の向上に熱心で、これまでにも京都市産業技術研究所（以前の京都市工業試験場）のOB職員を採用し、同研究所に材料分析の依頼、機器の活用を行ってきた。

　1985年に京都市工業試験場で開発された射出成形によるセラミックの製造に

いち早く取り組み、自社の製品に生かしている。中心となる２名の社員が研究開発に専念し、多くの特許、実用新案を取得した。取引先の注文に技術面から対応するとともに、国内外の研究機関からの試作依頼にも応じてきた。そのうちのベテラン社員は定年を迎えて退職したが、新製品開発を兼ねて新たに若手の人材（社長の次男）を育てようとしている。

### （３）経営体制と事業承継

社長は、おおむね30年ごとに交代している。これは年齢的なもので、「古い感覚で仕事はできない」という考えによる。現社長は、学生時代から自社でアルバイトなどを続け、業務に親しんでいたが、大学卒業後３年間は会長の知り合いである市内のものづくり企業に勤務した。化学の専門知識は、企業に入ってから身につけている。

現社長の子どもは２人である。長男は大学で経営学を学んだが、留学して英語ができる強みを生かして、学生時代から同社の英語版ホームページを制作し、そのまま同社に就職した。国外向け営業を担当し、現在は海外部長を務めている。ホームページを見たメールでの問い合わせが多いため、それに返信することが専門知識の勉強につながっている。一方、次男も同社でアルバイトをしていたが、大学卒業後に入社し、新製品開発など新たな役割を担おうとしている。

現在の役員体制は取締役４名、監査役１名である。３代目が取締役会長を務め、会長の弟が取締役副会長を務める。４代目の現社長が代表取締役で、営業部長、品質管理部長を兼任し、社長の弟が取締役、製造部長、社長の長男が海外部長、品質保証部長を務め、家族全体で役割分担を行っている。

なお、株式も上記取締役４名が保有している。2020年に清水焼団地内に新たな事業用地を確保し、事業を拡大することになり、26年ぶりに資本金を4,914万円から6,000万円に増資した。

## ❻ 今後の発展に向けて

以上のように、今日まで着実に事業活動を展開し、発展させてきた西村陶業

であるが、2018年に創業100周年を迎え、今後どのような方向に進もうとしているのかを最後にまとめておきたい。

## （1）　経営理念

　取引先や社員らに会社の考え、方針を明らかにするために、現会長が1997年に次のような経営理念・品質方針を定めている。

**経営理念**——顧客の満足する物づくりにより、より豊かな生活の実現を目指す。

**品質方針**——社内一体となって限りない品質向上を計る。

## （2）100年を振り返る

　西村陶業は創業100周年の2018年に、祝賀会を盛大に開催した。その時に配布された記念誌には、「まだ100年　されど100年」と記されている。

　2014年のオスカー認定の際、社長の西村嘉浩は「事業を伸ばすより、時代の変化に合わせ、まず維持させたい。それが100年間、会社を存続させる知恵だ。そして、京都の伝統であるセラミック技術を残したい」(6)と述べている。

　創業100周年祝賀会では会長の西村嘉夫が同様の趣旨の発言をしている。「もしかしたら、やろうと思えば売り上げ規模も、従業員数もさらに大きな大企業になれたのかもしれません。しかし、私たちは、それはしないという選択をしてきました。これからも、経営理念のとおり『満足する物づくりにより、より豊かな生活を実現する』ことを地道にコツコツと行っていきます」(7)

　このように、企業規模よりも企業の永続性に重きを置いて事業活動を展開してきたことが西村陶業の特徴であり、長寿の秘訣と言える。

　祝賀会では、パートタイマーや嘱託職員を含む全社員に対する表彰が行われた。顧客だけでなく、従業員を大切にする姿勢も事業継続の大きな要因と思われる。

---

(6)　『有機人々アーカイブ』ニースル社労士事務所（代表・神野沙樹）、2019年6月12日から引用。

(7)　『西村陶業株式会社創業100周年記念誌「まだ100年　されど100年」』西村陶業、2018年10月。

## （3）今後の展開

創業100周年を迎えた西村陶業は、今後の展開についてどのように考えているのか。

現社長は、①海外への事業展開の拡大、②新製品分野への進出、特に電気自動車用製品への進出とこれに対応した品質保証、③単体の部品からユニット部品への展開などの戦略を立てつつ、「最先端の製品だけに変化が激しく、そのためにも顧客の要望にどのように対応するかが大切である」と語っている。

最後に、創業100周年記念誌「まだ100年 されど100年」で述べられている社長の言葉を要約して紹介したい。

> 西村陶業は次の目標として、200周年を迎えることを目指している。
>
> 世の中の変化、技術のスピードがこれまで以上に加速するこれからの世の中で100年後も皆さまのお役に立てるよう、西村陶業のテーマは「挑戦」である。
>
> 大きな挑戦は二つある。
>
> 一つ目は、セラミックスへの挑戦。少しでも良い素材、製法を作るために改善、改良に取り組み続け、より良いセラミックスを作り、ものづくりと社会への貢献に努力する。
>
> 二つ目は、より世界に羽ばたくための挑戦。世界中の人に弊社の製品を手に取ってもらえるよう、近年海外展開に力を入れているが、より世界に羽ばたけるよう挑戦を続けていく。
>
> そして、何より挑戦を楽しむ姿勢を大切にしたいと考えている。セラミックの製造は難しく、失敗も少なくないが、だからこそうまくいったときは楽しい。我が社の強みは、挑戦を楽しめる仲間がたくさんいることで、楽しむスピリットを忘れずに、西村陶業は未来へと進んで行く。

## おわりに

本章では、独自の技術力をベースにニューセラミックスの分野で果敢に事業

を展開する西村陶業を取り上げ、長寿ファミリー企業の秘訣を探ってきた。企業規模よりも会社の存続を大切にし、たゆまぬ挑戦を続けてきた同社の経営には多くの示唆が含まれる。近代工業の分野で企業を継続するための一つのモデルとして参考にしていただきたい。

## 参考文献一覧

・藤岡幸二編［1962］『京焼百年の歩み』京都陶磁器協会。
・京都市経済局経済企画課［1979］「京都工業用陶磁器業界診断報告書（抜粋）」『京都商工情報』114。
・京都新聞［2014］「躍進京滋の中小企業 西村陶業」2014年9月8日朝刊。
・京都陶磁器研究会／京都セラミックフォーラム『陶研会報』No45［2017］京都セラミックフォーラム創立40周年記念特別号。
・ニースル社労士事務所『有機人々アーカイブ』2019年6月12日。
・日刊工業新聞特別取材班編［2019］『関西で長く愛されている優良企業180選』日刊工業新聞社。
・NISHIMURA ADVANCED CERAMICS（2019）「NISHIMURA ADVANCED CERAMICS」西村陶業、https://www.messe.de/apollo/hannover_messe_2019/obs/Binary/A918538/918538_01860126.pdf、2022年8月17日アクセス。
・西村陶業［2018］『西村陶業株式会社創業100周年記念誌「まだ100年 されど100年」』西村陶業株式会社。
・西村陶業［2019］『西村陶業会社案内（2019）』西村陶業。
・西村陶業、https://nishimuratougyou.co.jp/、2022年8月17日アクセス。

## 【付記】

　本章をまとめるにあたって快くヒアリングに応じて下さった会長の西村嘉夫氏、社長の西村嘉浩氏には、事業についての多くの資料を提供していただいた。また、京都市産業技術研究所窯業系チームの高石大吾氏には、ニューセラミックス技術や同研究所の取り組みについてご教示を受けた。このほかにも、多くの方からご指導、ご助言を賜り、改めて感謝申し上げる。

## 金属熱処理業の(株)KOYO熱錬

### 京都が育てた製造技術を基礎に航空機部品分野に参入

## はじめに

　本章で考察対象とする株式会社 KOYO 熱錬は、京都市南区吉祥院に本社と工場を有する、従業員数30名（2022年時点）の金属熱処理企業である。2014年には、航空機部品事業の比率拡大・高付加価値化に向けた経営革新を図る企業として、京都高度技術研究所よりオスカー認定を受けている。

　KOYO 熱錬の源流は、明治初期に杉本傳治郎が京都市上京区麩屋町通で「杉本鉄工所」を創業したことに始まる。第9章で考察したように、この杉本鉄工所は、明治期、伸銅機械を製造する工場であった。

　杉本は、琵琶湖疏水・蹴上発電所の電力を早い時期から工場原動力として利用し、同じく疏水の電力や鴨川運河の水力を利用して成長を遂げた京都の伸銅業向けに伸銅機械を製造した。明治後期、傳治郎の後を引き継いだ眞太郎の時代になると、杉本鉄工所は、京都の伸銅業が集積していた岡崎に工場の立地を移し、機械加工や鋳造など様々な金属加工技術を蓄積していった。

　杉本の工場は第2次世界大戦勃発後には国に徴収され、終戦後の経済混乱期には事業の中断を余儀なくされた。しかし、その後、杉本眞太郎の長男・真一は、当時の京都には少なかった金属熱処理加工の専業メーカーとして、1950年に岡崎で「光陽金属熱錬工業所」を設立し、再スタートを切った。

　その後、同社の経営は、真一の長男・洋一に受け継がれ、電機・電子産業向けから自動車、建設機械産業向けの熱処理へと事業範囲を広げていった。1995年以降は、アメリカの航空機エンジンメーカーの熱処理加工認定工場に指定さ

れたことを機に、航空機部品の熱処理加工を手掛けるようになった。2007年に航空宇宙産業の特殊工程の国際認証を取得し、翌年には、社名を「(株)KOYO熱錬」に変更している。

　2011年にはボーイング社の工場認定を取得し、航空機部品事業の割合が増大していく。航空機部品事業の強化を主導したのは洋一の次男・卓也であり、2017年、卓也は社長に就任する。2019年時点の売り上げは5.8億円、その内訳は、自動車50％、航空機15％、自転車10％、建設機械５％となった。

　本章では、まず、杉本傳治郎によって創設され眞太郎へと受け継がれた杉本鉄工所が伸銅機械メーカーとして、京都・岡崎の伸銅業集積地の一角を構成し、発展を遂げたことを示す。

　次に、昭和後期・平成期の光陽金属熱錬工業所の時代から、航空機部品事業が本格化する平成末期以降のKOYO熱錬の時代への変遷を取り扱い、京都の自動車メーカー・部品サプライヤーおよび航空機部品サプライヤーとの取引を通じて、同社がどのように製造技術を蓄積していったのかを考察する。航空機部品加工へと軸足を移しつつあった平成期は、2001年の同時多発テロ事件、2008年のリーマンショックによって世界の航空機需要が激減した時期であり、小規模のファミリー企業がどのように適応したのかが大きな問題となろう。

## ❶ 明治から昭和初期までの杉本鉄工所

### （１）源流——杉本鉄工所

　KOYO熱錬の社長・杉本卓也は、杉本鉄工所について次のように述べている。「口伝で文書史料はありませんが、杉本傳治郎はもともと山口県出身で刀鍛冶を営んでいました。鳥羽・伏見の戦の際に上洛し、京都に移り住んだようです。明治維新後になって武士の時代が終わり、刀も不要になったので、上京区麩屋町丸太町下ル舟屋町で、当時としては珍しい電動工具を使って、小さな鉄工所を営んだようです。これが我が社の事業の起源だと考えています。金属熱処理は、刀鍛冶が刃物をつくるプロセスとよく似ていますので、その意味でも傳治

郎の鉄工所は我が社の『源流』です」[1]

　明治初めに杉本傳治郎が上京区麩屋町丸太町下ルで創設した杉本鉄工所は、琵琶湖疏水の電力を早い時期から工場原動力として利用し、やがて、同じく疏水の電力や運河の水力を利用して成長を遂げた京都の伸銅業向けに伸銅機械を製造す

1920（大正9）年当時の杉本鉄工所　（出典：KOYO熱錬のホームページより転載。http://www.koyo-kinzoku.com/koyo/index3.html、2022年4月30日アクセス）

るようになった。社長の卓也は、絵図（写真参照）を示しながら次のように語る。

「この絵図は、大正9（1920）年に描かれたものです。絵の下側の左右に描かれているのは琵琶湖疏水です。我が社は疏水沿いの岡崎西天王町に工場を移し、伸銅機械を製造するようになりました。杉本鉄工所もそうですが、岡崎に多くの工場が立地した理由は、琵琶湖疎水の電力と水力を利用するためです。岡崎のこの周辺は、三谷伸銅など京都の伸銅企業が数多く立地していました。絵図の煙突は鋳物工場です。伸銅機械を作るには、切削、穿孔、鋳物などの工程がありますが、そのなかに、今日の金属熱処理につながる工程もあったようです。温度を上げて冷やして硬くするという我が社の製造技術のルーツがあったと考えています。大正、昭和にかけては伸銅機械などの製造を担いながら熱処理や鋳造の技術を培いました」[2]

　第9章で述べたように、琵琶湖疏水の電力、鴨川運河の水力を積極的に利用

---

(1)　2019年8月1日の杉本卓也社長への聞き取りに基づく（辻田素子、松岡憲司と筆者が共同で実施）。第9章で述べたように、杉本傳治郎は琵琶湖疏水・蹴上発電所の電力を利用して、「器械製造」のために「機械」を駆動し、1896年から1898年の各年に3.5馬力の電力を使用している。

(2)　2019年8月1日の杉本卓也社長への聞き取りに基づく。

し発展したのが京都の伸銅業であったが、伸銅機械を製造する杉本鉄工所も、伸銅業が集積する琵琶湖疎水脇の岡崎に工場を移した。杉本は、この岡崎で京都の伸銅企業のニーズに対応するなかで、機械加工や鋳造など、様々な金属加工技術を蓄積していったと思われる。

## （2）杉本鉄工所の成長

　明治末期から昭和初期の杉本鉄工所について詳細に見ていこう。

　**表11−1**は、『工場通覧』と『日本工業要鑑』を用いて、杉本鉄工所の工場主、所在地、業種、製品種類、職工数、原動機種類・馬力数を示したものである。ここに見られるように、1909年の『工場通覧』によれば、杉本眞太郎が工場主の杉本鉄工所は上京区麩屋町丸太町下ルに立地し、14名の職工を雇用し、伸銅機械を製造していたことが確認できる。

　また、同工場には、原動機（電動機）が1台設置され、3馬力の電力を「他より供給を受け」ていた。この電力は琵琶湖疏水の電力であろう。杉本眞太郎は杉本傳治郎の長男で、1885（明治18）年に生まれ、1906（明治39）年に家督を相続したようである（人事興信所『人事興信録』第8版、1928年）。

　『日本工業要鑑』は、工場の機械設備や原動機の詳細を調査した貴重な資料であるが、そこに杉本鉄工所の工場概要が掲載されている。同書の1909年版では、杉本傳治郎の項目と杉本眞太郎の項目が別々に掲載されている。

　杉本傳治郎の項では、工場所在地が麩屋町丸太町下ル、業種が諸機械製造、原動機は「電動機トムソン直流式500ｖ、馬力12、機械運転及電灯用」と記載されている。一方、杉本眞太郎の項では、工場所在地が岡崎西天王町、業種が諸機械製造、創立は1907年9月、職工数が5名、原動機は電動機（直流、馬力3）、機械は「旋盤3台、シカル盤及び平削機 各1台」と記載されている。

　ここから判明することは、杉本鉄工所には、麩屋町工場のほかに、1907年に設立された岡崎工場が存在していたことである。どちらの工場にも電動機が設置され、機械運転や電灯用に使用されていた。麩屋町工場の機械設備の詳細は不明だが、電動機が「機械運転用」と記されているので、何らかの機械設備が設置されていたのであろう。

表11－1　杉本鉄工所の工場概要（明治後期から昭和初期）

| 年 | 工場名称・工場主 | 所在地 | 業種 | 製品種類 | 職工数（名） | 原動機 | | | 典拠 |
|---|---|---|---|---|---|---|---|---|---|
| | | | | | | 種類 | 機関数 | 馬力 | |
| 1909（明治42） | 杉本傳治郎 | 上京区藪屋町丸太町下ル | 諸機械製造 | | | 電動機トムソン直流式500v（機械運転・電灯用） | | 12 | 『要鑑』 |
| | 杉本眞太郎 | 上京区岡崎西天王町 | 諸機械製造 | | 5 | 電動機直流 | | 3 | |
| 1912（大正元） | 杉本鉄工所 杉本眞太郎 | 上京区藪屋町丸太町下ル 舟屋町 | 機械製造業 | 伸銅機械 | 14 | 他より電力の供給を受くる | 1 | 3 | 『通覧』 |
| | | 上京区岡崎西天王町 | 諸機械および伸銅機械製造 | | 13 | 電動機直流 | 2 | | 『要鑑』 |
| 1918（大正7） | | 上京区岡崎西天王町 | 機械製造業 | ロール、水車機械 | 20 | 他より電力の供給を受くる | 3 | 6 | 『通覧』 |
| 1922（大正11） | 杉本鉄工所 杉本眞太郎 | 上京区※岡崎西天王町 | | ロール、水車機械 | 30 | 電動機各2馬力5台 | 5 | 10 | 『要鑑』 |
| 1929（昭和4） | | 左京区※岡崎西天王町 | 工作機械・器具製造業 | 伸銅機械 | | | | | 『通覧』 |
| 1935（昭和10） | | | 機械器具工業 | 伸銅機械 | | | | | 『通覧』 |

出典：『要鑑』は『日本工業要鑑』各年版、『通覧』は農商務省・商工省編『工場通覧』各年版の略。これら資料に基づいて作成。

注：※の左京区は1929年に上京区から分区して成立。

　岡崎工場には、旋盤3台、シカル盤および平削機が各1台設置されており、機械加工の設備・工程を有していたことが分かる。岡崎工場も麩屋町工場も、琵琶湖疏水の電力の供給を受け、電動機を駆動させ、その動力で旋盤や平削盤などの機械装置が運転されたようだ。

　『日本工業要鑑（1912年版）』では、杉本鉄工所の項で、工場所在地が岡崎西天王町、業種が諸機械及伸銅機械製造、創業が1907年9月、工場主が杉本眞太郎、使用人13名、原動機は「電動機 直流 馬力2」、機械および設備が「旋盤7台、シカル盤1台、平削盤2台」と記載されている。また、「本店 麩屋町丸太町下ル」とある。工場主は杉本眞太郎となり、生産の主力は岡崎工場に集約され、麩屋町工場は「本店」扱いとなったと推測できる。

　以上から分かることは、杉本鉄工所は明治末期に傳治郎から眞太郎へ承継され、1907年頃に、麩屋町工場に加えて岡崎工場が設立されている。岡崎西天王町の周辺は、京都の伸銅工場が多数立地して伸銅業の一大集積地となっていたが、伸銅機械を製造する杉本鉄工所も岡崎に立地を変更し、京都の伸銅業集積地の一角を構成することになったのである。

　大正期の『工場通覧』によれば、第1次世界大戦前後には、杉本鉄工所の製品種類は、伸銅機械の「ロール」（圧延機）に加えて水車関連の機械器具や歯車なども加わっており、この製品種類の拡大に伴って、職工数や工場動力も増大している。

　『日本工業要鑑（1922年版）』では、製品種類は「ロール並に水車機械」、職工数は30名、原動機は「電動機各2馬力5台」、機械設備は「レース（旋盤）7台、ブレーシング1台、スロッティング（立て削り盤）1台、セーバー2台、ファン2台」、建坪は250坪と記載されている。第1次世界大戦前後の好況期を経て、杉本鉄工所が工場の生産規模を増強したことが分かる。

　先に掲載した写真によれば、杉本鉄工所は、1920年代には機械加工設備だけではなく、鋳造設備をも有していたと推察できる。また、1918年に杉本眞太郎が京都鋳物組合の組長に就任していることからも、当時の杉本鉄工所はかなりの鋳造技術を蓄積していたと言える[3]。杉本鉄工所は、伸銅業向けにロール圧延機械を製造しつつも、それに加えて水門や水車の歯車機構など、金属材料の

杉本傳治郎の肖像画（大正期の作）

杉本眞太郎の肖像画（大正期の作）

硬度・強度・精度が必要な分野に事業領域を広げていったと推測できる[4]。

　以上見てきたように、傳治郎によって創設され眞太郎へと受け継がれた杉本鉄工所は、京都の琵琶湖疏水・蹴上発電所や伸銅業によって育てられたと言うことができよう。

## ❷ 光陽金属熱錬工業所の歩み

### （1）金属熱処理と製造技術

　第2次世界大戦後、杉本眞太郎の長男、真一は、陽栄製作所（現・HARMAN）に勤務していた親戚から、「京都にはない熱処理の仕事をやってみてはどうか。熱処理設備の会社とつながりがあり、会社を紹介してあげる」とすすめられた。数年間、大阪の東洋金属熱錬工業所（現・TONEZ）に勤務し、熱処理の仕事を勉強したあと、金属熱処理専業メーカーとして、1950年、岡崎で光陽金属熱錬工業所（以下、光陽金属熱錬）を設立した。当時の京都では希

⑶　「京都日出新聞」1918年2月20日付。
⑷　1936年版の『日本工業要鑑』には、「合名会社 杉本鉄工所、代表社員 杉本眞太郎、資本金1万円、創業1935年12月」と記載されており、杉本鉄工所は合名会社に法人化されたようだ。

少だった熱処理加工の専門企業として再出発した。1960年に株式会社に改組している。

　熱処理事業の技術的基盤を固めていったのは真一の長男・洋一である。洋一は同志社大学工学部で機械工学を専攻し、1957年から関西二井製作所（現・ニチコン）に２年半勤務し、新工場立ち上げなどの仕事に従事したあと、光陽金属熱錬に入社した[5]。

　熱処理とは、他から受け入れた金属材料製品、機械部分品に加熱、冷却の熱操作を加えることにより、耐久性、耐摩耗性、耐疲労性、さらに耐食性、耐熱性といった種々の特性を付与する加工法のことである。熱処理の加工プロセスの種類には、焼ならし、焼なまし、焼入れ、焼戻し、浸炭焼入れ、高周波焼入れ、窒化、真空熱処理などがある。

　熱処理業は、重量がかさみ、輸送コストのかかる金属を加工対象とするので、近隣企業からの受注が多くなるが、「内陸型」の京都においては、機械工業が数多く立地する愛知・大阪・兵庫など「臨海型」工業地帯と比べて量産型の熱処理の仕事が少なかった。そこで、光陽金属熱錬は、まず京都の電子部品メーカーから少量多品種の仕事を受注していった。やがて、三菱自工太秦エンジン工場の部品サプライヤーから量産品の注文を受けるようになる。自動車産業との取引を通じて標準化の技術ノウハウを身につけた[6]。

　また、建設機械や産業機械など幅広い産業との取引を進めていった。京都の地理的不利性が、かえって同社に、多様な産業との取引を通じて多様な技術ニーズに対応する熱処理企業という性格を付与したとも言える。

## （2）航空機部品事業への参入

　2000年頃、リコール問題などで揺れる三菱自工に部品を供給していた京都のサプライヤーも大きな影響を被った。当時、自動車部品事業が売上高の約８割を占めていた光陽金属熱錬においても注文が激減、自動車部品事業の縮小を余儀なくされた。このことが、光陽金属熱錬が航空機部品事業に着手する理由の一つとなった。

　航空機部品事業を開始する直接の契機となったのは、島津製作所の民間航空

機事業への本格的進出である。島津製作所の航空機部品事業は、従来、戦闘機エンジン部品などの防衛航空機向けであったが、1990年代初めに民間航空機事業への本格的進出を目指し、アメリカのエンジンメーカー（ハネウエル社）向けの部品製造事業を開始する[7]。

　光陽金属熱錬は、島津からの技術サポートを受けながら、ハネウエル社の認定工場を取得し、航空機部品事業を開始することができた。しかし、光陽金属熱錬の航空機部品事業は、2001年の同時多発テロ事件の影響によって受注が大幅に減少したため、その継続が危ぶまれた。

## ❸ KOYO 熱錬の時代

### （1）航空宇宙産業の特殊工程の国際認証の取得

　航空機産業では、高い安全性を確保するため厳格な品質管理が求められている。航空機部品事業に参入するためには、航空宇宙産業の特殊工程の国際認証 Nadcap（National Aerospace and Defense Contractors Accreditation Program）を取得しなければならない[8]。光陽金属熱錬のような中小企業にとってはかなり高いハードルだった。

　2001年の同時多発テロ事件による逆風や国際認証取得の難局に直面したにもかかわらず、航空機部品事業を精力的に推進したのは、洋一の次男・卓也であ

---

(5)　2022年8月22日の杉本洋一前社長への聞き取りに基づく（辻田と筆者が共同で実施）。
(6)　2019年8月1日の杉本卓也社長への聞き取りに基づく。
(7)　島津製作所社の民間航空機市場への参入は、ボーイング社からの受注促進を図るためシアトル事務所を開設した1977年であり、同年、ボーイング社からB737用機器を初受注した。その後、1990年代に入り、島津は、製造下請けからの脱却を目指し、1991年、アライドシグナル社との間で、補助動力装置用のギアボックスの生産分担契約の締結、1994年、戦略的パートナーシップ協定の覚え書きの締結を実現する（アライドシグナル社は1999年にハネウエル社を吸収合併し、合併後の社名がハネウエル社となる）。2000年には、ハネウエル社とリージョナルジェット機用エンジンAS977のアクセサリ・ギアボックス製造に関するビジネス契約を締結し、翌年に同ギアボックスの納入を開始した（島津製作所［2007］を参照）。

264

った。卓也は1974年に京都で生まれ、1997年同志社大学を卒業し、3年間、石川島播磨重工業で輸出業務を担当したあと、2000年に光陽金属熱錬に入社した。当時から「国内市場向けの量産品対応では時代にそぐわない」と考えていたようだ[9]。

同社は、2006年から、「熱処理のオンリーワン企業」を目指し、国際認証の取得に向けて、会社一丸となって本格的に取り組み始めた。その結果、2007年には、航空宇宙産業の特殊工程に関する国際認証 Nadcap-HT（Heat Treating、熱処理）、JISQ9100航空宇宙品質マネジメントシステムの認証取得を達成した[10]。

Nadcap-HT の取得は、日本の熱処理業界では先駆けであったし、特に浸炭（しんたん）（後述参照）の分野においてはアジアで唯一であった。ほかにも、カナダのボンバルディア社、ハネウエル社などから熱処理工程の認定を受けた。

## （2）ボーイング社の認定工場に

さらに2011年には、熱処理分野の3種類の工程について、米国ボーイング社の認定工場となった。認定の契機は、京都の旭金属工業（本社：京都市上京区）という取引先がアジアでの航空部品事業を強化したことだった[11]。

当時、アジアで特殊工程の熱処理を担当できる企業が数少なかったことに着目した旭金属工業は、アジアでの特殊工程の取りまとめ役を果たす事業戦略を展開した。熱処理の Nadcap-HT 国際認証を取得していた数少ない企業であった KOYO 熱錬に発注の相談をした。これが契機となり、フィリピンの部品加工会社からボーイング社の熱処理の仕事を受注し、認定工場になることができた。認証の取得によって受注が増え、航空機部品事業は売上の1～2割に達するようになった[12]。

## （3）リーマンショックと新鋭設備の導入

光陽金属熱錬工業所から KOYO 熱錬に社名を変更した2008年、リーマンショックが起こり、その影響が長期化して、2011年と2012年の売上高は著しく減少した。月の売り上げが前年比80％減になることもあり、現社長の杉本卓也も相当な危機感を抱いたという。この危機を乗り越えることができたのは、三菱

自工関連の売り上げが大きく減少した2000年代初め、**KOYO**熱錬が京都の部品サプライヤー日本粉末合金（現・ファインシンター）のサポートを得て、トヨタ自動車の量産型の受注を獲得し、それを維持し続けてきたことが大きい。

2013年、**KOYO**熱錬は、売上高が３億円台で推移していたにもかかわらず、2.5億円の新鋭設備への大型投資に踏み切り、当時、中小の熱処理企業がほとんど保有していなかった真空浸炭設備を導入した[13]。

浸炭とは、金属の表面に炭素を加えることで硬化させる熱処理の方式であるが、**KOYO**熱錬は、当時、主流だったガス浸炭に加えて、より均一な硬化層を得ることができる真空浸炭装置を新しく導入した。真空浸炭は、ガス浸炭と比較して均一な浸炭が可能となり、さらに高濃度浸炭、細穴内面部への浸炭、ステンレスへの浸炭の適用など、ガス浸炭にはない多くのメリットがある。航空機部品の高精度加工には欠かせない設備である。

投資資金は、幸いにしてほとんどを自己資金で賄うことができ、　部経済産

---

(8)　Nadcapは、特殊工程を管理・監督するための認証プログラムであり、世界の主要な完成機メーカーとエンジンメーカーが参加するPRI（Performance Review Institute）が1990年から運用している。特殊工程とは、溶接、化学処理、表面処理、熱処理、非破壊検査など、容易にあるいは経済的に検査できない工程のことを言う。従来はボーイング、GEなどのプライムメーカーが各々サプライヤーの特殊工程を認証していたが、PRIがプライムに代わって認証することでプライムとサプライヤーの負担軽減が図られた。2005年には、PRI日本事務所が開設された。現在では世界的に統一された認証プログラムであり、航空機部品の特殊工程に携わるためにはこの認証が必須条件となっている。日本政策金融公庫総合研究所［2011］、杉山［2018］を参照。

(9)　2019年８月１日の杉本卓也社長への聞き取りに基づく。

(10)　1998年に世界の主要な航空宇宙関係企業が共同で、品質の向上とコスト削減を目的とする「航空宇宙品質マネジメントシステムの国際統一規格（9100QMS）」を制定した。これと同じ内容で、日本では「日本工業規格・品質マネジメントシステム－航空宇宙－要求事項（JIS Q9100)」がある。このJISQ9100は、ISO9001に航空宇宙防衛産業における特有要求事項を追加したJIS規格であり、米国AS9100、欧州EN9100と相互承認されている。JISQ9100を取得すれば、航空宇宙産業界における品質マネジメントシステムの国際的な認証を得たものとして取り扱われる（日本政策金融公庫総合研究所［2011］）。

(11)　旭金属工業の航空機部品事業については、野村総合研究所コンサルティング事業本部グローバル製造業コンサルティング部［2021］を参照。

(12)　2019年８月１日の杉本卓也社長への聞き取りに基づく。

(13)　2019年８月１日の杉本卓也社長への聞き取りに基づく。

真空浸炭装置（IHI 製）と杉本卓也社長

業省の中小企業協業促進補助金も活用した。この投資を決断した背景について社長の杉本卓也は、以下のように語っている。

「熱処理業においても、低付加価値の量産品は海外移転し、他方で、高付加価値・多品種の少量生産が国内に残っていく。今の事業規模のまま、この内陸型都市・京都に立地し続け、なおかつ海外からの受注を確保し続けるためには、高精度・高付加価値の航空機部品事業の拡大は不可欠であり、真空浸炭装置をはじめ様々な新鋭設備が必要だと考えました」[14]

## おわりに ——京都が育てた製造技術

　明治期、杉本傳治郎によって創設された杉本鉄工所は、琵琶湖疏水・蹴上発電所の電力を早い時期から工場原動力として利用し、同じく疏水の電力や鴨川運河の水力を利用して成長を遂げた京都の伸銅業向けに機械を製造した。傳治郎から眞太郎へと受け継がれた杉本鉄工所は、伸銅機械メーカーとして、京都・岡崎の伸銅業集積地の一角を構成し、発展を遂げた。

　第2次世界大戦後は、杉本眞太郎の長男・真一が、当時の京都には少なかった金属熱処理加工の専業メーカーとして、1950年に岡崎で光陽金属熱錬工業所を設立して再スタートを切った。

　技術史家ローゼンバーク（N. Rosenberg）が「技術的収斂（technological convergence）」と呼んだように、機械工業や金属加工業には、共通の製造プロセスが存在する[15]。自動車、建設機械、家電、航空機、工作機械など機械工業の部品の多くは熱処理工程を経て最終製品となるが、この意味で熱処理技術は、機械工業全体に共通する基盤的・汎用的な製造技術の一つとして位置づけられる。それゆえ、光陽金属熱錬が熱処理加工に特化した専門企業だったとはいえ、熱処理は機械工業全体に共通する汎用的な生産技術であるがゆえに多様な機械

工業の部門と取引が可能であり、ま
たこの取引を通じて様々な技術が蓄
積されていったと考えることができ
るだろう⒃。

　杉本鉄工所、光陽金属熱錬工業所、
そして KOYO 熱錬と連なる製造技
術・戦略について、社長の杉本卓也
は次のように述べる。

「なぜ眞太郎の時代に、杉本鉄工所
の企業規模をもっと拡大しなかった
のかを考えた時、京都で、伸銅機械

三世代同居の杉本家。左から２人目が洋
一・前社長、中央が卓也社長、その右が息
子（IRON WORKS. SUGIMOTO の鉄製看
板の前で）

だけではなく水車や水門の製造まで生産規模を拡大しようとすると、人手も土
地も必要になります。内陸型都市・京都に立地し続けてできる仕事ではない、
と眞太郎は考えたのではないでしょうか。眞太郎が長男の真一に鉄工所を継が
せなかったのは、戦争もあって将来ビジョンも不透明だったからではないかと
考えています。資本を募って大きな企業規模に成長させるのではなく、目が行
き届くような規模で企業を継続させるファミリー企業を杉本家は選んできたの
です」

「熱処理企業は、通常、量産型部品もしくは多品種少量型部品のどちらかに特
化するケースが多いのですが、我が社のように、中小企業でありながら、自動
車、航空機、自転車、建設機械、産業機械など幅広い産業分野向けの、量産型
と多品種少量生産型の両方のニーズに対応可能な熱処理企業は全国的にも珍し
いと思います」⒄

---

⒁　2022年８月10日の杉本卓也社長への聞き取りに基づく。
⒂　機械工業における「技術的収斂」については、Rosenberg［1976］、尾高［1978］を参照。
⒃　2020年の熱処理加工金額を用途別に見ると、輸送機械向けが最も比率が高くで62.2％を
　　占め、次いで一般機械用23.8％、金属機械用6.7％、精密機械用4.3％、電気機械用3.0％
　　となっている。素形材センター［2021］所収の「金属熱処理加工月報」（日本金属熱処
　　理工業会）を参照。
⒄　2019年８月１日の杉本卓也社長への聞き取りに基づく。

KOYO 熱錬の女性社員

本章で述べたように、量産型の機械工業が少ない内陸型都市・京都において熱処理企業として生き残っていくためには、量産型部品と多品種少量生産型部品との両面対応が求められていた。この両面対応は、洋一が切り拓いた基礎の上に卓也が継承・強化した製造技術・戦略である。

しかし、この両面対応を可能にするのは、生易しいことではなく、様々な困難を伴う。真空浸炭装置などの先進機械設備への投資は不可欠であり、この設備投資に耐えなければ、高レベルの硬度・強度・精度・標準化が要求される欧米航空機メーカーのニーズに対応し続けることは難しい。参入当初、航空機部品の受注量は少なかった。受注量が拡大してからも需要減退に直面するが、それでも投資を継続・実行していく必要があった。

また、2010年以降、中国・インド・東南アジアにおいて Nadcap 認証を取得した事業所の数は増加しており、航空機部品産業におけるグローバル競争は激化している[18]。

さらに、令和の時代に入って、新型コロナウイルスの感染拡大、航空機需要の激減など新たな困難に直面している。2020年、新型コロナウイルス感染症により、金属熱処理業も深刻な影響を受けている。売上高は918億円で前年に比べ209億円減少した（素形材センター［2021］）。

KOYO 熱錬がどのようにこの危機を乗り越えようとしてきたのかについては、今後の課題であるが、「うちくらいの規模の会社では、従業員を大切にしていかなければ事業の継続はできないし、そのためには、従業員と価値観を共有していくことが特に大切です」と社長の杉本卓也は強調する[19]。

2022年、KOYO 熱錬は、SDGs 宣言を作成し公表した。取り組みテーマとしては、「最先端の技術で KOYO にしかできないものづくりを」（SDGs 目標7・9・13）、「京都の街にやさしい工場づくり」（SDGs 目標7・13）、「人と技術

を育てる職場環境」（SDGs目標４・５・８）を３本柱とし、具体的な行動目標としては、二酸化炭素（CO2）を排出しない生産技術の導入、省エネタイプのガスバーナーの採用、女性の技術職への採用などが掲げられている[20]。最近、女性の技術士が初めて誕生したという。

---

## 参考文献一覧

・日本政策金融公庫総合研究所［2011］「航空機産業における部品供給構造と参入環境の実態－機体・エンジンから個別部品分野に至るサプライヤーの実像」日本公庫総研レポートNo.2010-3。

・野村総合研究所コンサルティング事業本部グローバル製造業コンサルティング部［2021］「航空機産業及びその周辺産業における中小企業のあるべき姿と政策の方向性調査」（経済産業省）、https://www.meti.go.jp/meti_lib/report/2019FY/000596.pdf、2022年８月31日アクセス。

・尾高煌之助［1978］「下請制機械工業論序説」『経済研究』29(3)、243～250。

・Rosenberg, N.［1976］*Perspectives on Technology*, New York: Cambridge University Press.

・島津製作所航空機器事業部］2007］『(株)島津製作所航空機器事業部 明日の翼に 半世紀の歩み』。

・杉山勝彦［2018］「航空機産業における中小企業の挑戦」『一橋ビジネスレビュー』65(4)、100～112。

・素形材センター［2021］「令和２年の素形材産業年報」『素形材』62(5)。

・山本匡毅［2016］「民間航空機産業の取引変化とクラスター形成──中部圏を事例として」『産業学会研究年報』31、55～65。

・山本匡毅［2019］「非大都市圏における航空機産業の立地と再編─山形県を事例として─」『産業学会研究年報』34、33～48。

---

(18)　野村総合研究所コンサルティング事業本部グローバル製造業コンサルティング部［2021］を参照。

(19)　2022年８月10日の杉本卓也社長への聞き取りに基づく。

(20)　KOYO熱錬のホームページを参照。http://www.koyo-kinzoku.com/topics、2022年４月30日アクセス。

**第12章**

# 伸銅機の世界的メーカー、生田産機工業(株)

しんどう

## 海外への事業展開

## はじめに

　第9章で見たように、京都では工業の初期段階で、琵琶湖疏水の水力エネルギーを利用した伸銅会社が数多く存在した。伸銅品は、電気・電子部品、建築、熱交換器、機械部品、機械装置、輸送用機器から日用品まで様々なところで使われているが、近年は電子部品などでの用途が増加し、ますます高い精度が求められるようになっている。

　本章で取り上げる生田産機工業株式会社(以下、生田産機)は、こうした伸銅品を生産するための機械を開発・生産し、伸銅用面削機の製造・販売では国内シェア9割を誇る。

　同社のベースは、現社長の祖父、生田捨吉(1901〜1974)が1919(大正8)年に京都・伏見で創業した生田鉄工所である。当初は酒造設備機械を主力としていたが、1950年に伸銅設備機械の製造に着手して以来、国内外の伸銅メーカーに高品質の生産設備を納入してきた。創業者の長男で2代目社長の生田宗宏が世界への扉を開いたことで、同社製品は今や海外でも高い評価を得ている。

　生田産機は、いかにして100年以上にわたって事業を継続できたのか。高い技術力に加え、海外にも生産拠点を構えるなど国際化も進んでいる。本章では、同社のこれまでの歩みを振り返りながら、様々な革新活動にあたり、どのような資源が活用されたのかを検討することにしたい。

272

# ❶ 伸銅業

最初に、生田産機の販売先である伸銅メーカーが属する伸銅業界について見ておこう。

　近年の伸銅製品の生産量と出荷額は**表12−1**に示すとおりである。2020年の生産量は64万3,825トン、前年比で14.5％減少した。減少の要因は新型コロナウイルス感染拡大による経済低迷とされるが、リモートワークが広まったこともあり、通信機器に使われる青銅板条などは前年比で増加している。

　1990年代には100万トン以上の生産量があり、2000年台に入っても100万トン前後で推移していたが、2008年のリーマンショックを契機に大きく減少して現在に至っている。

　いささか古い統計になるが、経済産業省資料によると、国内の伸銅品産業には約60社が参入し、兼業大手、専業中堅企業の計12社で全体の74％を生産している[1]。兼業大手には、JX金属、三菱マテリアル、神戸製鋼所、三井金属鉱業、日立電線、同和鉱業、古河電気工業などがある。世界の主要メーカーとしては、ドイツの「KME Group」、フィンランドの「Outokumpu」、ドイツの「Wieland」、アメリカの「Muller Industries」などが知られる。

表12−1　伸銅製品生産量と出荷額（2016年〜2020年）

| 年(暦年) | 生産量(トン) | 出荷額(千円) |
|---|---|---|
| 2016 | 782,376 | 576,524,842 |
| 2017 | 821,529 | 698,893,373 |
| 2018 | 819,541 | 743,220,787 |
| 2019 | 752,675 | 642,765,033 |
| 2020 | 643,825 | 560,715,373 |

出典：経済産業省［2021］「2020年経済産業省生産動態統計年報　鉄鋼・非鉄金属・金属製品統計編」。

　伸銅品の生産工程を示しておこう。伸銅品の生産では、原材料の地金を溶解し、鋳造、圧延、押出、引き抜き、鍛造などの加工を行う。伸銅とひと口に言っても、板、条、管、棒、線など様々な製品があるが、どのような形状の伸銅品を生産するかによって工程は異なる。大きく分けると、「板・条」、「管」、「棒・線」の３工程に分けられる。

**伸銅品（板）の製造工程**

原料（電気銅・電気亜鉛）→溶解・鋳造→切断・加熱→熱間圧延（荒延）→スカルピング→冷間圧延（中延べ）→焼鈍・洗浄→冷間圧延（仕上げ）→矯正・切断→外観検査→試験→製品（板）

　生田産機が手掛けているのは金属板・条に関する機械である。金属板製造の主な工程は圧延である。銅やアルミニウムといった非鉄金属の塊、インゴットを熱処理炉に入れて約600℃まで加熱し、熱間圧延機に通して15〜20ミリ程度まで薄くする。その際、水をかけながら冷却するため、金属表面が酸化する。その酸化層（酸化スケール）をロール状の刃物で削り取る。その工程を「スカルピング（scalping）」と呼んでいる。その後に、冷間圧延機にかけて精密に圧延していく。この酸化スケールを削り取る面削機が生田産機の主要製品である。

　今日のハイテク製品は高品質・高性能で、「軽薄短少」化も進んでいる。そこで使われる銅製品も薄くなっており、面削機にはかつてない高精度が求められている。

　圧延後、顧客が必要とするサイズに切断する機械がスリッターで、薄くなった板が反るのを修正する機械がテンションレベラーである。生田産機では、この一連の工程で使われる機械のなかで、圧延機を除く面削機、脱脂洗浄装置、スリッター、テンションレベラーなどを開発・製造している。ドイツに面削機メーカーはあるが、日本では生田産機のみという[2]。

## ❷ 生田産機の概要

　生田産機の概要を見ておこう[3]。創業は1919（大正8）年である。資本金は

---

(1)　経済産業省非鉄金属課（不明）「伸銅品製造産業の現状と課題」、https://www.meti.go.jp/policy/nonferrous_metal/strategy/copper02.pdf
(2)　生田産機の生田泰宏社長へのインタビューによる。
(3)　この項目は、生田産機の生田泰宏社長へのインタビュー、生田産機のサイト、https://ikuta-sanki.com/、寳［2020］による。

2,000万円で、社員は約80名である。売上高は2019年期で約30億円、うち約10億円は中国関連である。損益分岐点は20〜25億円とみられる。役員は4名で、内訳は社長、社長の弟2名、社員1名である。社長と弟2名で全株式を所有している。典型的なファミリー企業である。

　京都市伏見区の本社以外に、東京にも事業所がある。海外では、中国（蘇州）とトルコに海外法人を設立している。関連子会社に、貿易などを担当している（株）京ウィンドや食品機械製造を行う（株）生福があり、グループ企業は現在7社である。

　創業者は現社長の祖父、生田捨吉である。福井県東郷出身[4]で、京都の機械加工製造会社で働いた。そこで技術を習得し、丁稚奉公明けの1919年に伏見町[5]で生田鉄工所を創業した。伏見は日本有数の酒造地域である。生田鉄工所は酒造の機械設備を造り、フィルタープレスで酒造業界の合理化に貢献したという。

　中国での戦争が激化し、経済統制が進むなか、生田鉄工所は1935年に法人化して京阪機工株式会社となり、油送ポンプ製造で軍需工場に指定された。しかし、1945年の敗戦で解散し、生田鉄工所の経営権も捨吉のもとに戻った。

　現在の生田産機の主要製品である伸銅機の製造は、捨吉と寺田正春（後に生田産機の会長）との出会いがきっかけである。寺田は、南満州鉄道（満鉄）の技術者で面削に関する特許を保有していた。この出会いを契機に生田鉄工所は銅水洗粉砕選別機などの伸銅機製造に進出した。1950年のことである。

　1953年に改めて法人化し、生田産機工業株式会社という現在の社名になった。1955年、伸銅条材製造工程で不可欠となる黄銅板面削装置（スカルピング・マシン）を開発し、専売特許（No.27-14473）を取得した。続いて、1960年の黄銅棒電流焼鈍矯正機（実用新案特許）、1970年の両面面削装置（ダブル・サーフェス・スカルピング・マシン）などの工作機械を開発していった。

　1974年、創業者が逝去し、長男の生田宗宏（1930〜1999）が2代目社長に就任した。そのもとでは、面削機の大型化や韓国、イラン、ヨーロッパなどへの海外進出が進められた。1999年、社長が69歳で逝去すると、長男の現社長、生田泰宏が事業を承継した。3代目である。

　生田産機の主力製品である面削機は耐久財である。一度購入したユーザーは

長期間にわたって使用するため、置き換え需要はなかなか発生しない。一方、金属を削るカッターの刃は使うと摩耗する。摩耗した刃を使って面削すると、金属の表面に「ムシリ傷」と呼ばれる細かい傷がついてしまう。電子機器のように高い精度が求められる製品分野でムシリ傷は許容されない。そのため、カッターから刃を外し、研磨をする必要がある。

　2代目は刃物工具メーカーとの共存を重視する考え方で、カッターは外注し、刃の研磨も自社では行っていなかった。しかし、3代目は、面削機という耐久財のみへの依存をリスクと捉えた。カッターという消耗品市場への進出による継続的な売り上げ機会に注目し、2000年にカッターの自社製造に乗り出した。それに伴い、カッターのメンテナンス体制も社内に構築した。

　カッターは、筒状の本体に、社外から購入している超硬チップで作られた刃が銀鑞づけされている。面削によって摩耗したカッターが伸銅メーカーから生田産機に戻ると、超硬チップの刃を外して研磨し、カッター本体に再度銀鑞づけする。そのため、超硬チップを研ぎ直す研削盤も社内に設置した。これによって、面削、カッター、研削という三つの工程を自前で行う「Three in One テクノロジー」を確立した。この結果、同社は、面削機納入先との継続的な取引が可能となり、大きな差別化ポイントができた。2007年に、京都府の技術大賞を受けている。

　生田産機は、生産設備の開発にも余念がない。圧延時に使った油を洗い落す表面洗浄ライン、ロール状の金属板を顧客が要望する大きさにカットするスリッターライン、反りや内部応力を修正するテンションレベラーなども製品ラインアップに並んでいる。

　面削は金属の表面を削るため切り粉が発生する。伸銅品に高い精度が求められるようになったため、切り粉を一つのかけらもなく吸い込むバキュームクリーナーを開発した。電子機器向け材料として開発が進む超硬質合金を面削するための技術向上にも余念がない。

---

⑷　東郷村は福井県足羽郡にあった村。現在は福井市の一部となっている。

⑸　伏見町は1929年に伏見市となり、周辺の町とともに1931年に京都市に編入され京都市伏見区となった。

超硬ミーリングカッター　（出典：生田産機提供）

ミーリングカッター研削盤　（出典：生田産機提供）

❸ 多角化と環境

　生田産機には「京ウィンド」という子会社がある。現在は商社的業務を担っているが、以前は小型風力発電機を開発していた。

　生田産機が、ものづくりを生かした環境関連事業の立ち上げを考えていたタイミングで、京都工芸繊維大学の大学院で流体力学を研究し、「ジェット気流」に関する博士論文[6]を著した中国人社員（寧鉄）が入社した。1997年のことである。

　同社は風力発電への挑戦を決断した。1998年に入社したドイツ人社員（マイケル・ブフトマン[7]）も関心を示し、メンバーに加わった。1999年には、寧の母校である瀋陽工業大学風力発電研究所に300Wの発電機とコントローラーを発注し、それらを使って3枚翼のプロペラ型のデモ機を製造した。プロペラは寧が社内で設計し、その製作は京都の板金業者に依頼した。

　この風車を社内に設置して食堂に接続すると、風車が発電した電気で電動髭剃りが動き、社員から歓声が上がった。風車の本格的設計には至らなかったが、2003年、生田産機は、同社が参加している京都の機械金属関連の中小企業グループ「試作ネット」、京都大学、三菱重工との産学協同で、風力発電機を開発する「マリアの風プロジェクト」をスタートさせた。その一環として、京都大学の塩瀬隆之研究室から大学院生3名、学部生1名がインターンとして生田産

機に派遣された。同年12月には垂直軸風力発電機のプロトタイプが完成し、京都府やマスコミからも注目を集め、風車はボリビアに贈られた。

　2005年には、小型風力発電機の開発プロジェクトを進める京都府商工労働観光部から、その中核企業となるよう生田産機に依頼が来た。垂直軸風力発電機研究の権威である東海大学の関和市教授の指導を受け、開発がスタートした。

　翌年、商業機第1号が完成し、京丹後市の「道の駅てんきむら」に設置された。この商業機には「KYO WIND」という愛称が与えられ、金融機関の駐車場などにも設置されている。風力発電への関心が高まりつつあった時期で、小型風力発電機市場に多くのメーカーが参入していた。

　小型風力発電は、市街地で使うには発電効率があまり高くない。一方、翼による風切り音などの騒音問題があり、市場は広がらなかった。「KYO WIND」は主要部品である翼を外注するなど合理化を図ったが、ビジネスとして成立し難いと判断され、生田産機は小型風力発電機事業から撤退した。

　とはいえ、機械金属関連のものづくりで長い歴史を有する生田産機が環境技術の面で貢献できることは示された。2021年現在、同社は中国ビジネスなどで「京ウィンド」というブランドを展開している。

## ❹ 生田産機工業とグローバル展開

　生田産機は2015年、「ローリングプロセスの固有技術とノウハウを生かし、トルコを拠点に中東欧諸国へのグローバル展開に挑戦する」というテーマでオスカー認定を受けた。中小企業にとって、海外進出は容易なことではない。ましてや欧州となると、至難の業と言ってもよいだろう。しかし、生田産機の海外取引は早く、1978年に始まっている。

　グローバル展開の歴史は三つのステップに分けられる。第1ステップは海外

---

(6)　学位論文のタイトルは「計算流体力学によるジェット・エンジン内の複雑な流れ場の解明」(工学博士、京都工芸繊維大学、1997年3月25日、甲第152号)。

(7)　この社員は2001年にドイツへ帰国し、有力な大型風力発電機メーカーである「Enercon」に入社している。

市場への販売である。第2ステップは中国への直接投資で、そして第3ステップがトルコ・欧州への進出である。どのような背景が同社のグローバル展開を可能としたのか、検証していこう。

## （1）海外への販売

生田産機が最初に輸出したのは、1978年の韓国・Poongsan Metal Corp. への両面面切削装置と自動溶接装置であった。当時の韓国といえば、朴正熙（1917〜1979）大統領のもとで「漢江の奇跡」と呼ばれた高度成長の途上にあった。様々な素材メーカーが設立され、投資を拡大していた。

Poongsan Metal Corp. は韓国の最大手で、日本のメーカーを訪ねるたびに「IKUTA」というロゴの入った面削機を目にしていた。

生田産機にとって、Poongsan Metal Corp. への輸出は、日本メーカーの紹介で先方から引き合いが来た案件であった。輸出経験のない生田産機であったが、当時の韓国では日本語を話す年配者が数多くいたほか、漢字とハングルを混ぜた文章が使われていたため、言葉のハードルは低かった。これをきっかけに、同社は韓国3社、台湾2社に納入することとなった。

さらに1986年には、イランの国営伸銅工場に両面面切削装置を納入している。イランは1979年のイスラム革命後、宗教指導者が統治し、アメリカとの関係が断絶していたが、日本とは比較的良好な関係を継続していた。イラン政府が国策として素材企業を立ち上げるにあたって、1984年に丸紅と神戸製鋼所が製造プラント受注している[8]。生田産機は、神戸製鋼所からの発注で両面面切削盤を1年がかりで納入したという。

このように、生田産機の輸出は当初、海外市場に営業をかけて勝ち取った成果ではなく、国内での評判が海外にも広がり、先方から舞い込んできた受注であった。

## （2）中国への直接投資

生田産機のグローバル化において最も成功しているのが中国市場である。1993年に2代目社長と現社長が洛陽銅加工廠からの要請に応じたのが最初の訪

中であった。韓国や台湾のケースと同様、先方からの要請という点に生田産機の製品がいかに高い評価を得ていたかが分かる。

そんななか、先に述べたように1997年、京都工芸繊維大学大学院で博士号を取得した寧鉄が生田産機に入社した。現社長は、彼と一緒に中国へ行くと、中国市場の内情を深く理解することができたという。さらにもう一人、重要な人物が2000年に入社している。現在、生田蘇州の総経理をしている金井勇である。

1980年代以降、第2次世界大戦後に中国に残された日本人孤児が相次いで帰国していた。現社長が、彼らの一助になればと残留孤児の子女を対象とした求人を職業安定所（ハローワーク）へ出したところ、中国と日本の大学を卒業している金井と出会い、すぐに採用した。金井は、中国でのビジネス経験が豊富であった。技術的な面は寧、中国ビジネスは金井という、中国進出の強力なチームができた。

2001年に上海事務所を設置し、翌2002年に生田（蘇州）精密機械有限公司を浙江省に独資で設立した。さらに2003年には、日本の機械商社の(株)サカノシタと合弁で崑山生田貿易（現、蘇州伊庫達貿易有限公司）を、2012年に(株)セイワ工業と合弁で生和（蘇州）技研有限公司を設立している。

生田（蘇州）精密機械有限公司は順調に事業を拡大し、同じ蘇州市内で4回拡張移転している。最近の売上高は約10億円、従業員は45名である。

## （3）トルコ・欧州への進出

2015年にはヨーロッパ向けの拠点として、トルコのイスタンブールにIKUTA MAKINE A.S. を設立した。ヨーロッパ企業との取引も先方からの引き合いがきっかけであった。

ヨーロッパの伸銅会社からの最初のアプローチは1992年頃であった。特に大規模な取引としては、1994年のドイツの K.M. Europe Metal A.G. への納入がある。同社は1873年創業、従業員3,452名、生産量871,689トンというドイツ最大級の伸銅メーカーで、幅広い生産範囲をカバーしている。日本の大手伸銅メー

---

(8)　神戸製鋼のサイト、https://www.kobelco.co.jp/　参照。

カー・古河電工の工場を見学した際に生田産機の機械を目にし、声をかけてきた。

伸銅機械の本場からの引き合いであった。生田産機の社員は説明のために何度も訪独し、納入には至ったものの、試運転時での検収でクレームがついた。「契約書の仕様を達成していない」というのである。修正に1年以上をかけたが、了承は得られず、結局、装置代金の残金10％（4,000万円）を回収できなかった。契約条件決めの重要さと厳しさを実感したという。

2003年には、ギリシャのHalcor SA Metal Works社（従業員550名）との取引が始まった。同社の技術提携先である三菱伸銅（現・三菱マテリアル株式会社）を通じての引き合いであった。Halcor社のブルガリアにある生産拠点へ生田産機の社員が多数出張した。

トルコでの事業所設立は、日本人青年（北村大輔）との出会いがきっかけである。大学卒業後、海外を放浪した彼は、生田産機に自己PR文を送ってきた。「自然エネルギー」、「中小企業」、「海外拠点」、「経済産業省認定」、「元気のある中小企業300社」をキーワードに検索したところ、生田産機に出会ったという。

面接を経て採用された彼は、蘇州の現地法人で3年間勤務した。帰国後、本社で海外営業を担当していた時に、トルコ・イスタンブールでの現地法人設立を提案してきた。ドイツでの厳しい経験もあったが、現社長は取引実績のあるギリシャやブルガリア、イランから近いイスタンブールはヨーロッパ進出の窓口になると判断し、資本金5,000万円の全額出資子会社を設立した。最近の売上高は約2億円で、従業員は5名である。

## ❺ 生田産機工業におけるファミリー性

生田産機は、地域の産業に密接に結び付いた機械の製造販売で発展してきた。創業時は伏見の地場産業である酒造関連機器を製造し、第2次世界大戦後は、第9章で見たように、京都に幅広く展開していた伸銅業に関連した機器の開発・製造・販売にあたっている。酒造業や伸銅産業の後方連関としての酒造機械、伸銅機器である。伸銅品の生産において、面削という上位工程を絶対的強

みとし、下位工程の様々な装置開発でも豊富な実績を有することで、国内では他の追随を許さない地位を確立している。

　生田産機は所有も経営も創業家によるファミリー企業であるが、面削機という製品を紹介した寺田との出会いを好機と捉えた。外部の専門家からの提言に耳を傾け、面削機製造にかけた創業者生田捨吉の決断が今日の生田産機を作ることになった。ファミリー内に閉じこもらない企業家的志向性があったと言えよう。

　2代目社長の宗宏の時代は伸銅業界における定着期で、地道な経営を積み重ねた時期であった。階層的な分業構造の継続を良しとし、業界秩序を重視して、カッターという基幹部品事業には手を出さなかった。取引先の経営状況を考慮し、収益源となりうるカッターの外注を続けたのである。2代目は高度成長が終わり、安定成長に入ったあと、バブル経済とその崩壊という波乱万丈の時代のなかで、業界とともに生き残ろうという姿勢であったのかもしれない。

　バブル崩壊後の長期不況期に事業を継承した3代目の現社長・泰宏は、そうした古い取引関係にこだわらず、カッターを内製し、刃の研磨も手がけた。面削機という耐久財のみを扱うことで生じるキャッシュフローの悪化という課題を克服する道を選んだのである。

　グローバル化にも積極的に対応し、中国とトルコに現地法人を設立した。同社では、多くの外国人が活躍している。食品加工機械の製造を新たに始めるなど、事業の多角化にも余念がない。創業者のオープンマインドな企業家的志向性は脈々と受け継がれてきた。

　先に指摘したように、同社は株式も創業家の一族で保有している。ガバナンスにおけるファミリー性の強さを象徴する出来事がある。3代目の現社長が承継する際に2代目社長の弟、つまり現社長の叔父（当時、技術担当、常務取締役）に、保有する株式をすべて3代目に譲るよう、2代目社長の妻、つまり3代目社長の母が説得したという。新社長の上の世代（叔父）が株主では、経営に内向きのプレッシャーがかかるのではないかという懸念があったと推察される。

　現社長は、幅広い人的ネットワークをもっている。その一つが京都機械金属

中小企業青年連絡会（以下、機青連）である。機青連は1982年に設立された、若手経営者の組織である。「人間がキカイをつくるのだ！という原点に立ちつつ、時代と環境に適応した人間尊重の企業づくりをめざす」[9]ことを目的としている。

この機青連から派生したグループが「試作ネット」である。中小企業が下請けから脱却するための方策として、「試作」に焦点を当て、2001年に発足した。先に述べたように、生田産機の風力発電機開発は試作ネットによる事業であった。

もう一つが「一般社団法人日本道経会」である。日本道経会は、公益財団法人モラロジー道徳教育財団の経営者団体で、道徳と両立した経営を目指している。生田産機とモラロジーの接点は創業者生田捨吉の代に始まっており、生田家の指針となっている。その結果の一つであろうか、生田産機は外国籍の従業員を多数雇用している。地域との関係も重視しており、本社内の社員食堂、会議室は様々な地域イベントに開放されている。風力発電機開発を担当した社員は、地元の小学校で環境教育のボランティア活動に従事した。

生田産機の主力製品、伸銅機（しんどう）は長期にわたって使用される耐久財である。買い替え需要がなかなか発生しないという制約を打破すべく３代目が手掛けたのが消耗部品、「カッター」への進出である。

繰り返し述べてきたように、同社は３世代を経て高精度な伸銅加工に不可欠な「面切削装置」、「超硬カッター」、「カッター研削盤」を一体として提供する体制を構築した。それが、生田産機の最大の強みである。同社は現在、この特徴を生かすためにグループ総合力を高め、世界販売シェア拡大を図るというプランを掲げている。

# おわりに

生田産機は、創業家である生田家出身の社長とその２人の弟の計３人で全株式を所有しており、社長は代々の長男が承継してきている。現世代、前世代とも社長の兄弟が社内におり、世代をまたがる縦のファミリー、同世代の横のファミリーともに重視されている。所有・経営・家族の三要素が一体となった典

型的なファミリー企業である。

　しかし、ファミリー外からの意見を排除したり、ファミリー継続のためのリスク回避・保守主義、能力を無視したファミリー優先人事・身内主義（ネポティズム）といった内向き志向に陥ることはなかった。伸銅機への進出そのものが外部からのアイデアであった。

　オスカー認定のきっかけとなった海外進出の背景にも、ファミリーを重視しつつ外向きの志向性があったと思われる。生田産機には多くの外国人従業員がいる。現在（2022年4月時点）は、本社で中国、インド、インドネシア、ブラジル出身の従業員が働いている。同社のグローバルな風土は、現社長自身がアメリカ・ミネソタ州のセントトーマス大学へ留学したという経験に起因する。

　帰国後、YWCAのファミリー交流プログラムに登録し、日本で学ぶ留学生の支援活動に参加した。そこでの交流のなかから中国人の寧鉄が入社することになった。また、ドイツからインターン生を受け入れ、その学生が卒業後、生田産機に入社したケースもあった。

　こうした人的交流という外向きの力が、海外進出にあたっての強い推進力となってきたと言えよう。ファミリーの誇りと企業家的志向性のバランスに優れた企業である。

---

### 参考文献一覧

・生田産機工業、https://ikuta-sanki.com/、2021年8月21日アクセス。
・経済産業省［2021］「2020年経済産業省生産動態統計年報　鉄鋼・非鉄金属・金属製品統計編」。
・経済産業省非鉄金属課［不明］「伸銅品製造産業の現状と課題」、https://www.meti.go.jp/policy/nonferrous_metal/strategy/copper02.pdf、2021年8月21日アクセス。
・神戸製鋼所、https://www.kobelco.co.jp/、2021年8月21日アクセス。
・京都機械金属中小企業青年連絡会（機青連）、http://www.kiseiren.com/about.html、2021年9月5日アクセス。

---

(9)　京都機械金属中小企業青年連絡会（機青連）のサイト（http://www.kiseiren.com/about.html）を参照。

・竇少杰［2020］「ファミリービジネスと持続的な経営——生田産機工業の事例を中心に」、関智宏編『持続可能な経営と中小企業』同友館所収。

◆ 第13章

# 航空宇宙用ボルト・ナットの
# （株）寺内製作所

### 労働組合主導で経営再建・第二創業へ

## は じ め に

　本章で検討する寺内製作所は創業100年以上の長寿企業であり、ファミリー企業から三菱電機の子会社となり、倒産の危機に直面するも労働組合主導で経営再建を果たした。その後、航空機ボルト・ナット事業に重点化して「第二創業」を成し遂げた企業である。2019年時点で資本金58,532,000円、従業員185名で、主力製品は航空機用ボルト・ナットである。売上高約30億円のうち半数を民間航空関係が占め、防衛関係の官需が35％、ガスタービン関連が15％である。

　航空機用ボルト・ナットを製造しているメーカーは少なく、寺内製作所以外には、ミネベアミツミ、メイラ（名古屋螺子製作所）、尾張精機などに限られている。これらのなかで寺内製作所は、技術力の高いミネベアミツミに次ぐ位置にある。

　2020年に同社再建の立役者である山本賀則が社長を退き、植月邦彦が継承した。植月は寺内製作所生え抜きの社員で社長就任時に48歳だった。ほかに3名の取締役と1名の監査役がいる。取締役の一人である古家野彰平は弁護士で、労働争議時代に組合顧問弁護士だった古家野泰也弁護士の子息である。監査役の人見敏之は清友監査法人の代表社員である。株式の保有割合は、役員が55％、従業員持株会が33％、労働組合が12％である。

　寺内製作所は、①創業者寺内梅次郎が経営するファミリー企業期（1913年〜1956年）、②三菱電機傘下の時期（1956年〜1975年）、③労働争議・会社更生法下の時期（1975年〜1980年）、④経営再建により黒字化を達成する時期（1984

年〜1998年）、⑤航空機部門に経営資源を重点配分し「第二創業」[1]を推進する時期（1998年〜）を経て、航空宇宙用ボルト・ナットという極めて高い精度が求められる分野で確固たる位置を占めるようになった。

　以下、第1節では、寺内梅次郎が創業したファミリー企業が「京都三大軍需工場」にまで成長しえた理由について考察する。第2節では、1975年以降の倒産危機を労働組合主導で乗り越えることができた背景と要因を探る。そして、第3節では、経営再建の後に「航空機用ボルト・ナットに重点化する、従業員主体の会社」として、「第二創業」することができた背景と要因について考察する。

## ❶ 創業から第2次世界大戦まで

### （1）創業

　寺内製作所は1913（大正2）年に川端三条で誕生した。創業者の寺内梅次郎（1886〜1959）は現在の京都市伏見区深草飯食町に生まれ、わずか10歳で四条通御幸町の傘屋で丁稚奉公を始めた。2年ほどで夷川通寺町の漬物屋へ奉公先を変えたが、そこも2年ほどで辞めている。

　漬物屋を出たあと大阪へ行き、1904年に大阪砲兵工廠に職を得た。重工業分野で日本有数の技術・設備を持っていた大阪砲兵工廠は、兵器だけでなく様々な金属製品を製造していた。梅次郎はここで金属加工の技術を習得した。その後、戦時中は軍の仕事に携わった。現在、防衛産業に携わる寺内製作所の原点は、この大阪砲兵工廠にあったのかもしれない。

　3年ほどで大阪砲兵工廠を辞めたあと、大阪・天神橋筋の金属加工の町工場でプレス加工などに従事した。砲兵工廠や町工場で、梅次郎は天職としての金属加工に出合ったのである。

　1909年に梅次郎は京都に戻り、転倒しても灯油が漏れない安全装置付きのランプ「安全ランプ」を開発し、新案特許を受けた（寺内製作所100年史編集委員会［2014］43ページ）。この安全ランプを製造する工場を、叔父西野岩松の支援

で深草飯食町に建てたが[2]、資金不足により1年半ほどで閉じてしまった。

　その後、梅次郎は東山三条の町工場で働き始めた。この町工場は、足踏みロクロで小ネジを作っていた。これがネジ製造という現在の寺内製作所の業務の出発点であった。しかし、梅次郎がダルマプレスなどを持ち込んで作業効率を高め、製品の仕上げを改善すると、工場主が機嫌を損ねてしまい、5日で辞めさせられた。その時、知人が川端三条にある十軒長屋の一部屋と資金50円を提供してくれ、梅次郎は自分の工場を持つことができた。1913年のことである。

　知人のこうした支援は、梅次郎の腕・技術の確かさに信頼を置いていたからという。これが寺内製作所の創業とされている。設備はロクロ3台、職工は梅次郎を含め3名であった。最初の注文は、ガス灯に使う「黄銅ナット」や「小ねじ類」で、「安全ランプ」の評判が注文を取るうえで大いに役立った（寺内製作所100年史編集委員会［2014］45ページ）。

## （2）軍との取引

　梅次郎は、川崎造船所と取引のある村田金物店（東洞院松原下ル）からの受注をきっかけに、川崎造船所の孫請け仕事を得るようになった。創業後わずか1年で工場は手狭となり、東山通古門前に移転し、職工も10名に増えた[3]。1914年に始まった第1次世界大戦が1918年に終わると、景気は低迷した。1919年に、海軍の御用商人である坂本商店（長崎県佐世保市）から「規格ナット」の注文が入り、海軍への納入が始まった。海軍の仕事を引き受けるために工場の拡張が必要となり、1920年2月に伏見区墨染に移転した[4]。

----

(1)　寺内製作所の社史（寺内製作所100年史編集委員会［2014］）は、1998年以降を「第二創業」期としており、本稿もこの時期区分に従う。「第二創業」の定義には諸説あるが、中小企業庁編［2001］では、後継者による新事業創出、後継者による新たな経営組織の構築と定義されている。近年の事業承継の動向については、日本政策金融公庫総合研究所編［2020］を参照。

(2)　西野岩松は当時、錦小路高倉で漬物商を営んでおり、これが現在の西利の前身であるとされる。西利は1940年に創業百余年の西利商店から暖簾分けで誕生した会社である。

(3)　実弟西野岩次郎も事業に参加している（寺内［1973］103ページ）。

(4)　墨染への工場移転では、移転費用12,000円のうち1万円を叔父西野治郎吉が貸与したという（寺内［1973］68〜70ページ）。

坂本商店社長の協力で、寺内製作所は1922年11月に「普通螺子」の海軍指定工場となった。それがきっかけで、軍需用だけでなく民生用のネジの売り上げが伸び、設備投資を進めた。従業員も1927年には約100名にまで増えている。

工場を拡張するため、1929年4月には現本社がある深草芳永町に移転した。この時の従業員は約200名である。わずか2年で倍増したわけだが、1929年10月にアメリカで起きた株価大暴落による世界恐慌によって経営危機に陥った。

幸いにも、1931年の満州事変に伴う軍需の急増によって経営危機は乗り越えられたが、梅次郎は個人経営の限界を痛感した。坂本商店からの出資を得て1933年12月に法人化し、株式会社寺内製作所となった。資本金は50万円で、代表取締役に梅次郎が就任し、弟の西野岩次郎、坂本商店社長の息子坂本正己も取締役として経営陣に名を連ねた[5]。

その後、「精密螺子」も海軍指定工場となった。精密螺子は、航空機の機体、発動機、魚雷、魚雷発射管、機雷、爆雷に使われる高精度の螺子である。精密螺子の海軍指定工場は東京螺子（現・ミネベアミツミ）と寺内製作所の2社だけだった。

海軍との取引が拡大するにつれ、さらなる設備拡張が必要になった。資金調達手段として1937年に増資が行われ、取引関係にあった三菱電機と住友金属からの出資を得て資本金は200万円となり、取締役と監査役に両社の関係者が就任した[6]。

日中戦争の激化に伴い航空兵器の増強を目指していた陸軍は、川崎航空機（現・川崎重工）にネジを納入することを要請し、寺内製作所は陸軍専用工場を新設した。さらに太平洋戦争が始まると軍部からの増産要求は一層強まり、東宝映画太秦撮影所を買収して工場とするなど生産体制を強化していった。

これにより寺内製作所は、島津製作所、寿工業と並んで「京都三大軍需工場」と呼ばれるようになった。「社長以下の役員、全従業員に徴用令状を受け、（中略）軍の直轄工場並みの管理下に置かれ」、終戦時には徴用工員8,200名、動員学徒1,050名、挺身隊員20名の総勢9,270名が働いていたという（寺内製作所100年史編集委員会［2014］67ページ）。

## （3）戦後復興から三菱電機傘下へ

　1945年8月の終戦によって軍需生産は停止され、徴用工員らは解散した。軍需会社法による軍需工場の指定も解除され、12月31日付で梅次郎が代表取締役に復帰した。しかし、ネジ類の需要はほとんどなく、水筒など生活用品を製造した。ネジの注文が再開したのは1947年で、三洋電機の自転車発電ランプ用であった。

　1950年に始まった朝鮮戦争は日本経済に特需景気をもたらし、寺内製作所もネジやアメリカ空軍規格部品などの受注を得て売り上げが急増した。1951年の半年間で1億2,500万円を売り上げ、98万円の利益を出している。しかし、朝鮮戦争特需で利益を得たのは1期のみで、1951年後半以降、損失が続いた。

　1952年の保安庁に続き、1954年発足の防衛庁・自衛隊向けの仕事が航空機メーカーを通して始まったが、その受注額は少量に留まり、苦しい経営が続いた。そのため、最新鋭の機械設備を導入することは難しかった。

図13-1　寺内家系図

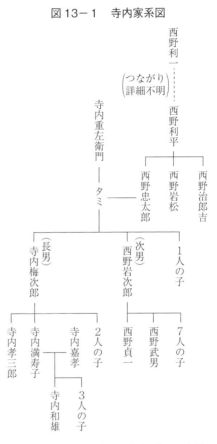

出典：寺内製作所提供の系図に、社史に基づいて加筆。

---

(5)　寺内［1973］103ページ。寺内は母方、西野は父方の苗字である。なお、世界恐慌後の不況期には、梅次郎の妻の父、太田孫衛門からも資金を得ている（同、94ページ）。

(6)　寺内製作所は1956年に三菱電機に経営移譲されたが、三菱電機との関係はこの1937年に始まった。

　この頃から、アメリカ空軍向けの航空機用補給部品を生産し始めたが、その際、米軍の品質管理規格に定められた工程の検査管理法を防衛庁の指導で導入した。後に航空機用ネジの様々な規格を取得するが、この米軍品質管理規格が出発点となった（寺内製作所100年史編集委員会［2014］76ページ）。

　1956年4月、社長の梅次郎は現体制のままで設備の近代化を図ることは不可能と判断し退任した。戦前から出資を受け深い関係にあった三菱電機に経営を委譲し、寺内製作所は三菱電機の子会社となった。その後は、三菱電機から派遣された社長が比較的短期で交代していくことになる[7]。

　1956年はいわゆる「なべ底不況」で、1958年から1959年にかけて売上高は前期比84％に下落し、1億9,000万円の単期赤字を計上した。累積赤字は2億8,000万円に達し、人員整理が行われた。

　東京オリンピック（1964年）、大阪万博（1970年）と続いた大型イベントによる建設用のハイテンション・ボルト（高力ボルト）の需要増を見込んで滋賀県土山町（現甲賀市）に新工場を建てたが、同ボルトの需要見込みが外れ、大きな赤字を生むことになった。1973年に滋賀工場を分離したものの、その間、京都の本社工場の設備投資が停滞し、経営基盤は弱体化した（寺内製作所100年史編集委員会［2014］78〜83ページ）。

　三菱電機は寺内製作所の経営を放棄し、1975年3月、保有していた同社の全株式をダンボールメーカーのトーエイ工業に売却してしまった。それを契機に、寺内製作所は激しい労働争議の時代を迎えることになった。

## ❷ 倒産の危機と労働争議

　寺内製作所の歴史を論じるうえで、労働争議や労働組合が果たした役割の評価を避けて通ることはできない。ここでは、1975年から1980年の不況期に倒産危機に直面した寺内製作所における労働争議を取り上げ、倒産回避と会社再建に大きく貢献したのが総評全国金属労働組合京滋地方本部寺内製作所支部（以下、組合）であったことを明らかにし、その要因を探ることにしたい[8]。

　前述のように1975年3月、親会社・三菱電機が保有株式のすべてをトーエイ

工業に譲渡したために系列関係が解消され、寺内製作所は倒産の危機に直面した。その後の展開は、以下のように二転三転した。

　株主総会での役員交代の承認決議は組合がストライキで抵抗したため、延期を余儀なくされた。困り果てた経営陣は、京都地裁に会社更生手続き開始を申請した。会社更生手続きの開始が決定されると、管財人は従業員の人員削減を提案し、実施された。

　しかし、その後、資金繰りがさらに悪化したため、管財人は更生を断念し、地裁は更生手続きの廃止を決定する。組合は大阪高裁に抗告し、三菱電機本社への抗議行動を強めていく。

　こうした背景のもとで、三菱電機は組合との団体交渉に応じ、寺内製作所の再建に協力する旨の回答を示す。大阪高裁は更生手続き廃止を取り消し、寺内製作所は、新たな管財人のもとで再び会社更生への道を歩むことになった。そして、組合の「自主再建」路線と三菱電機の再建協力とによって廃業を回避し、再建を実現した。

　このようにめまぐるしく事態が推移した寺内労働争議を系列中小企業の労使関係論の立場から丹念に分析した先行研究が相田利雄の論文（相田［1982］）である。相田は、様々な行動主体が労働争議の生成・展開をいかに規定し、争議を通していかに変化していくかという視点から各主体への詳細な聞き取りを行い論じている。具体的には、組合、寺内闘争支援共闘会議や全国金属労働組合京滋地方本部（以下、全金京滋地本）、親企業の三菱電機、寺内製作所の経営陣、更生管財人と組合代理人が取り上げられている。

　相田論文に基づいて争議の経過を整理すると、**表13−1**のように三つの段階に分けられる。

---

(7)　ただし、役員には、取締役として梅次郎の息子・寺内孝三郎と義理の息子・寺内嘉孝、監査役には梅次郎の弟・西野岩次郎が入っている。次の社長の時代にも、寺内孝三郎と西野岩次郎が役員に名を連ねている。三菱電機の子会社になってからも、創業家の影響力を残そうと努めていた。三菱側から社名変更の打診があった際も、寺内孝三郎は「簡単に承服できる問題ではないので、反射的に賛成しかねる」旨の発言をしたという（寺内製作所100年史編集委員会［2014］80ページ）。

(8)　1970年代中盤以降の長期不況下における中小企業の労働組合運動については、戸塚・井上［1981］、井上［1983］、熊沢［1987］、井上［1991］などの先行研究を参照。

表13-1　労働争議の経過と時期区分（1975年～1980年）

| | |
|---|---|
| 序段 | [1975年]<br>3月28日　三菱電機が寺内の保有株式のすべてをトーエイ工場に譲渡し系列関係を解消【争議の開始】<br>5月8日　組合が三菱電機を不当労働行為（団交拒否）で京都地労委に提訴<br>5月24日　組合、倒産に備え、労働債権の確保のために、会社幹部と協定書を締結。<br>5月31日　寺内の株主総会が、組合の実力行使で役員交代できず<br>5月31日　寺内、会社更生法の適用を京都地裁に申請 |
| 第2段階 | 7月14日　伏見地区労と全金京滋地本が支援共闘会議を結成<br>8月18日　保全管理人、83名の人員削減を含む「再建案」を発表<br>9月5日　組合、定期大会で「再建案」をめぐって紛糾し、賛成派の執行委員6名が辞任［組合の内部分裂状態へ］<br>9月9日　組合は、古家野組合代理人に会社代理人や三菱電機との交渉を委ねる<br>9月16日　三菱電機、寺内保全管財人、組合、臨時・嘱託組合、全金京滋地本が「協定書」を締結（三菱電機が寺内に融資、組合が三菱電機への不当労働行為申立を取り下げ）<br>9月17日　組合、臨時・嘱託組合が、更生管財人に、83名の希望退職を容認する「覚書」を差し入れ<br>9月18日　京都地裁、会社更生手続の開始を決定<br>11月17日　組合、定期大会で希望退職に応じること（指名解雇には反対）を決定<br>11月25日　黒瀬更生管財人、更生廃止と職権破産を促す報告書を京都地裁へ提出し翌月に辞任、新たに酒見管財人が就任<br>[1976年]<br>1月7日　京都地裁、会社更生手続の廃止を決定［破産宣告の危機］<br>1月26日　組合、臨時・嘱託組合、更生会社寺内、債権者、株主が廃止の取消を求めて大阪高裁へ即時抗告を申立<br>2月4日　組合は三菱電機本社への抗議行動を展開し、「管財人派遣、発注増、運転資金」など要求書を提出<br>　　　　三菱電機は、寺内の再建をめぐって酒見管財人との相談を重ねる<br>3月24日　三菱電機が組合との団体交渉に応じ、「融資の実施や発注要請など再建に協力する」と回答<br>3月26日　組合と三菱電機が大阪高裁へ即時抗告に関する上申書を提出 |
| 第3段階 | 4月7日　大阪高裁、更生手続廃止決定の取消を決定<br>　　　　管財人・組合・三菱電機は、最終協定に向けた「覚書」を交わす<br>7月22日　組合代理人が「三菱永続責任論を正面に据えることは寺内の破綻につながる。組合は真に自力更生の立場から管財人との協力関係を鮮明に打ち出すべき」とのメモを発表<br>[1977年]<br>　　　　酒見管財人、更生計画案を作成<br>3月31日　管財人や組合の自主再建路線に非協力的な前任者に代えて、代表取締役に寺内孝三郎、取締役に西野武男、高瀬敏男、監査役に中野叔夫の就任<br>6月　　　京都地裁、更生計画案を認可<br>　　　　酒見管財人、資金繰り悪化を乗り切るため、（組合が労働債権として確保していた）社宅用地の売却を組合に提出<br>12月26日　組合、臨時大会で社宅用地の売却に同意するとを決定<br>[1978年]<br>　　　　組合、支援共闘会議の協力のもと、経営分析を実施し再建方針を作成<br>3月　　　組合、自主再建方針を示した『寺内再建闘争勝利をめざして―いま何をなすべきか』を発表<br>9月　　　三菱電機、岡本元管財人補佐を寺内に派遣、不採算品種の切り捨て、航空機部門の強化を打ち出す<br>[1979年]<br>4月28日　組合、残業規制を実施<br>[1980年]<br>12月27日　三菱電機、会社、組合が「最終協定」を締結【争議の集結】 |

出典：相田［1982］112ページの別表をもとにして、総評全国金属寺内製作所支部［1986］と寺内製作所［2014］、寺内製作所所蔵の裁判史料を参考に一部加筆。

　第1段階（序段）は争議の開始期であり、系列関係の解消から会社更生手続きの申請までの期間である（1975年3月〜5月）。第2段階は、会社更生手続きの開始そして廃止と状況が激変するなかで、人員削減をめぐって組合が動揺する時期である（1975年9月〜1976年4月）。第3段階は、高裁による廃止の取消決定がなされ、新たに選任された管財人の助言によって組合の「自主再建」路線が確立し、三菱電機による再建協力方針とかみ合っていく時期であり、最終的には、三菱電機・会社・組合が協定書を締結し、争議が終結する（1976年4月〜1980年12月）。

　以下では、相田［1982］を導きの糸としつつ、総評全国金属寺内製作所支部［1986］と寺内製作所100年史編集委員会［2014］、寺内製作所および法政大学大原社会問題研究所[9]に所蔵されている裁判史料や争議史料を検討素材として、倒産の危機に直面した寺内製作所が様々な困難を克服して再建をなしえた要因を浮き彫りにしてみたい。

## （1）会社再建の諸要因

　相田によれば、寺内製作所が倒産を回避し、再建を達成しえた要因は、以下の三つの行動主体の変化である。

　第一に、労働組合の闘争路線の変化であり、親会社・三菱電機の責任を追及する闘争路線から、寺内製作所の「自主再建」に深く関与する路線に変化したことである。争議の過程で、組合の内部には大きく分けて二つの潮流が存在していた。一つは、寺内経営陣のマネジメント能力の欠如を糾弾しつつ、親会社・三菱電機の責任を追求し、労働者の雇用と生活、そしてそれを担保する労働債権を守る闘争路線をとる潮流である[10]。

　この潮流は、争議の序段で、三菱電機の団交拒否を不当労働行為として京都

---

[9]　法政大学大原社会問題研究所「社会労働問題アーカイブス」の「全金南大阪労働運動資料」ファイルには、労働争議の期間中に総評全国金属寺内製作所支部等が発行したビラやニュースなど32点が収蔵されている。

[10]　直接の使用者である寺内経営陣だけではなく、「使用者概念拡大」論に基づき、親会社・三菱電機に対して責任追及を行う潮流である。当時の全金の倒産反対・「使用者概念拡大」闘争については、平沢［1982］を参照。

地方労働委員会に救済を申し立てる一方で、倒産に備えて、労働債権の確保の
ために寺内の会社幹部と協定書を締結し、組合が三菱電機との関係を形成し維
持するうえで重要な役割を果たした[11]。

　もう一つは、経営陣のマネジメント能力の欠如を補完すべく、組合が経営に
関与し、将来的には三菱電機に依存しない「自主再建」、「自力更生」を目指す
潮流であり、争議の第3段階において会社再建の方向性を示す重要な役割を担
った[12]。

　第二に、三菱電機の変化である。三菱電機は、1975年9月16日に同社・寺
内・組合の3者で締結された協定書（三菱電機は寺内製作所に資金協力をし、
組合は三菱電機の不当労働行為の救済申立を取り下げることを定めた協定書）
をもって争議は解決済みとの認識をもっていた。しかし、地裁が更生手続きの
廃止を決定したあとに組合が三菱電機本社への抗議行動を強めると、三菱電機
は組合との団体交渉に応じ、寺内製作所の再建に協力する旨の回答を示すよう
に変化した。

　さらに三菱電機は、組合が「自主再建」路線に変化するのを見定めたあとに
再建協力への関与を強め、1978年9月、同社部長の岡本元を管財人補佐として
寺内製作所に派遣した。岡本は、就任わずか1年半の間に管財人や会社管理者
と協力して経営改善方針を提起し、実績を上げた。

　第三に、上記のように組合や三菱電機が変化を遂げたのは、酒見哲郎更生管
財人や古家野泰也組合代理人が更生再開に向けて三菱電機との交渉を重ねつつ、
三菱電機の再建協力方針がかみ合うように、組合に対して「自主再建」への関
与を強く促したからである。また、会社更生法の枠組みのもとで、1977年3月
に管財人が作成した更生計画案において、管財人や組合が主導する「自主再建」
路線に非協力的な旧経営陣が解任されたことも、寺内製作所の「親会社依存の
経営体質」を除去するうえで重要な出来事であった[13]。

　加えて、1980年12月に三菱電機・寺内製作所・組合の3者の間で締結された
最終協定書では、更生管財人と組合代理人が更生手続き終了後も向こう2年間、
取締役に就任することを要請する、と記されていた（相田［1982］166ページ、
寺内製作所100年史編集委員会［2014］98～99ページ）。

　以上が会社再建に関する相田の考察結果であるが、本稿では第四の要因として、争議の過程で従業員の半数は会社に残ることができたとはいえ、不況・受注難が長期化するなかで、半数は希望退職や退職勧奨などによって会社を去ったという事実も、会社再建のために寺内製作所の従業員が支払わなければならなかった大きな代償として強調しておきたい。

　同社の従業員数は、1975年５月時点で、本工249名、臨時・嘱託（以下、臨嘱）47名の296名であったが、同年11月に希望退職が実施され、本工62名、臨嘱５名、部課長７名の74名がそれに応じ、２名が自己都合退職し、臨嘱７名が指名解雇（うち２名は撤回）となった。その結果、従業員数は本工187名、臨嘱37名の224名に減少した。その後も70名以上の従業員が退職し、1977年３月時点では、本工146名、臨嘱３名の149名となり、1975年５月に比べてほぼ半分に減少した。

　合計すると、本工103名、臨嘱44名が離職したことになる（相田［1982］135 137ページ、寺内製作所100年史編集委員会［2014］90ページ、95ページ）。「自主再建」を実現するための代償（コスト）は大きかったと言える。

## （2）「自主再建」の行方

　1978年９月に三菱電機から管財人補佐として派遣された岡本は、管財人や会社管理者、そして組合とも協力をして経営改善方針を提起し、短期間のうちに実績を上げた。具体的には、組合、全金京滋地本や支援共闘会議との対話促進、付加価値分析により付加価値の低い産業機械向けボルトの縮小・打ち切り、付

---

⑾　相田［1982］128～129ページを参照。この協定書には、「支払停止の危険が生じたと組合が認めた時は、組合員・従業員の労働債権の引当原資として会社より一切の動産・不動産を組合に譲渡する」という条項が含まれており、これは、全金中央本部が過去の倒産争議の経験をふまえて作り上げた条項が基礎になっていた。

⑿　この二つの潮流は、83名の人員削減を含む再建案が発表された1975年８月以降、その評価をめぐって見解の対立が表面化・先鋭化し、再建案に賛成の執行委員６名が辞任するという事態が生じ、組合組織が分裂寸前の状態になった。しかし、1976年１月の京都地裁の更生手続き廃止決定の後は、組合は高裁への即時抗告に向けて分裂を避け団結を固めるようになった。相田［1982］132～140ページを参照。

⒀　相田［1982］151ページ、古家野［1984］24～26ページを参照。管財人の推薦により社長には寺内孝三郎が就任し、取締役に岩次郎の息子（梅治郎の甥）西野武男がいた。翌1978年に寺内孝三郎が体調を崩して入院したため、西野武男が社長となった。

296

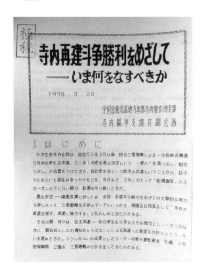

1978年3月に組合が発表したパンフ
レット

加価値の高い航空機用ネジ部門の強化拡大、真空熱処理炉の新設導入、旋盤の更新投資など生産設備の充実、再建の障害である生え抜きの取締役2名の解任（1979年2月）、西野武男社長を中心とした会社管理者の団結強化などに精力的に取り組んだ。組合も、岡本の職場での奮闘を好意的に評価していた[14]。

　組合は、1977年10月から、支援共闘会議の指導を受けながら会社の経営分析を実施した。その成果は、1978年3月、組合が発表したパンフレット『寺内再建斗争勝利をめざして——いま何をなすべきか』に生かされた。このパンフレットは、

相田によれば、「会社再建の見通しを明示し、組合主導による寺内の自主再建路線を定着させたものであり、争議において一つの転機を画した文書」である（相田［1982］154ページ）。

　高度成長下において、「机をたたけば、銭がとれ、労働条件もあがる」という段階での労働組合の団結は、明らかにゼニ・カネを中心とする団結であった。しかし、今求められているのは、それとは明らかに違った団結の質—独占資本の思うままにされない、「われわれの職場、生活は、我々の団結の力によって守る」という団結である。資本や経営陣に、おねがいしたり、おねだりしたりするのではなく、自らの力で生み出した物を、自らの力で管理し、生活を守っていくというものである。それこそが、まさに、自主再建闘争であり、労働者が、自らの生活は自らの力によって守り抜くという、自立した闘いである。／倒産下、破産下での闘いは、……労働者としても経営面に深く介入し、自らの職場、生活を確保していくという、新しい闘いが必要なのである[15]。

　このように、『いま何をなすべきか』は、高度成長期のような「ゼニ・カネ
を中心とする団結」から、「われわれの職場、生活は、我々の団結の力によっ
て守る」という企業倒産時代の新たな「団結の質」へ転換する必要性を説き、
「自主再建闘争」とは「労働者としても経営面に深く介入」し「自らの力で生
み出した物を、自らの力で管理し、生活を守っていく」ことであることを明確
に示した。

　そのうえで、労働組合自身が経営分析を行うなかから次第に明らかになって
きた寺内自主再建の「展望」を、以下のように具体的な数字で明確に指し示し
ている。

　　生産、売上、受注、総費用、損失の推移を見てみる。……この数字の動
　向は、「寺内再建が決して、不可能でなく、全体のより一丸となった主体
　的な取り組みによって、大きく展望が拓ける」事を示している。／我々の
　生活と職場を守り抜くための、再建闘争勝利をめざして、全体で現状の認
　識と核心点をとらえ、以下に述べる。
　（1）売上―経費9,500万円の安定的確保、（2）在庫、製造工程管理機能
　の強化と確立、（3）職制機構の簡素化と機能化の3点を中心とした基本
　的改革を整理し提案する。……
　　この闘いの正否は、127人の組合員一人ひとりの双肩にかかっていると
　いって過言でない[16]。

---

⒁　相田［1982］158～160ページ、寺内製作所100年史編集委員会［2014］96ページを参照。
　　なお、西野武男社長は後に人員整理を提案したため、それに反発する組合は寺内製作所
　　生え抜きの市橋竹二郎副社長を社長に擁立し、再び経営は創業家の手を離れることにな
　　った。
⒂　全国金属京滋地本寺内製作所支部・寺内闘争支援共闘会議「寺内再建斗争勝利をめざし
　　て―いま何をなすべきか」1978年3月20日、総評全国金属寺内製作所支部［1986］91ペ
　　ージ。高度成長期の「ゼニ・カネを中心とする団結」に関連して、熊沢［1987］は、井
　　上［1981］の分析に依拠しつつ、1960年代における倒産反対争議は、究極的には、労働
　　者が企業の解体を認めることによって労働債権となにがしかの解決金とを手中にして職
　　場から立去っていくという決着の仕方が圧倒的であり、背景資本に対して倒産の責任を
　　追及する行動も一般的ではなかったと述べている。

　この『いま何をなすべきか』の起草者の中心メンバーは、当時執行委員の山本賀則であった（寺内製作所100年史編集委員会［2014］96ページ）。山本は、1973年に入社してまもなく激動の労働争議の渦中に飛び込み、1976年から1979年に執行委員、1980年に書記次長、1981年から1986年には書記長を務め、まさに寺内製作所の「自主再建」路線を現場で実質化・実装化させる役割を中心的に担ってきた人物である（総評全国金属寺内製作所支部［1986］157〜159ページ）。

　組合の執行委員として労働争議を経験した「寺内生え抜き」の山本は、争議後も「自主再建」の意味やその内実を問い続けてきたという[17]。山本は、1986年に刊行された『全金寺内40年のあゆみ』の座談会のなかで、争議を振り返って次のように発言している。

　　『いま何をなすべきか』を出して以降、「人の問題」で、O［岡本］さんの派遣が9月に実現して、その時に私らは何を言っていたかというと、「彼が来たことで安心するな・［経営分析をして］彼より先にこちらが政策を出して、彼らにこうするんだ、という形で考えていかねば」ということなんですが、やはり、彼の指導の土俵の上で寺内の経営がまわっていたと思います。／……自主再建と言いつつ、何ができているのかという点検がいつもあって、やはりあまり進んでないなあという結果になってます。（総評全国金属寺内製作所支部［1986］125ページ。［　］内は筆者補足）

　この座談会の10年後の1996年、山本は製造担当取締役に就任し、その後も品質保証担当取締役などを歴任し、2002年には代表取締役社長に就任するが、就任後も「自主再建と言いながら、岡本氏の指導の土俵で寺内の経営が回っていたのではないか」と問い続け、「自分としては、社長就任を寺内自主再建闘争の最終段階、総仕上げ期と位置づけた」と述べている[18]。

## ❸ 第二創業へ──航空機部門を重点化

高度成長期から寺内製作所の受注は、三菱電機関連、建設機械、防衛庁関連

の航空機部品が三本柱であったが、更生終了後の経営再建過程で航空機部門を
次第に拡大していった。再建開始時に売り上げの約3分の1だった航空機部品
部門は2000年代に入ると8割台になった。その内訳を見ると、当初80％以上が
防衛関係であったが、次第に民間機が増えていった。

　航空機産業は、研究開発の期間が長く、初期投資が大きい一方、回収にはリ
スクがあり、長期間を要するという特性をもっている[19]。また、航空機産業で
事業を行うためには極めて高い安全性と厳しい品質保証が求められ、品質シス
テムや国際機関・団体の認証の取得・継続も不可欠である。

　航空機部品、特に民間機分野の拡大に極めて重要な役割を果たしたのは、長
期的な経営計画であった。

## （1）中期経営計画の策定

　2001年8月、寺内製作所の役員会は、産業機部門からの撤退、航空宇宙部門
への特化を決定した。しかし、その直後に、アメリカで「9・11同時多発テロ」
が発生した。そうした逆風のなかで、2002年に山本が社長に就任した[20]。

　社長となった山本は、航空宇宙部門への特化にあたって、当面の売上減少を
覚悟するとともに、「人員整理をしない」という決意のもとに取りかかった。
折からの不況もあいまって、就任直後の2002年度には、売上高が前年比75％、
損益面では前年比84％となり大幅な減収減益となった（寺内製作所100年史編集
委員会［2014］115ページ）。

---

(16)　前掲『寺内再建斗争勝利をめざして――いま何をなすべきか』1978年3月20日、総評全国
　　金属寺内製作所支部［1986］94ページ。熊沢［1987］は、倒産すれば諦めて何らかの退
　　職金をもらって次の職場を探すのが中小企業労働者の常態であるが、どのような条件に
　　恵まれる時、中小企業労働者は倒産反対闘争を継続することができるのだろうかと問い
　　を立て、「うまく経営し、われわれががんばれば、企業としてやってゆけるという予測」
　　の重要性を指摘し、「その企業が供給しうる製品やサービスの市況に一定の将来展望が
　　なければ、労働者が倒産反対に腰をすえることはやはりないであろう」と述べている。
(17)　2019年11月27日、2021年3月22日に松岡・辻田・伊達が実施した山本賀則氏への聞き取
　　りに基づく。
(18)　2021年3月22日に実施した筆者らの山本賀則氏への聞き取りに基づく。
(19)　航空機産業のリスクについては、Newhouse［1982］が詳しい。
(20)　以下の記述は、近畿経済産業局［2010］を参考にした。

　しかし、当時の設備や人員体制では飛躍が望めないという認識や、航空機産業における計画性の重要性を理解していた社長の山本は、航空宇宙部門へ特化するために中期経営計画の策定を最優先事項とした。

　まず、2003年から2004年にかけて、計画策定のために従業員を外部研修に積極参加させ、「従業員参画型」の計画策定に向かって動き出した。課長以上の従業員を集め、泊り込み合宿でのSWOT分析で自社の「強み（strength）」、「弱み（weakness）」、「機会（opportunity）」、「脅威（threat）」を徹底的に分析した。これにより、会社の「弱み」、課題を従業員と共有しながら、「なすべき事項」を洗い出し、具体的な施策へと落とし込みを行って売上計画を立案した。

　中期経営計画には、年度毎の強化策、投資計画、顧客別マーケティングも盛り込み、その計画に従って順次実行した。その後の景気の回復と相まって、急速な業績の回復を見ることになる。2009年、新鋭設備を備えた工場が竣工した。

　航空機メーカーや主要部品メーカーに部品を納入する場合、Nadcap（National Aerospace and Defense Contractor Accreditation Program）の認証が義務となっているが[21]、Nadcap認証取得計画も中期経営計画の中で位置づけられ、それに基づいて実施された。2003年には航空宇宙および防衛分野における品質管理の国際規格であるJIS Q9100認証を取得し[22]、2007年にNadcap NDT（Nondestructive Testing：非破壊検査）、2010年にNadcap HT（Heat Treating: 熱処理）、NDT（非破壊検査）認証、2016年にNadcap CP（Chemical Processing: 化学処理）認証を得た。

　以上のような中期経営計画の実施によって寺内製作所は、材料調達から、冷・温間鍛造、切削・転削・研削加工、熱処理・表面処理、そして破壊・非破壊検査までを自社で実施する一貫生産体制を構築した。これが同社の大きな強みとなった（近畿経済産業局［2010］29ページ、寺内製作所100年史編集委員会［2014］111ページ）。

　2010年の売上高は23億1,500万円だったが、2013年には34億8,200万円まで増加した。航空分野が貢献しており、特に民間機部品は7億8,900万円（2010年）から15億3,700万円（2013年）とわずか3年でほぼ倍増した。2018年時点で、民間機部品の売上高は航空分野の54.5％と半数を超えるに至っている。

## （2）従業員主体の会社へ

　会社更生手続が終結したあとの1981年３月、三菱電機がトーエイ工業に譲渡した株式はすべて三菱電機に戻され、三菱電機はその株式を酒見管財人に託す（株主からの信託）ことになった。酒見管財人は古家野組合代理人と協議し、次のことを確認した。

①株式は会社自主再建の担い手が取得する。

②労使間の保有割合は会社側75％、組合側25％とする。

③会社側の株式は、自主再建の担い手を見極め、帰属を決めることとし、それまでの間は、酒見管財人が預かる。

④役職交代時には、株式は原則として後任に全部譲渡し引き継ぐことを原則とする[23]。

　経営再建が軌道に乗り、業績が安定するようになると繰越損失が解消され、剰余金の増加が見込まれるようになった1995年、株式の保有者を課長職にまで広げ、管理職持株会が発足した[24]。寺内製作所は、「自らの生活と職場は自ら

---

[21] Nadcap は、従来の個別企業ごとの認証は顧客企業に巨額の管理コストがかかるため、1990年に発足した世界の主要航空機メーカー・エンジンメーカーが運営管理する団体 PRI（Performance Review Institute）による業界共通の特殊工程認証制度である。中村［2021］2925ページ。Nadcap のカテゴリーと対象工程については、杉山［2018］108ページを参照。2020年２月時点で、日本では164か所の事業所が Nadcap を取得している。野村総合研究所［2021］14ページ。

[22] これは航空宇宙産業に必要な内容を加味した ISO9001 である。国際航空宇宙品質グループ（IAQG）の規格 IAQS9100 と JISQ9100 は相互承認されており、アメリカの AS9100 や欧州の EN9100 と相互認証される。杉山［2018］107ページ。

[23] 1984年11月の覚書で、株式の帰属者を役員および組合と定めた。会社側75％について、社長以下それぞれの役員の保有株数を決め、組合側25％については、委員長、書記長の個人名義で保有することにした。また、この覚書では、自主再建の担い手として株式を保有するに至った経緯から、株式保有が私益のためではないことを確認している（寺内製作所100年史編集委員会［2014］104ページ）。

[24] 規約で、株式の保有者を課長職にまで広げ、役員・管理職の持株基準、株式移転に関する取り決め、譲渡代金、総会における議決権行使は株主自身が行うことなどを取り決め、株式の帰属を明確にした（前掲書、104ページ）。

の力で守り抜く」という主体のあり方を制度的に担保する仕組みをつくり上げていった。

　社長の山本は、中期経営計画に基づいて、2009年、役員持ち株会、従業員持株会を発足させるとともに、労働組合の保有割合を25％から徐々に12％に削減することにした。2009年時点で、発行済み株式総数に対して、役員持株会が62％、労働組合が13.7％、従業員持株会が22％を保有している[25]。

　この従業員持株会について山本は、「自主再建闘争の中で結実した『いま何をなすべきか』で示した『労働者の経営への介入』の考え方、『自らの生活と職場は自らの力で守り抜く』という労働観の実質化・実装化なんです」と述べている[26]。

## おわりに ——労働組合の自主再建闘争を経て「第二創業」へ

　創業者寺内梅次郎は、創業後の1920年代から高い精度を求められる軍事用のナット、ネジを手掛けてきた。今日の航空機用ボルト・ナット事業における寺内製作所の地位は、結果から見れば、その源流を創業者に求めることもできようが、本章で見てきたように、同社の歴史的歩みは、三菱電機への経営移譲・子会社化、三菱電機による株式売却、倒産寸前の状況のもとでの労使の激しい軋轢・抗争、会社更生手続きの取り消し、労働組合の「自主再建闘争」、三菱電機の再建協力、会社再建手続きの再開など、まさに波瀾万丈の物語であり、それは、ファミリー企業の事業承継の難しさ、「第二創業」の産みの苦しみを示すものであった。

　寺内製作所における自主再建・「第二創業」の経験は、今日的な視点から見ても、示唆に富む内容を含んでいると言えるだろう。自主再建・「第二創業」を可能にした諸要因をまとめると下記の３点が重要となる。

　第一に、労働争議の過程で、会社更生手続きの取り消しという危機的状況に追い込まれ、労働組合と三菱電機の深刻な対立をかみ合わせ両者が協力して再建に向かわせる役割を果たしたのは、紛争解決的行動をとる更生管財人の酒見哲郎と組合代理人弁護士の古家野泰也（後に寺内製作所の非常勤取締役に就任）の存在であり、イニシアチブであった。彼らは、組合に「三菱永続責任論」

を退けさせ、「自主再建」路線への転換を促し、三菱電機から金銭的・人的な再建支援措置の約束を取り付けた。

　その後は、三菱電機から派遣された管財人補佐の岡本元と組合が、労使協議会での議論を重ね、航空機用ボルト・ナット部門の強化／産業機械部門の縮小という現実的な方向性（再建の可能性・再建への展望）を明確に打ち出した。

　第二の要因は、親企業から系列関係を解消され経営陣が形骸化・空洞化し、従業員のなかに深刻な「失望」が蔓延していた状況下で、寺内製作所を「離職（exit）」するのではなく、労働組合を通じて集団的に「声（voice）」を上げ、同社の経営組織・管理体制のありようを正していこうとする層が労働者の内部に形成されたことである。

　この「声」の底流には、「寺内を『自主再建』させ、ともに闘ってきた仲間達と一緒に、この『私達の会社』寺内で働き続けたい」という一種の「愛着」、すなわち「ロイヤルティ（loyalty）」が形成され、存在するようになったと言えるかもしれない[27]。

「愛着」、「ロイヤルティ」の基礎には、労働組合が「労働者として経営面に深く介入し、自らの力で生み出した物を、自らの力で管理し、生活を守ることが自主再建闘争の内実である」との立場を明確にしたうえで、ユーザー別付加価

---

[25]　山本賀則氏の JAM 朝日レントゲン労働組合講演資料、2009年11月14日。

[26]　2021年3月22日に実施した筆者らの山本賀則氏への聞き取りに基づく。

[27]　組織に適正な機能を回復させる力としての「発言（voice）」「退出（exit）」、そして発言を活発化させたり退出を制限したりする「ロイヤルティ（loyalty）」の役割については、ハーシュマンを参照（Hirschman [1970]）。フリーマンとメドフは、ハーシュマンの退出・発言仮説をアメリカの労働市場の分析に適用し、労働組合のある事業所のほうが、労働組合のない事業所よりも離職率が下がり生産性が高まることを明らかにしている（Freeman and Medoff [1984]）。都留 [2002] は、退出・発言仮説を1990年代初頭の日本の労働市場に適用した計量分析に基づいて、日本の労働組合は従業員の発言を促してはいるが、離職抑制効果をほとんど持っていなかったことを明らかにしている。また、都留は、ハーシュマンにおいては、ロイヤルティの根拠が明確にされておらず、組織の状態が悪化する時に、成員がその組織に対してなぜロイヤルティを抱き続けるのかの説明が欠如していると指摘している。本稿は、ロイヤルティの根拠については、Hirschman [1982] が描写したような、一方で、「失望（disappointment）」が「集団的行動」へ向かわせ、「発言」を促すメカニズムと、他方で、「展望」を見いだすメカニズムの分析が一つのヒントになるのではないかと考えている。

値分析などから明らかになった寺内自主再建の「展望」を具体的な数字で明示したことがある。

　労働組合が経営分析を実施し、労使協議会に参加し、そこで協議された方針に基づいて「寺内で働き続ける」ために、自らの労働のありようを問い直し、現場の改善を進めるという、いわば「タテ」（経営参画）の知識・技能の形成に向かおうとする力が従業員のなかで働いていたことがうかがわれる[28]。

　第三の要因は、従業員の経営参加の仕組みの実装化である。自主再建闘争を中心的に担った従業員・経営陣たちの努力によって、一方では、管理職・従業員持株制度の創設、他方では、航空機部門の重点化という「第二創業」を実現するために中期経営計画を従業員参加型で策定し、それに基づいた設備投資の実行、Nadcap認証の取得を実施し、寺内製作所の経営管理体制を世界の航空機業界の品質要請に耐えられるように変革していった[29]。

　航空宇宙部門に特化することを掲げた2005年の中期経営計画は、着実に実を結びつつある。寺内のネジは、国際宇宙ステーション（ISS）の日本実験棟「きぼう」や、2023年に打ち上げ予定のH3ロケットのエンジン部分に使われている。こうした成果は、労働組合の自主再建闘争を中心的に担い、そこで得た教訓を中期経営計画に結実させた山本賀則のリーダーシップに依存するところが大きかったと言えよう。

　経営再建の過程で航空機部品に特化していった寺内製作所に、2022年度後期放送のNHK連続テレビ小説『舞いあがれ！』の舞台となった東大阪市のネジ工場の姿を重ねる人がいるかもしれない。ヒロインは実家の町工場において、航空機部品を手掛けたいという想いを残したまま逝った父の夢を叶えようと奮闘する。極めて高い安全性が求められる航空機部門に参入するには、厳格な品質管理体制、国際的な認証取得、最新鋭設備への投資といった様々な困難を克服しなければならない。その険しい山道を登り切った寺内製作所に、『舞いあがれ！』の制作チームから航空機部品に関する問い合わせや相談が相次いだ。

　同社は本社工場でのロケ撮影にも協力し、社員もエキストラなどで出演している。それゆえ、朝ドラで描かれた東大阪のネジ工場は、航空機部品への参入という点において寺内製作所と軌を一にするものとなった。

　航空宇宙部門を取り巻くグローバル競争はいっそう激化している。山本が退いた現在、植月邦彦社長率いる新体制のもとで新たな経営計画を従業員とともに策定・実施し、新しい顧客を開拓し続けられるかどうかが、今後の寺内製作所の飛躍の大きなカギを握るであろう。

---

### 参考文献一覧

・相田利雄［1982］「系列関係解消下における中小企業の労働争議——系列企業から友好企業への事例」『社会労働研究』29(1・2)、109〜178。
・中小企業庁編［2001］『中小企業白書 2001年版』ぎょうせい、2001年。
・Freeman, Richard B. and James L. Medoff［1984］*What Do Unions Do?*, Basic Books Inc.（島田晴雄・岸智子訳『労働組合の活路』日本生産性本部、1987年）。
・平沢栄一［2009］『争議屋——戦後労働運動の原点』論創社。
・Hirschman, A. O.［1970］*Exit Voice and Loyalty: Responses to Decline in Firms, Organizations, and States*. Harvard University Press（矢野修一訳『離脱・発言・忠誠——企業・組織・国家における衰退への反応』ミネルヴァ書房、2005年）。
・Hirschman, A. O.［1982］*Shifting Involvements: Private Interest and Public Action*. Princeton University Press（佐々木毅・杉田敦訳『失望と参画の現象学——私的利益と公的行為』法政大学出版局、1988年）。
・井上雅雄［1983］「不況下における労働組合機能 - 上 - 総評全国金属の事例に即して」『日本労働協会雑誌』25(12)、11〜21。
・井上雅雄［1991］『日本の労働者自主管理』東京大学出版会。
・近畿経済産業局［2010］『地域中小企業の航空機市場参入動向等に関する調査——航空機産業　参入事例集』。

---

(28)　このような、労働組合の自主再建闘争を通じて「タテ」方向（経営参画）の知識・技能の形成に向かう力の解明は、1970年代半ば以降の日本的経営論のなかであまり語られてはこなかった論点ではなかろうか。小池［1981］は、定着率の低い、非正規雇用比率も高い中小企業においても、現場でのOJTを通じた機械の多台持ち・多工程持ち（多能工化）、別言すれば、現場の「ヨコ」の知識・技能が形成されうることを指摘してきた。

(29)　2020年からの新型コロナの世界的感染拡大に伴い、航空機需要は大幅に減少した。2020年の航空機製造は、前年の約5分の1に縮小したという。航空機用のボルト・ナットを作る寺内製作所にも大きな影響があったのは言うまでもない。特に影響が大きかったのが民間機の分野で、売上高はおよそ30%減少した。防衛関係は景気にあまり影響されないため、変化はなかった。一方、ガスタービン部門は、海外要因で若干の増加だった。その結果、2020年度の売上高は約26億円となった。

・小池和男［1981］『中小企業の熟練——人材形成のしくみ』同文舘出版。

・古家野泰也［1984］「感覚的弁護士考——ある更生事件の経験から」萌立明・吉田隆行・福井啓介・田中実編『弁護士雑考——酒見哲郎弁護士開業30年を祝って』法律文化社所収。

・熊沢誠［1987］「倒産反対闘争の足跡——会社更生法下の全金大阪」総評全金大阪「更生法交流会」編著『倒産労働運動——大失業時代の闘い方、生き方』柘植書房に所収。

・中村洋明［2021］『新・航空機産業のすべて——「空飛ぶクルマ」から時期ステルス戦闘機まで』日本経済新聞社。

・Newhouse, John［1982］*The Sporty Game*, New York: Knopf（航空機産業研究グループ訳『スポーティーゲーム——国際ビジネス戦争の内幕』1988年、学生社）。

・日本政策金融公庫総合研究所編［2020］『経営者の引退、廃業、事業承継の研究——日本経済、地域社会、中小企業経営の視点から』同友館。

・野村総合研究所［2021］「航空機産業及びその周辺産業における中小企業のあるべき姿と政策の方向性調査」経済産業省、2021年6月。

・杉山勝彦［2018］「航空機産業における中小企業の挑戦」『一橋ビジネスレビュー』65(4)、100～112。

・総評全国金属寺内製作所支部［1986］『全金寺内40年のあゆみ』。

・寺内製作所100年史編集委員会［2014］『寺内製作所100年史』。

・寺内嘉孝［1973］『寺内梅治郎傳——精密ねじ寺内製作所創始者の一生』寺内梅薫会。

・戸塚秀夫・井上雅雄［1981］「中小企業の労働争議——全金H精機・全国一般S機械の倒産反対争議」労使関係調査会編『転換期における労使関係の実態』東京大学出版会に所収。

・都留康［2002］『労使関係のノンユニオン化—ミクロ的・制度的分析』東洋経済新報社。

# 第14章

# 調査先9社の登記事項とこれに関する分析

## 長寿企業は会社法をどのように活用しているか

## はじめに

　2006年5月に会社法が施行され、株式会社は、一定の規制のもとで会社による選択によって機関設計が自由化されるとともに、多様な種類の株式の発行が認められるようになった。長寿企業が、定款自治のもと、会社法が企業経営に関する自由化を広く認めたことをどのように評価し、それを登記すべき事項にいかに反映させているのか、関心がもたれるところである。

　事例で取り上げた9社の登記事項に関する履歴事項全部証明書を基にした調査結果を項目別に一覧化したものが**表14-1**である。

　以下、調査結果について、特記すべき事項を中心に説明する。なお、調査の実施時期（履歴事項全部証明書の日付）は、9社とも2022年1月7日である。

## ❶ 9社の概要

　9社はすべて株式会社である。株式会社は、周知の通り、企業規模を世界的に拡大して事業を展開することを可能とする会社の法的形態である。反対に、株主有限責任のもとで株式会社としての法人格を利用しつつ、株主が1人の一人会社に典型的に見られるように、個人商店のような小規模な株式会社に留まることも可能である。

　9社の会社としての成立時期は、1933年の寺内製作所以外は、第2次世界大戦後である。8社のうち6社は我が国が高度経済成長を謳歌する前の昭和20年

表14－1　　9社の登記事項の概要

| 商号 | 株式会社秋江 | 株式会社京都紋付 | 株式会社小堀 |
|---|---|---|---|
| 本店 | 京都市上京区堀川通上立売下ル北舟橋町835番地 | 京都市中京区壬生松原町51番地の1 | 京都市下京区不明門通正面上る亀町5番地 |
| 会社成立 | 昭和33年5月15日 | 昭和44年1月17日 | 昭和36年12月1日 |
| 目的 | 各種織物の製造並びにデザインの企画ほか | 紋付の加工、製造、販売及び輸出入業ほか | 一般仏具の製造及び販売ほか |
| 発行可能株式総数 | 3万2000株 | 10万株 | 16万株 |
| 発行済株式総数 | 8000株 | 4万5000株 | 12万株 |
| 株券発行 | 株券発行会社 | ― | 株券発行会社 |
| 資本金の額 | 1000万円 | 2250万円 | 6000万円 |
| 株式の譲渡制限 | あり（取締役会の承認） | あり（取締役会の承認） | あり（取締役の過半数の承認） |
| 役員 | 代表取締役　秋江弘一<br>取締役　　　秋江義弘<br>取締役　　　秋江理美子<br>取締役　　　秋江弘美<br>取締役　　　田中久喜(注1)<br><br>監査役　　　岡本秀巳<br>（権限限定あり）(注2) | 代表取締役　荒川徹<br>取締役　　　荒川弘子<br>取締役　　　荒川恵子<br>取締役　　　荒川優真<br><br>監査役　　　伊藤誠一<br>（権限限定あり） | 代表取締役　小堀賢一<br>代表取締役　小堀正(注4)<br>取締役　　　黒田倍美(注5) |
| 機関設計 | 取締役会設置会社<br>（監査役設置会社） | 取締役会設置会社<br>（監査役設置会社） | （株主総会＋取締役） |
| 種類株式の内容 |  | 10株（種類株主総会の決議を要する事項に関する定め）(注3) |  |

| 商号 | 株式会社丸嘉 | 近江屋ロープ株式会社 | 西村陶業株式会社 |
|---|---|---|---|
| 本店 | 京都市伏見区横大路貴船114番地 | 京都市下京区七条通西洞院東入夷之町689番地 | 京都市山科区川田清水焼団地町3番地の2 |
| 会社成立 | 昭和51年2月10日 | 昭和35年7月2日 | 昭和22年10月31日 |
| 目的 | 木材・建材の卸売・小売業務ほか(注6) | 繊維ロープ、ワイヤーロープその他各種物資の売買、輸出入ならびに代理業務ほか | 陶磁器の製造及び販売ほか |
| 発行可能株式総数 | 1万4000株 | 10万株 | 6万株 |
| 発行済株式総数 | 1万株 | 3万8000株 | 5万3640株 |
| 株券発行 | ―(注7) | 株券発行会社 | 株券発行会社 |
| 資本金の額 | 1000万円 | 3800万円 | 6000万円 |
| 株式の譲渡制限 | あり（株主総会の承認） | あり（取締役会の承認） | あり（取締役会の承認） |
| 役員 | 代表取締役　小畑隆正<br>取締役　　　小畑綾子 | 代表取締役　野々内達雄<br>代表取締役　野々内祐樹<br>取締役　　　野々内恵美子<br>取締役　　　谷田光雄<br><br>監査役　　　池田武寿<br>（権限限定あり） | 代表取締役　西村嘉浩<br>取締役　　　西村嘉夫<br>取締役　　　西村威夫<br>取締役　　　西村哉毅<br><br>監査役　　　大川雅司<br>（権限限定あり） |
| 機関設計 | (注8) | 取締役会設置会社<br>（監査役設置会社） | 取締役会設置会社<br>（監査役設置会社） |

| 商号 | 株式会社 KOYO 熱錬 | 生田産機工業株式会社 | 株式会社寺内製作所 |
|---|---|---|---|
| 本店 | 京都市左京区岡崎西天王町79番地の1 (注9) | 京都市伏見区村上町408番地 (注10) | 京都市伏見区深草芳永町666番地 |
| 会社成立 | 昭和35年4月1日 | 昭和28年4月17日 | 昭和8年12月1日 |
| 目的 | 金属熱錬工業ほか | 金属加工用機器具の設計、製造、販売ほか | 特殊精密螺子、普通螺子、各種ボルト、ナット、小ねじ、および特殊リベット、鋲類の製造販売 |
| 発行可能株式総数 | 8万株 | 4万株 | 40万株 |
| 発行済株式総数 | 5万株 | 4万株 | 13万4128株 |
| 株券発行 | 株券発行会社 | 株券発行会社 | ― |
| 資本金の額 | 2500万円 | 2000万円 | 5853万2000円 |
| 株式の譲渡制限 | あり（取締役会の承認） | あり（取締役会の承認） | あり（取締役会の承認） |
| 役員 | 代表取締役　杉本卓也<br>取締役　杉本輝代<br>取締役　杉本洋一<br>取締役　杉本景子<br><br>監査役　幸前清孝 | 代表取締役　生田泰宏<br>取締役　生田雅哉<br>取締役　生田稔<br>取締役　梁勇<br><br>監査役　横江治康<br>（権限限定あり） | 代表取締役　山本賀則<br>代表取締役　植月邦彦<br>取締役　小林年<br>取締役　古家野彰平<br>取締役　樋口武<br><br>監査役　人見敏之 |
| 機関設計 | 取締役会設置会社<br>監査役設置会社 | 取締役会設置会社<br>（監査役設置会社） | 取締役会設置会社<br>監査役設置会社 |
| 取締役等の会社に対する責任の免除 | | | 会社法426条1項による責任の免除、427条1項の規定による責任限定契約の締結 |

注1：同族以外の取締役と思われる。
注2：監査役の監査の範囲を会計監査に限定する定款の定めのあるもの（会社法389条1項）。会社法上の監査役設置会社には該当しないため（会社法2条9号）、機関設計では（　）付きで表示している。
注3：会社法108条1項8号が規定するいわゆる拒否権付種類株式、「黄金株」である。ただし、未発行である。種類株主総会の決議を要する事項は、①取締役の選任、②取締役の解任など、計11項目が登記されている。
注4：登記された住所は、東京都の特別区である。
注5：従来、取締役は2名であったものの、2021（令和3）年2月に就任の登記がされている。
注6：2021年1月に変更の登記が行われるまで、目的の1番目は「宅地若しくは建物の売買若しくは交換、または宅地若しくは建物の売買、交換若しくは賃借の代理若しくは媒介」とされていて、登記上の主業は不動産業であった。
注7：2021年1月に、株券を発行する旨の定めを廃止する登記が行われている。
注8：2021年1月に「取締役会設置会社」「監査役設置会社」を廃止する登記が行われている。あわせて3名の取締役のうち2名が辞任し、1名の就任が登記されている。
注9：「京都オスカークラブ」の名簿に記載された所在地（京都市南区吉祥院池田町38）と登記上の本店所在地が異なる。
注10：「京都オスカークラブ」の名簿に記載された住所（京都市伏見区横大路下三栖辻堂町6番地）と異なる。
後注：9社の登記事項に関する調査実施時期は、2022年1月7日である。

代〜昭和30年代、残り２社は昭和40年代〜昭和50年代に成立している。

　なお、本店所在地が「京都オスカークラブ」の名簿に記載されたものと異なる企業が２社ある。創業の地であるなどの要因によって変更されていないと考えられる。例えば、KOYO熱錬は、明治時代に伸銅業が集積した京都市左京区の岡崎を本店としている。

## ❷ 目的

　登記された会社の「目的」について、９社すべてで現在の主業が上位に登記されている。ただし、丸嘉は、2021年１月に変更の登記がなされるまで、不動産の売買、不動産の管理、損害保険の代理業が目的の上位に登記され、「一般家具の販売」と「木材の製材及びその販売」は４番目と５番目に登記されていた。変更の登記により、同社の目的は「木材・建材の卸売・小売業務」が１番目となり、実際の主業と一致することとなった。

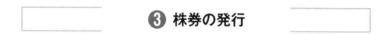

## ❸ 株券の発行

　会社法のもとでの株券は、これを発行しないことを原則とし、定款で定めた場合に限って株券を発行できるとされている（会社法214条）。会社法制定前商法（以下、「旧商法」という）では株券の発行を原則としていたが、180度変更された。株券の発行は、印刷自体に非常に多くの手間とコストを要し、株券の印刷に対応できる印刷会社も限られることがその一因である。

　９社のうち、株券発行の登記があるのは６社である。ただし、この登記は、旧商法が株式会社について株券の発行を原則としたことを受けて、「会社法の施行に伴う関係法律の整備等に関する法律」（平成17年法律第87号）136条12号の規定によって、登記官が株券発行会社である旨の登記を職権で行わなければならないことによるものであって、各株式会社が会社法の施行に合わせて、株券発行会社となることを選択した結果ではないと考えられる。

　株券不発行を原則とする会社法214条について、社会にいまだ十分に周知さ

れていない可能性がある[1]。株主の数が比較的少数に留まる同族会社の場合、株券を発行する必要性は高くない。

なお、丸嘉は、2021年１月に、株券を発行する旨の定めを廃止する登記を行っている。2006年の会社法の施行からすでに15年以上経過しているものの、今後、特に小規模な株式会社でこのような動きが広がるものと考えられる。

## ❹ 資本金の額

旧商法の下での株式会社の資本金は、最低資本金制度[2]により、1,000万円以上とする必要があった。９社は会社法制定前から存在しているため、いずれも資本金は1,000万円以上で、１億円を超える会社はない。「1,000万円」が２社、「1,000万円超3,000万円以下」が３社、「3,000万円超5,000万円以下」が１社、「5,000万円超１億円以下」が３社である。いずれも、中小企業基本法上の中小企業に分類できる。

ここで、中小企業庁の「中小企業実態基本調査」（令和元年確報（平成30年度決算実績））[3]をもとに、中小企業の資本金階層別の構成を確認しておく。企業総数は1,563,879社で、資本金「1,000万円以下」が1,259,625社と全体の80.5%を占める。次に、「1,000万円超3,000万円以下」が194,846社（12.5%）、「3,000万円超5,000万円以下」が69,759社（4.5%）、「5,000万円超１億円以下」が32,421社（2.1%）、「１億円超」が7,227社（0.5%）である。

以上のデータを９社と対比すると、資本金1,000万円超の会社が９社中７社であるとともに、3,000万円超の会社が４社と約半数を占める点が特筆できる。

---

(1) 会社法上、株券の記載事項が216条に規定されているものの、印刷会社で印刷の上、発行すべきことを規定する条文は存在しない。したがって、会社法上、代表取締役がコピー用紙を使って、会社法216条に規定された記載事項を自書して株券を作成することも可能である。ただし、株券が発行される場合、株券は厚手の和紙を用いて（和紙自体がたわまない程度のしっかりした厚みがある）、偽造対策として株券の周囲に地紋を印刷するなどの方法によって作成・発行される。

(2) 会社法によって廃止された。

(3) https://www.e-stat.go.jp/stat-search?page=1&toukei=00553010&bunya_l=07による。

資本金が3,000万円超の会社は、我が国の中小企業全体のなかでは、約7％にすぎない。9社の資本金規模は中小企業のなかでも大きい部類に属する。

西村陶業は、2020年8月に資本金4,914万円を6,000万円に増資している。増資は、株主割当てによらなければ、各株主の議決権保有比率に影響を与え、株式会社の支配構造に変化を生じさせる。中小企業での増資は、さらなる成長と将来の株式上場を意識するといったことがなければ、行われにくい。西村陶業の場合は、事業拡大のための用地確保に充てられている。なお、資本金が大きければ、銀行借入への依存度が低くなるという財務上の効果を伴う。

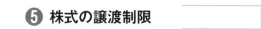

### ❺ 株式の譲渡制限

譲渡制限株式は、譲渡による当該株式の取得について、当該株式会社の承認を要する株式である（会社法2条17号）。憲法で保障された自由財産制のもと、株式の譲渡を全面的に禁止できないところから、譲渡による株式の取得について、当該株式会社の承認（取締役会設置会社の場合は取締役会の承認）を得ることを条件とすることによって、株式会社にとって不都合な者が株主となることを排除することが可能になっている。

譲渡を株式会社が承認しない場合、当該株式会社が株式を買い取るか、買い取る者を指定できる（会社法140条）。株式の譲渡制限は、株主の個性が重視される中小企業にとって不可欠の制度である。株式の譲渡制限は、9社すべてで登記されている。

なお、会社法のもとで、「公開会社」は株式の証券市場への上場とはまったく別の概念である（会社法2条5号）[4]。そして、「公開会社でない会社」（非公開会社）は、発行するすべての株式に譲渡制限を設けている会社を意味している。また、9社のうち、非取締役会設置会社である小堀と丸嘉は、株式の譲渡を承認する機関として、前者が取締役の過半数、後者が株主総会としている。

## ❻ 会社法のもとでの機関設計の自由化に関する説明

　会社法上の非公開会社かつ非大会社[5]は、上場会社と同様の機関設計から、旧有限会社法で認められた「株主総会＋取締役」という非常にシンプルな機関設計まで、最も多様な選択肢から機関設計を選択することが可能である。株式会社の機関設計に関する基本的な規律は、会社法326条から328条までに規定されている。

　なお、旧商法のもとでは、株式会社には「株主総会＋取締役会＋監査役」という機関設計が強制されていた[6]。取締役会は取締役3名以上で構成され、少なくとも1名を取締役会の決議で代表取締役に選定[7]する必要がある。これは、会社法のもとにおける取締役会設置会社と同様である（会社法331条5項、362条2項3号）。そして、監査役を少なくとも1名選任する必要があり、どんなに小規模な株式会社でも、取締役3名と監査役1名の計4名の役員を選任する必要があった。

　同族経営の中小企業の場合、これら4名の役員は親族から適宜、選任することが通例で、代表取締役には創業者や株式の過半数以上を保有する者など、役員のなかの筆頭格が就任するケースが典型的なパターンである。同族から取締役3名を選任できない場合や、社会的な評判を経営者が意識する場合は、地域の名士や有力者に取締役への就任を要請し、これらの者は、会社経営に一切関与しない状態で名目上の取締役となる場合もあった。

---

⑷　この定義規定に用いられている日本語の意味が、非常に分かりにくい。以下の本文で説明する「公開会社でない会社」の意味を踏まえ、「公開会社」は、その発行する株式の全てに譲渡制限がないか、一部の株式に譲渡制限のある会社ということになる。

⑸　「大会社」の定義は、会社法2条6号に置かれている。最終事業年度に係る貸借対照表に資本金として計上した額が5億円以上であるか、負債の部に計上した額の合計額が200億円以上であるかのいずれかに該当する株式会社である。

⑹　ただし、旧商法下では、商法特例法により、大会社の場合、現行の指名委員会等設置会社を選択することができた。

⑺　会社法では「選任」と「選定」とが使い分けられ、「選任」は、比較的多くの候補者のなかから選ぶ場合に、「選定」は限られた対象者のなかから選ぶ場合に使われている。

　これに対して会社法では、非公開会社かつ非大会社の場合、取締役会や監査役の設置は任意である。会社の選択に基づき、定款で定めることによって機関設計を選択できる。「株主総会＋取締役」を最低限の機関設計とし、これ以外の機関の設置は、会社がその必要性を判断できる。

　取締役会を設置しない場合、取締役のなかから代表取締役を定めることもできるが、これを定めない場合、取締役は各自が会社を代表する（会社法349条1項～3項）。ただし、取締役会を設置しない場合と監査役を設置しない場合には、株主の監督是正権が強化される[8]。株主がすべて同族であれば、株主の監督是正権をそれほど意識する必要はないかもしれないが、取締役会と監査役を設置するかどうかは、機関設計を選択・決定する際の重要なポイントである。監査役の設置も任意であるから、株主である同族の者が1名あるいは数名が取締役に就任すれば問題はない。ただし、取締役会を設置すると、最低限、監査役または会計参与の設置が必要である。

　上述のように、取締役会を設置しなくても、選任された取締役のなかから会社の代表権を有する代表取締役を定めることもできるから（会社法349条3項）、対外的な呼称の点でも取締役会設置会社と変わりはない。

　非公開会社かつ非大会社が選択可能な機関設計は**表14－2**の通りである。なお、実際の選択肢の総数は、監査役の権限を会計監査に限定する場合を別にカウントすると、計23もの多数になる。

［10（**表14－2**の表面上の数）＋2（監査役の権限を限定した場合）］×2（会計参与の設置）－1（会計参与の設置が選択的必置のもの）＝23

　なお、中小企業として一般的にイメージされる株式会社では、役員報酬の負担を軽減する観点から、監査役3名以上を選任し、その半数以上を社外監査役とする必要のある監査役会、さらには会計監査人を設置することは想定できない。これに伴って、監査等委員会設置会社と指名委員会等設置会社は、実際上、選択の対象外となる。

　これらの機関設計は、当該の株式会社が大会社に移行し、さらに株式上場を

表14－2　非公開会社かつ非大会社が選択可能な機関設計の選択肢

| 取締役会を設置しないパターン | 取締役会を設置するパターン |
|---|---|
| 取締役<br>取締役＋監査役●<br>取締役＋監査役＋会計監査人 | 取締役会＋会計参与<br>取締役会＋監査役●<br>取締役会＋監査役会<br>取締役会＋監査役＋会計監査人<br>取締役会＋監査役会＋会計監査人<br>取締役会＋監査等委員会＋会計監査人<br>取締役会＋3委員会等＋会計監査人 |

出典：神田秀樹［2022年］『会社法〔第24版〕』弘文堂、195ページを基に一部加工。
注1：「公開会社」と「大会社」は、会社法2条5号・6号の規定による。なお、非公開会社は、本文で説明したように、発行するすべての株式に譲渡制限を設ける旨を定款で定めている株式会社である。
注2：すべての株式会社で、株主総会が必要。上表では「株主総会」の記載を省略。
注3：すべての株式会社で、会計参与の設置が可能。
注4：●は、監査役の権限を会計監査に限定可。
注5：「監査等委員会」は、監査等委員会設置会社である。
注6：「3委員会等」は、指名委員会＋監査委員会＋報酬委員会＋執行役で、指名委員会等設置会社である。
注7：「取締役会＋監査役」は、平成17年改正前商法のもとに、株式会社に要求された機関設計で、会社法制定前から存在する株式会社は、定款変更を行わない限り、この機関設計で存在している。

展望するような場合にその選択が視野に入ることとなる。したがって、多くの中小企業が実際に選択するであろう機関設計は、①「株主総会＋取締役」、②「株主総会＋取締役＋監査役」、③「株主総会＋取締役会＋会計参与」、④「株主総会＋取締役会＋監査役」の4パターンに加えて、この4パターンのなかで、監査役の権限を限定可能な二つのパターンを加えた計6パターンとなる。

　なお、会計参与の制度は、中小会社の計算（会計）の適正実現を目的として会社法制定時に導入されたものの、その設置は実際上ほとんど進んでいない。選任する会社の側では、選任に伴う役員報酬負担の増加[9]、実際に就任が期待される税理士・税理士法人の側では、会社法423条および同429条に基づく会社

---

(8)　非取締役会設置会社の場合、株主提案権は単独株主権である（会社法303条1項・2項）。非監査役設置会社の場合には、株主による取締役の行為の差止請求権の行使要件が強化される（会社法360条3項）。

316

と第三者に対する責任を問われる懸念から、選任が進んでいないと考えられる。

また、**表14－2**の通り、監査役の権限を会計監査に限定可能となる場合がある（会社法389条１項）。監査役権限の限定によって、監査役の責任の範囲が限定されるために監査役の人選を進めやすくなり、監査の範囲の限定に伴う監査役の報酬の低減も可能となる利点がある。ただし、監査役の権限を限定すると、会社法上の監査役設置会社にはならない（会社法２条９号括弧書）。

## ❼ ９社の機関設計

９社の機関設計は、うち７社が取締役会設置会社である。これは、会社法施行後に、機関設計をあえて変更していない結果であると思われる。ただし、機関設計の自由化を受けて会社内部で検討を進め、取締役会設置会社を維持することを決定した結果なのか、そもそも機関設計について検討していないのかどうかは、確認できていないため不明である。

なお、取締役会の構成員が偶数の４名である会社が、取締役会設置会社７社のうち５社存在する。取締役会の決議は、取締役の頭数の過半数をもって行われる（会社法369条１項）。これを踏まえれば、取締役会の構成員は奇数であることが望ましい。賛否同数となれば、決議不能となるからである。

取締役の員数が偶数の５社は、そのような事態に陥る可能性がないと判断していると推測される。ただし、賛否が分かれる事態が生じても、主要株主が臨時株主総会を開き、主要株主の意向に反対する取締役を解任し、自らの意向に沿う別の取締役を選任したうえで再び取締役会で決議をすれば、同じ結論が得られることになる。

非取締役会設置会社である小堀は、2021年２月まで取締役に２名が就任しており、かつ２名とも代表取締役として登記されていた。同年に、新たに１名の取締役就任の登記が行われている。なお、取締役会を設置しない場合、取締役は最低１名選任すればよく、役員報酬の低減を図ることが可能になる。

丸嘉は、2021年１月まで取締役会設置会社であったが、取締役会の設置を廃止する登記を行っている。これに合わせて、４名の取締役のうち代表取締役を

除く2名が辞任し、取締役は2名（うち1名が代表取締役）となっている。

　次に、9社の取締役の構成について説明する。

　代表取締役と同姓ではない取締役を便宜的に非同族と判断すると[10]、非同族の取締役が選任されていない会社が4社ある。次に、非同族の取締役が1名の会社が4社、4名の会社が1社である。9社のうち、非同族経営は寺内製作所1社であり、現代表者と同姓の役員は1名も存在しない。非同族の取締役が選任されていない同族会社では、経営者と従業員とを分離した経営が行われているのに対して、非同族の取締役が選任されている会社は、従業員の経営参加や同族経営のもとであっても開かれた経営が意識されているものと考えられる。

　次に、監査役について説明する。

　9社のうち、小堀と丸嘉を除く7社で監査役が設置されている。監査役会設置会社と会計監査人設置会社を除く非公開会社は、定款で定めることによって監査役の権限を会計監査に限定することができる（会社法389条1項）。これを受けて、監査役が選任されている7社のうち5社が監査役の権限を会計監査に限定している。権限の限定がないのは、KOYO熱錬と寺内製作所の2社のみである。

　なお、会社法の施行日に廃止された「株式会社の監査等に関する商法の特例に関する法律」1条の2は、資本（会社法上の資本金）の額が1億円以下の株式会社を「小会社」とし、小会社の監査役の権限は会計監査とされていた（同法22条）。そして、会社法の施行に伴う商法の規定との調整を図るための法律である「会社法の施行に伴う関係法律の整備等に関する法律」53条は、旧商法下の小会社の監査役の権限について、会社法施行後の「新株式会社の定款には、

---

(9)　会計参与の設置による計算の適正化の実現と引き換えに、設置のメリットとして、銀行借入の適用金利の引下げを受けることが期待されていた。ただし、会計参与の報酬を年100万円とかなり低額としても、これを金利の引下げで賄うためには、相応の規模の銀行借入がある株式会社でなければ実現できない。会計参与を設置するメリットが具体的でない点が、設置の進まない要因の一つなのかもしれない。

(10)　特に同族の女性役員がいる場合、婚姻によって姓が変わっている可能性がある。これについては、個々の役員について同族・非同族の別をヒアリングする必要がある。今回の調査は、女性役員を主な研究目的とするものではないため、便宜的にこのような取り扱いとした。

会社法第389条第1項の規定による定めがあるものとみなす」と規定することによって、監査役の権限が会計監査に限定されるとしている。

事例で取り上げた9社は、すべて旧商法下の「小会社」であるから、会社法の施行後に、監査役の権限を会計監査に限定しないこととする定款変更を行わなければ、監査役の権限は自動的に会計監査に限定される。KOYO熱錬と寺内製作所以外の5社の監査役の権限が会計監査に限定されているのは、各社の積極的な選択の結果であるのか、会社法施行後に特段の判断を行っていないからなのかは、個別に確認していないため不明である。

監査役の権限は、業務監査と会計監査から構成される。監査役の権限を会計検査に限定すると、役員報酬の低減を図ることができ、顧問税理士などの外部の専門人材の登用を含めて、人材を得る可能性も広がる。ただし、監査役の権限を会計監査に限定すると、会社法上の「監査役設置会社」ではなくなること（会社法2条9号）に加えて、株主の監督是正権が強化されることには注意を要する[11]。

機関設計によって株主の監督是正権が強化される例として、監査役設置会社、監査等委員会設置会社、指名委員会等設置会社以外の会社の場合、株主に取締役会招集権が認められる（会社法367条1項）。また、株主による取締役の違法行為の差止請求権についても、監査役設置会社、監査等委員会設置会社、指名委員会等設置会社の場合、「回復することができない損害が生ずるおそれがあるとき」とされるのに対して、これ以外の会社の場合は、「著しい損害が生ずるおそれがあるとき」と、株主の権限行使の範囲が広い（会社法360条3項）。ほかに、非取締役会設置会社の場合、株主提案権は単独株主権である（会社法303条1項・2項）。

取締役と同様に、監査役の姓に基づいて監査役が同族であるか否かを判断すると、監査役を選任している7社すべてが非同族の監査役である。監査役は非同族の割合が高いことが分かる。取締役と監査役を完全に同族で占めることなく、対外的に経営の透明性を高めるうえでは、監査役に外部人材を登用することの意義が意識されているのかもしれない。

## ❽ 種類株式

　会社法では、多様な種類の株式の発行が可能となった（会社法108条）。計9種の株式がある。なお、すべての株式の内容として、特別の定めを設けることもできる（同107条）。これには、計3種がある。ほかに非公開会社の場合は、剰余金配当、残余財産の分配、株主総会の議決権の三つの事項について、定款で定めることによって、株主ごとに異なる取り扱いを行う旨を定めることもできる（同109条2項）。

　これを活用すれば、株主の保有する議決権の数にかかわらず、特定の株主に対して手厚い剰余金配当を行ったり、その裏返しとして、株主総会における議決権の行使割合を低く設定したりするといったことが可能になる[12]。

　以下、種類株式に関する9社の活用状況を見る。

　会社法108条に基づく種類株式に関する登記が行われているのは1社だけである。それほど活用されていないと言える。登記されている種類株式の内容を具体的に見る。

　京都紋付には、会社法108条1項8号が規定する拒否権付種類株式、いわゆる「黄金株」の発行について登記が行われている。ただし、調査時点では未発行である。この株式は、株主総会で決議すべき事項のうち、特定の事項について、当該種類株主を構成員とする種類株主総会の決議を必要とするものである。当該の種類株主総会で承認されないかぎり、当該の事項が承認されたことにはならない、というものである。拒否権付種類株式を保有することによって、仮に同族間で対立が生じた場合であっても、この株式を保有する株主による会社支配の永続化が可能になる。

---

(11)　前掲した註(8)参照。

(12)　会社法109条1項は、いわゆる株主平等原則について規定している。本文で説明した取り扱いを会社が行うことは、通常、この株主平等原則に違反することになるものの、会社法109条2項が定める属人的種類株式を用いれば、これを合法的に行うことが可能になる。

## ❾ 役員などの対会社責任の一部免除

会社法423条により、取締役、監査役は会社に対する責任を負っている。特に上場会社の場合、違法行為や不祥事によって会社に巨額の損害が発生すると、役員など[13]に損害賠償請求が行われることが最近では頻繁に見られるようになった。大和銀行株主代表訴訟事件判決（大阪地判平成12・9・20判時1721号3頁）で、大阪地裁が被告の役員に会社に対する巨額の損害賠償責任を認めたことを契機として、役員などの会社に対する責任の限定が議論され、現行の会社法425条～427条の役員などの会社に対する責任の一部免除を可能とする規定が整備された。

会社法425条は事後に株主総会の決議によって、同426条は定款の定めと取締役会決議によって、同427条は定款の定めと責任限定契約によって、それぞれ役員などの会社に対する責任の一部を免除するものである。

426条による責任の一部免除を導入できるのは、取締役2名以上の監査役設置会社、監査等委員会設置会社、指名委員会等設置会社である場合に限られている。そして、427条は、対象となる役員などが業務執行取締役などを除く取締役、会計参与、監査役、会計監査人である。

現在、上場会社では、社外取締役、社外監査役を中心として、これらの者との間で、就任に際して会社法427条の規定に基づく責任限定契約を締結するのが一般的である。今回取り上げた9社のなかで、寺内製作所には、会社法426条1項による責任の免除と、427条1項の規定による責任限定契約の締結について登記が行われている。

同社は、非同族会社であるとともに、様々な経緯を経て、従業員出身者によって会社経営が行われてきたという特殊な背景を有する会社である。オーナー経営者が存在せず、あたかもステークホルダーによる共同体のように運営されてきた。株主構成も多様であり、役員などの責任の一部免除を可能とする仕組みが採用されていると考えられる。同社では、すでに説明したように、監査役の権限を会計監査に限定していない。限定を付すと、426条の責任免除を可能

とする監査役設置会社ではなくなるためと考えられる。

　なお、株式がごく少数の同族で保有されていれば、一族内で対立が生じない
かぎり、会社法424条の規定によって、総株主の同意に基づく役員等の対会社
責任の免除を行うことが可能である。逆に言えば、経営陣に敵対する株主が1
人でもいれば、同条に基づく役員などの責任免除は不可能である。

## おわりに

　会社法は、定款自治のもと、機関設計も含めて、会社による自由な選択に委
ねる規定を多く設けた。ところが、9社を見る限り、7社が旧商法下における
株式会社の標準的な機関設計である「株主総会＋取締役会＋監査役」の形態で
登記が行われ、6社で株券を発行する旨の登記も維持されている。さらに、発
行する株式も、多様な種類株式を発行できるにもかかわらず、その利用はほと
んど進んでいなかった。

　監査役の権限についても、これを会計監査に限定している会社が多く見られ
るものの、これが会社の選択の結果によるものなのか、会社法制定前の小会社
の監査役の権限に関する規律をそのまま踏襲した結果なのかは定かではない。
ただし、9社の資本金の規模は、中小企業全体と対比しても比較的大きかった。

　9社は、いずれも特徴のある会社経営を実行し、経営革新に熱心に取り組ん
でいる。そのような経営姿勢と、定款自治のもとでの会社法上の様々な選択と
は必ずしも密接に関係していない、というのが調査結果を踏まえたうえでの結
論である。

---

### 参考文献一覧

・調査対象先9社の「履歴事項全部証明書」（2022年1月7日付）。
・中小企業庁「中小企業実態基本調査」（令和元年確報（平成30年度決算実績））、https://
www.e-stat.go.jp/stat-search?page=1&toukei=00553010&bunya_l=07、https：//www.wwf.or.jp/
campaign/pandablack/、2022年8月30日アクセス。
・神田秀樹［2022年］『会社法〔第24版〕』弘文堂。

---

⒀　取締役、会計参与、監査役、執行役、会計監査人を指す（会社法423条1項括弧書）。

# 長寿ファミリービジネスの
# アントレプレナーシップと地域社会

## 京都の革新的企業からの含意

　本書では、京都という地域に立脚する長寿企業の革新志向や革新活動を分析してきた。研究対象としたのは、京都市が革新的企業としてお墨付きを与え支援してきたオスカー認定企業で、かつ創業後100年以上経過した企業である。最終章では、全体を振り返り、京都の革新的な長寿企業から得られる含意をまとめる。

　帝国データバンクによる企業データ分析から、京都の長寿企業の規模は近年、拡大する傾向にあり、経営者の若返りも進んでいることが明らかになった。長寿企業では、非長寿企業を上回るスピードで女性経営者も増加している。古色蒼然とした小規模な長寿企業が経営不振や後継者不在により倒産や廃業を余儀なくされる一方、企業家精神あふれる経営者がけん引する長寿企業は、事業領域の刷新や新市場の開拓などによって成長機会を広げていると推察される。

　我々が詳細な事例分析を行った9社は、いずれも後者に該当し[1]、うち8社がファミリー企業（以下、FB）である。

　本書では一貫して、革新的な長寿FBにはどのような特徴が認められるのか、アントレプレナーシップ（企業家活動）を規定する要因は何か、地域の歴史や社会・文化（帰属意識、価値観、規範、慣行など）、制度（教育、労使関係、公的支援など）、企業を取り巻くコミュニティーやネットワークはどのような

---

　なお、第9章で取り上げた津田合名会社（現・津田電線）は、京都の伸銅・電線業を分析するなかで議論したもので、同社をメインで扱ったわけではない。また、津田電線の本社は京都府久世郡久御山町にあり、京都市のオスカー認定の対象でないことから、本書の詳細な事例分析は同社を含まない9社としている。

影響を与えてきたのかについて検討してきた。また、分析にあたり、FBはファミリーのアイデンティティ、企業の存続、名声といった社会情緒資産の維持・追求に動機づけられているとする社会情緒資産理論に着目した。簡潔に要約しておこう。

## ❶ 革新的長寿FBに共通する特徴

革新的な長寿FBにほぼ共通する特徴として、以下の点が指摘できよう。

### ①特定の分野で非代替的な機能・役割を果たしている

西陣織の秋江は御守、京都紋付は黒染、小堀は寺院向けの仏具や納骨壇、丸嘉は古材、近江屋ロープは獣害防止ネット、KOYO熱錬は航空機部品などの熱処理加工、西村陶業はニューセラミックス（高純度アルミナ）に強みがあり、生田産機工業は伸銅用面削装置で国内シェア9割を誇る。「非」FBの寺内製作所も航空機部品としてのボルトやナットで高い競争力を有している。独自性は革新的長寿企業に不可欠な要素であることが確認できよう。

### ②変化を厭わず、新しい技術や知識、ノウハウの蓄積に熱心で、時には業種・業界も超える

技術力や研究開発力が競争力の源泉ともいえる近代産業の企業はもちろん、伝統産業に属する企業でも新しい技術や知識、ノウハウの蓄積に向けた意欲は顕著であった。また、長寿企業は本業重視の姿勢が強いとされるが（松岡編[2019]参照）、祖業にこだわらない企業が目立った。創業期、麻糸や綿布などを商っていた近江屋ロープの現在の主力事業は、野生動物の侵入を防ぐ獣害防止ネットの製造販売である。KOYO熱錬は伸銅機械の製造から熱処理へ事業を転換し、生田産機工業は酒造用機械の製造から伸銅機械の製造に転じている。小堀は、伝統工芸の粋を集めた総合芸術品とされる仏壇仏具を製造しながら、工業製品であるスチールやアルミ製の納骨壇も生産している。

金蘭を用いた御守に特化した西陣織の秋江には、着物や帯へのこだわりはみ

られない。丸嘉の現社長は、「暖簾は掛け替えてこそ守られる」と経営革新の重要性を訴え、古材などのインターネット販売に乗り出した。各企業とも、アントレプレナーシップが随所で発揮されていた。

### ③目指すは規模拡大ではなく、経営の継続性である

　西村陶業も、KOYO熱錬も、規模拡大を追求できたにもかかわらず、それを選択しなかった企業である。両社は、村田製作所やオムロンのように世界に羽ばたけたかもしれないが、急成長したがゆえに、ファミリーが早々と手を離さざるをえなかった寺内製作所のようになった可能性もある。

　今回、我々がインタビューしたなかで、規模拡大を謳う企業経営者はいなかった。彼らが繰り返し強調したのは継続性であり、永続性である。京都紋付は、事業を継続するため、大規模なリストラを実施した。最盛期に比べて企業規模は大幅に縮小したが、利益を生む仕組みを構築し、長男への事業承継にメドを付けている。

　さらに、逆説的ではあるが、近江屋ロープは「暖簾ではなく社員を守る」と誓ったことで、倒産の危機を乗り越え、その結果として暖簾を守った。

　このように、今回取り上げた企業では社会情緒資産の保持が強く意識され、それが企業経営の大きな動機となっていた。では、長寿FBのファミリー性および企業家的志向性は、いかに蓄積され、継承されてきたのだろうか。社会情緒資産の保持に向け、ファミリーや地域社会がどのような役割を果たしていたかについても整理しておきたい。

## ❷ 長寿FBの社会情緒資産、アントレプレナーシップ、地域社会

　先にも述べたように、近代産業では技術革新や経営革新に積極的でない企業は瞬く間に淘汰される。近年は、伝統産業もグローバル化が進み、生活スタイルや価値観などが急速に変化するなか、現状維持で生き残りを図ることは難しい。将来を真剣に展望すればするほど、アントレプレナーシップが求められる。

　黒染市場がほぼ壊滅するなか、京都紋付の社長は、社会情緒資産の保持に向けた試行錯誤を繰り返し、アパレルの黒染によるリユース、アップサイクルという新たなビジネスモデルを構築した。ただ、すべての長寿 FB が社会情緒資産の保持に向かうわけではない。

　小規模な企業や後継者となる親族がいない企業は、経営者が社会情緒資産を保持するという欲求をもちにくい。京都紋付は和装の黒染市場が衰退に転じるとき、業界で 1、2 を争う企業規模にあった。また、同社社長は、息子のために黒染ビジネスを残したいとあがいた。倒産の危機にあった近江屋ロープの社長（当時）も、後継者を自覚し、鍛錬を積む息子の存在があったから新事業を軌道に乗せ、経営を立て直すという目標に邁進した。一方に、経営者がギリギリのところで事業の存続に向けて踏ん張れる後継者の存在があり、他方に、後継者が事業を承継したいと思える企業としての魅力があった。

　本書で取り上げた唯一の長寿「非」FB である寺内製作所では、戦時中、9,000 人超が働いていた。創業者は第 2 次世界大戦後、自社の強みを生かした航空機部品で再起を図るが、単独で最新鋭の機械設備を導入し続けることは不可能と判断し、大企業の傘下に入った。同社の場合は、ビジネスの規模が格段に大きくなり、しかも、多額の投資を必要とする産業に属していたことが、FB としての継承を困難にしたと推察される[2]。

　FB のアントレプレナーシップには、ファミリーで事業を継承していきたいといった社会情緒資産維持への強い思いが背景にあるが、産業の特性や企業の規模によってそれが叶わない場合があり、親族内後継者の不在も社会情緒資産維持への執心を弱めることが改めて浮き彫りになった。

## （1）社会情緒資産と地域社会

　今回、直接話を聞いたほとんどの経営者は、地域の人々や同業者、親族などから後継ぎだと目されて育っていた。KOYO 熱錬の現社長は、先代の次男ではあるが、後継者としての期待を子ども心に感じていたという。そして、同じような境遇の友だちと小、中学校や高校、さらには学習塾などで相まみえ、後継者としての自覚が芽生えていった。京都では、長寿 FB の経営者が好んで居住

するエリアや子息を通わせる学校があり、将来の経営者が幼少期から親交を深め、切磋琢磨する環境が整っている。

　丸嘉の社長は小学生時代に、「家の仕事を好んで手伝っている。後を継ぐかもしれない」と自身と家業の将来への思いを語っている。また、近江屋ロープでも、社長は幼少期からロープの仕事を代々守ってきたファミリーヒストリーを父親から繰り返し聞いて育ったという。

　そして、経営者となった彼らは、後継者の育成に余念がない。KOYO熱錬の社長は40代だが、すでに次世代への継承を強く意識し、息子との関係、息子と地域社会との関係構築に力を入れている。

　祇園祭では毎年、地元から、稚児1人とその補佐を務める「禿」2人の計3人の男児が選ばれる。彼らの世話は男性に限られているため、息子が稚児や禿に選ばれると父子の絆が強まるとされる。家族の金銭的負担は決して小さくないが、得るものも大きいとして、2019年、KOYO熱錬の社長は10歳だった息子を禿として送り出した。

　社会情緒資産の形成や保持には、後継者の育成が極めて重要であり、京都の長寿FBは、幼少期から長期的な視点でその後継者を育んでいるのである。祭をはじめとする様々な機会を通じて地域社会を支える多様な人々との絆をつくり、自らの役割や使命を学んでいく。地域社会が次の時代を担う経営者を育てている、と言っても過言ではないだろう。

## （2）アントレプレナーシップと地域社会

　各企業の革新的な活動、アントレプレナーシップも、社会情緒資産と同様に、地域社会に埋め込まれている側面が指摘できる。今回取り上げた企業の多くは、京都の地域資源を活用した事業を展開していた。

　京都の伝統産業を象徴する西陣織の秋江や仏壇仏具の小堀はもちろん、伏見

---

⑵　日清食品ホールディングスは創業者の安藤百福から宏基、徳隆へと直系3世代で事業を継承しつつ、破壊的な革新力を見せつけてきた（日経ビジネス、2022年5月30日号）。しかし、多くの社員を抱える大企業を数十年にわたって経営できる有能な後継者をファミリーから輩出し続けるのは至難の業である。

の酒造りを支える生産設備を製造し、その後、伸銅機械に転じた生田産機工業や、鉄工所でスタートした KOYO 熱錬は、産業の衰退に直面した明治期の京都が地域を挙げて取り組んだ産業振興のなかで生まれた育った企業である。もっとも、そうした企業と社会とは共存共栄の関係にあり、生田産機工業は環境問題が高まるなかで風力発電事業への進出を試み、KOYO 熱錬は、第2次世界大戦後、当時の京都に希少だった熱処理加工業へ果敢に挑戦した。また、西村陶業も、日本を代表する焼き物の産地、京都ならではの企業である。明治期の電力需要増加に伴い、陶磁器の技術を生かした電力用碍子などの工業用陶磁器（電磁器）事業を展開した。

第2章で詳述したように、京都には独創性を高く評価する気風があり、明治以降、産学官挙げて新事業の創出や既存事業の高度化を推進してきた。企業が、行政や大学などの支援を受けながら新技術を開発したり、新しい市場を開拓したりする動きは、中小企業においてもごく自然なものとして受け止められている。

例えば、西村陶業の高純度アルミナ素材への進出を可能にしたのが、京都市工業試験場（現・京都市産業技術研究所）である。OB を社員として迎え入れるほど両者の間には強いつながりがあった。近江屋ロープは、起死回生策となった獣害防止ネットの開発で立命館大学理工学部教授の支援を受けた。

経営者同士の切磋琢磨がアントレプレナーシップを促進している側面も強い。生田産機工業は、革新的な企業が集まる京都機械金属中小企業青年連絡会のメンバーである。丸嘉の木材のインターネット販売というアイデアは、中小企業家同友会で得た。京都青年会議所では、福寿園や、たねやの成功モデルに刺激を受けた。異業種の経営者と出会える会は、経営者としての悩みを相談できる貴重な場でもあった。

京都では、アントレプレナーシップを評価し、その実践に手を貸してくれる企業仲間や研究者、行政などの存在が革新志向の強い長寿 FB の存続を支援していることがうかがえる。地域社会をベースとする社会関係資本が企業家活動の促進において一定の役割を果たしていると推察できる。

## ❸ 長寿FBのアントレプレナーシップ、ファミリー性、企業家的志向性

革新的活動を行うにあたってのファミリー性や企業家的志向性についても振り返っておきたい。

### （1）アントレプレナーシップとファミリー性

各社とも、ファミリーが蓄積してきた財務的・経済的資本や技術的資本、つまりファミリー性は重要な資源の一つとなっていた。

京都紋付は市場拡大期にあった2代目が事業を拡張し、財務的・経済的資本を蓄積した。事業を安定させるため、不動産業にも進出している。このため、息子の現社長は資金面で新しい戦略を試せる余裕があった。また、和装用の絹織物と洋装のアパレル素材は異なるが、布地を黒く染める技術は創業以来、こだわり続けてきたものである。

KOYO熱錬は戦後、熱処理の専門業者としてスタートするにあたり工場用地や生産設備を確保する必要があったが、杉本鉄工所時代の資産蓄積が奏功し、資金的な障壁はなかったとされる。

設備や研究開発などに多額の投資をしてきた西村陶業は1950年代、小規模企業が多い同業界においてトップ5に入る規模であった。早くから社内に開発部を設置するなど、技術が社内に蓄積される仕組みそのものを構築していたことも、各時代の経営者に革新活動を促す基盤になっていた。

近江屋ロープの危機を救った新事業、獣害防止ネットは、第2次世界大戦後、同社が進めてきた林業関連事業の知識や人脈がベースになって生まれたものである。

人的資本の面でも、後継者自らが大学や大学院などで関連する専門的技術を学んだり、国際化推進のために語学を習得したり、卒業後、他企業で働いたりして、能力や経験値を高めていた。KOYO熱錬の経営者のように、そこで培った人脈がいかんなく生かされるケースも少なくなかった。

唯一無二の歴史に感謝の念を抱く丸嘉社長の言葉が、ファミリーが長い時間

をかけて培ってきた資源や能力、そして信用の希少性を言い表している。

「今、商売ができているのも、教育を受けることができたのも、先代、先々代らのおかげです。過去があって今があり、今があって未来がある。創業者でない私は、先代から受け継いだものを使って新しいことをすればよいのです」

　とはいえ、革新的な活動を展開するにあたり、ファミリー性だけに依拠しているわけではない。必要な人材の中途採用も目立つ。京都紋付はアパレルの黒染進出にあたり、岡山のデニムメーカーの商品開発担当者を社員として採用し、生田産機工業は伸銅機械の進出にあたって、面削技術を持っていた南満州鉄道の元技術者を経営陣に迎え入れた。彼らは、外部人材の登用に積極的であった。

　社会関係資本の有用性も明らかである。価値観を共有する経営者らとの付き合い、そして身近な成功モデルの存在が革新的活動を促している。他分野、他業界、他地域との交流が企業家活動のきっかけ、およびその実現につながるケースも繰り返し確認された。

## （2）企業家的志向性

　では、各社の企業家的志向性はどのようなものだったのか。企業家的志向性とは、企業家活動を主導する戦略的な姿勢を意味し、革新性（innovation）、積極性・先駆性（proactiveness）、リスクテイク（risk taking）、競争的攻撃性（competitive aggressiveness）、自律性（autonomy）の5項目で構成される。

　現状に満足することなく、新製品の開発やサービスの提供、新市場の開拓、新しい事業モデルの構築といった新しい領域に挑戦する行動や能力を示す革新性は各企業とも極めて高かった。

　呉服市場の拡大期にあえて御守ビジネスに参入した秋江の2代目は、新しい機会をつかもうとする積極性・先駆性において傑出していた。そして、同業者からの批判をものともせず、当時珍しかった納骨壇事業に取り組んだ小堀の8代目の大胆な行動は、革新性、積極性・先駆性に加え、リスクを果敢に取る姿勢も認められる。シベリア抑留という壮絶な経験が、大胆な行動を促す要因になったのかもしれない。

　鉄工所から伸銅機械の製造、熱処理へと転換してきた KOYO 熱錬、酒造用機械の製造から伸銅機械の製造に転じ、その後、共存していた刃物工具メーカーの市場を奪う形でカッターの製造を始めた生田産機工業は、多大なリスクを覚悟で何度も新事業に乗り出している。

　競争的攻撃性は、頻繁に認められるわけではないが、企業のライフサイクルや置かれている外部環境などによっては出現する可能性が高まるようにみえる。京都紋付の２代目は、同業者との「調和的発展」には関心がなく、同社を和装黒染業界のトップ企業に押し上げた。長い歴史を誇る京都の仏壇仏具業界にあって、新参者ながら１代で商売を軌道に乗せた小堀の６代目にも、業界のライバルをしのぐための並々ならぬ企業努力がうかがえる。

　プロセス全体を通して、独立して重要な決定を下し、実行できるだけの能力や意志を示す自律性は、多くの経営者に認められた。とはいえ、全企業で、またこれまでの全経営者が５項目すべてにおいて、一貫して高いレベルを示したわけではない。さらに、革新性や自律性に比べ、リスクテイクや競争的攻撃性が現れる頻度はあまり高くなかった。企業の長期的成功にとって企業家的志向性は重要な要件であるが、企業が置かれている状況によって異なる対応が求められると言えるだろう。

　経営者個人ではなく、組織として見た場合、社是や経営理念に「顧客主義」や「社会への貢献」などを挙げる企業が多い。近江屋ロープは、「たゆまぬ自己形成と社会への奉仕」を掲げている。一方、京都紋付の経営理念は「事業を通じて物心両面での幸福を実現し社会に貢献すること」であり、西村陶業は「顧客の満足する物づくりにより、より豊かな生活の実現を目指す！」としている。

　各社とも企業家的志向性をことさら強調しているわけではないが、社是や経営理念に掲げた顧客主義や社会への貢献を追求すればするほど、革新的活動が求められるのであろう。自らの使命を「神仏につなぐものづくり」とする小堀のように、その存在意義を突き詰めれば、伝統技術を駆使した仏壇仏具づくりといった祖業にとらわれる必然性はどこにもないのである。

## ❹ 社会情緒資産と経営パフォーマンス

　Gomez-Mejia et al.［2011］は、FB が行動の規範とする社会情緒資産が、管理プロセス、戦略的選択、組織的ガバナンス、ステークホルダーとの関係、ビジネス・ベンチャリングに影響を与え、それが結果としての経営パフォーマンスを規定すると指摘した（20ページの**図 1 - 1** 参照）。

　今回事例分析で取り上げた企業9社のうち長寿 FB は8社で、いずれも後継世代を意識した長期的繁栄を優先事項としていた。創業者一族から輩出された意欲的な後継者が、企業の永続性を強く意識した経営を展開し、彼らは、技術力の向上や製品開発などに積極的で、時に大胆な投資をして独自技術を開発し、新しい事業を立ち上げていた。組織的なガバナンスに関しても、ファミリーメンバーだから、長男だからといって、無批判に承継されるわけではなかった。

　社是や経営理念などに加え、取引先、地域などの外部利害関係者の目、さらには、将来世代の内部利害関係者（子ども、孫など）の目が、企業家活動を促進するガバナンス体制を支えている。取締役をファミリーだけで固めず、社員を抜擢する企業も少なくない。

　いずれの企業も身内主義（ネポティズム）に陥っていなかった。8社は、Miller and Breton-Miller［2014］が言う、後継世代を意識した長期的繁栄を優先事項とする社会情緒資産に動機づけられた企業であり、それを意識した企業経営がなされていた。そして、繰り返される事業の革新や承継が企業やファミリーに対する信頼の醸成につながり、ブランド力や企業価値の向上に寄与している。

　現会長が社長に就任した直後の近江屋ロープは瀕死の状態にあったが、力のある社員を役員に登用し、株式も譲渡した。社員とともに進めた獣害防止ネットの開発で挽回を遂げ、2017年度にはバブル期に記録した売上高のピークを超えた。長男が入社し、将来性が高い企業と評価されるようになった同社には、後継者がいない中小企業からの M&A まで舞い込んだ。2017年度以降、売上高は過去最高を更新している。

西陣織業界が不振を極めるなか、秋江は業績、従業員数とも過去最高レベルを維持している。京都紋付は企業規模こそ縮小しているが、和装の黒染という市場そのものがほぼなくなった業界において、伝統技術の継承という意味でも貴重な存在となっている。

近代産業も堅調である。西村陶業の2021年4月期の業績は、売上高、利益とも過去最高であった。生田産機工業は海外展開を積極的に進め、約80人の従業員を抱える。中国、インド、インドネシアといった海外出身者を多数雇用する同社は、グローバル企業としての評価も高い。

長期的繁栄を優先事項とする拡張的社会情緒資産（拡張的SEW）に動機づけられた8社は、財務的にも、社会的にも、良好なパフォーマンスを示しており、長寿FBの強みがいかんなく発揮されていると推察される。

## ❺ 世代を超えた企業家活動／企業家的志向性

今回の長寿FB 8社は、非上場のFBであるがゆえに意思決定が迅速で、長寿ゆえに対外的な信用力も高く、創業家一族がもつ求心力があり、襷（たすき）を受け継ぎ、次に渡すことを自らの使命とする並々ならぬ「覚悟」と「志」を持つ経営者が次々と登場していた。最後に、企業家的志向性の世代間連鎖、世代を超えた企業家活動について考察しておきたい。長寿FBの革新的志向性はいかに醸成、継承されてきたのかに関する議論である。

8社を振り返ると、「革新的であれ」との価値観および企業家活動と、良好な経営パフォーマンスがリンクしているケースがほとんどであった。そうした場合、価値観や企業家活動のノウハウが後継者に承継され、後継者が積極的に革新的な行動をとる可能性は高い。納骨壇事業に乗り出した小堀の8代目は、京都で事業を始めた6代目（祖父）から直接、薫陶を受けている。京都紋付の4代目は、同社を業界最大規模に押し上げた2代目（父）が書き記した書物を繰り返し手に取り、自らに重しを付けないチャレンジ精神を踏襲している。

企業が創業期、成長期にある革新活動に比べ、成熟期は革新活動の成否がそのまま企業の存廃につながるだけに、重責を担う経営者の苦悩は計り知れない

ものがあった。セミナーや異業種交流団体などで経営者仲間とつながり、押しつぶされそうになる不安を打ち明け、新しい取り組みの意味を再確認しながら、やりきるための新たな力をもらう。そんな経営者の姿が印象的であった。

本書のケースでは、創業者の企業家的志向性が絶対的なものとして君臨しているわけでも、すべての世代に企業家的志向性が引き継がれるわけでもなかったが、中長期的に見ると、企業家的志向性の継承が認められた。また、過去の偉大な企業家のレガシー継承には、彼らが存命の場合は、寝食を共にすることで経営者としてのありようや経営にあたっての指針を学び、鬼籍に入ったあとは、彼らの記した書物や家族・親族などからのストーリーテリングが大いに活用されていた。

結果的に、本書で分析した8社は、企業家的志向性が継承されてきた革新的長寿 FB であった。そのため、変化をあまり好まない伝統重視の経営者によって襷がつながれてきた長寿 FB で、何らかの外的あるいは内的要因によって、後継者が革新的な活動に乗り出すケースについては議論できていない。そうしたケースにおいて、後継者は、過去の経営者に関する物語をいかに解釈あるいは再解釈して、どのような企業家活動を行っているのかに関する研究は今後の課題である。

## ❻ 本書の貢献と課題

最後に本書の貢献と課題を述べておきたい。

第一の貢献は、長寿 FB 研究の企業家活動において、地域との関係性を多面的に分析した点である。日本の長寿 FB の場合、地域の繁栄、地域への貢献といった「地域社会」を強く意識する傾向が繰り返し指摘されてきたが、その多くは、長寿 FB が地域社会との共存共栄を目指しているというもので、企業が地域社会によって育てられた、当該地域に立地するがゆえに存続できたといった視点は脆弱だった。それに対して本書では、革新的な京都の長寿 FB は、京都という地域社会によって育まれてきたことを明らかにし、長寿 FB が地域社会に深く根ざしている側面を浮き彫りにした。

　第二に、革新的な長寿 FB に焦点を当て、彼らが属する業界の盛衰にまで踏み込むことで、長寿 FB 研究において、産業史や産業構造の視点を取り込むことの重要性を示唆した。企業、産業、地域という三つの視点を導入することで、各企業のアントレプレナーシップに及ぼした企業固有の要因、産業固有の要因、地域固有の要因を議論することが可能になると考えられる。

　第三に、多様な業種・業態でかつ中小規模の革新的長寿 FB を研究対象とし、長寿 FB のアントレプレナーシップに関する研究対象の幅を広げた。長寿企業や長寿 FB の研究では、伝統産業に属する中小企業と近代産業に属する大企業（上場企業）に二極化するきらいがある。例えば、リクルートマネジメントソリューションズ組織行動研究所 ［2010］ の『日本の持続的成長企業（「優良＋長寿」の企業研究）』は、本書と同様、優れた長寿企業（「持続的成長企業」）に関する研究であるが、その対象は、「50年以上の歴史があり、30年以上にわたって持続的に株価が概ね上昇トレンドにある日本企業」である。つまり、上場企業を扱っている。

　それに対して本書は、中小企業を対象としている。しかも、これまであまり光が当てられてこなかった近代産業に属する中小企業をも研究対象とした。本書では議論しきれなかったが、近代産業と伝統産業の長寿 FB を比較検証することによって、アントレプレナーシップの共通点や相違点が浮かび上がってくるかもしれない。政策論的に言えば、中小 FB は地域経済の極めて重要な担い手として期待されており、その革新性、長寿性に関するさらなる研究蓄積が求められる。

　本書は事例研究が中心となった。アントレプレナーシップや経営パフォーマンスにおいて、長寿の FB と「非」FB との間に、あるいは FB の長寿と「非」長寿の間にどのような差異があるのかといった面での定量的分析は必須である。地域社会やコミュニティーは、京都以外の地域においても、長寿 FB のアントレプレナーシップやその世代を超えた継承に重要な役割を果たしているのか、その普遍性についての検証も必要であろう。

　京都府が長年にわたって顕彰してきた「老舗」の数が2021年度に2,000社を超えたが、これまで顕彰した企業の約3分の1はすでに消滅している。消えた

336

長寿企業と残った長寿企業は何が違ったのかについても、これまであまり議論
されてこなかったが、極めて重要な問題である。

　ファミリーが手を離し、社員主導で再生を図った寺内製作所のような長寿
「非」FB は、親族内継承が難しくなるなかでの新たなモデルになりうるかもし
れない。消えた長寿企業や長寿「非」FB の研究は、日本経済において喫緊の
課題になっている事業承継問題への一つのアプローチとして、その蓄積が急が
れる。

―――――――――――――――――

## 参考文献一覧

・Gomez-Mejia, Luis R., Cristina Cruz, Pascual Berrone, and Julio De Castro［2011］"The Bind
　that Ties: Socioemotional Wealth Preservation in Family Firms." *Academy of Management Annals*, 5
　(1), 653-707。
・松岡憲司編［2019］『京都からみた、日本の老舗、世界の老舗』新評論。
・Miller, Danny. and Isabelle Le Breton-Miller［2014］"Deconstructing Socioemotional Wealth."
　*Entrepreneurship Theory and Practice*, 38(4), 713-720。
・日経ビジネス［2022］「日清食品3代 破壊の遺伝子」『日経ビジネス』2142、8〜31。
・リクルートマネジメントソリューションズ組織行動研究所［2010］『日本の持続的成長企
　業（「優良＋長寿」の企業研究)』東京経済新報社。

# あとがき

　新型コロナウイルス感染症拡大を引き金とする世界的な不況は、長寿ファミリー企業（以下、FB）にも深刻な打撃を与えた。夏目漱石『彼岸過迄』、松本清張『風の視線』などの文学作品に登場し、映画『男はつらいよ』の第1作（1969年）で、寅さんの妹さくらの結婚披露宴の舞台にもなった東京・葛飾柴又の料亭「川甚」が2021年1月、江戸元禄から続いた由緒ある暖簾をたたんだ。コロナ禍による業績悪化がその理由である。

　東京商工リサーチによると、2021年に倒産した企業の平均寿命は23.8年で、3年ぶりに前年を上回った。2021年はコロナ禍で苦しむ中小企業に対する政府による大規模な資金繰り支援で倒産企業数は歴史的低水準となったが、長寿企業の倒産が倒産企業の平均寿命を延ばしたとみられる。

　長寿企業は、新興企業に比べて、財務基盤が強固で、金融機関や取引先のつながりも強いとされるが、代表者が高齢化し、後継者もいない場合などは、急速な環境変化に対応できず、業績が悪化して倒産に追い込まれたり、事業継続を断念したりするケースが目立っている。コロナ禍のように、人々の行動様式が大きく変われば、時に常識を打ち破る斬新な取り組みも求められる。

　京都でも、観光客の姿が消え、花街や茶会の需要も激減した。そんななか、京菓子の老舗が繊細で保存が難しい上生菓子をオンラインで販売し、首都圏などにも届けている。本書は、コロナ下における長寿FBへの影響とその対応を直接取り上げたものではないが、こうした変化を厭わぬ姿勢こそが長寿企業が生き残る条件の一つであることを痛感している。

　本書執筆にあたり、数多くの方々にご協力を賜った。研究対象としたのは、京都市がその革新性を評価したオスカー認定企業のうち創業から100年以上が経過している長寿企業である。事例研究として取り上げた9社の経営者の皆様には数回にわたって長時間のインタビューに応じていただいた。ご家族や社員、

338

同業者の方々にもお世話になった。快く応対くださった皆様にお礼を申し上げたい。

　また、企業への調査にあたっては、オスカー認定事業を担当する公益財団法人京都高度技術研究所（ASTEM）の地域産業活性化本部・企業成長支援部の神井礼子氏、オスカー認定企業のコーディネーターである片山直樹氏、京都市役所の金山裕喜氏に仲介役としてお力添えを賜った。さらに、認定企業の交流団体「京都オスカークラブ」前会長の野々内達雄氏（近江屋ロープ会長）には円滑な調査遂行を支えていただいた。そうした方々のおかげで、企業関係者や業界関係者に貴重なインタビューを重ねることができた。

　オスカー認定企業の定量分析においては、一橋大学経済学研究科帝国データバンク企業・経済高度実証センター（TDB-CAREE）を通じて、帝国データバンク社の企業データの提供を受け、データ分析にあたってはTDB-CAREE研究補助者の阿部昌利氏の協力を仰いだ。ご支援に対して、改めて感謝の意を表したい。

　本書は、日本学術振興会科学研究費の支援を受けた「長寿ファミリー企業の革新とコミュニティーの地域間比較」（基盤研究（C）（一般）2019〜2022年度、研究課題／領域番号19K01903）の研究成果の一部である。また、龍谷大学の出版助成金を受けて刊行が実現した。科学研究費や出版助成金などの書類作成や経費支出などでは、龍谷大学研究部の支援を仰いだ。

　活字離れやインターネットの普及などで厳しさを増す出版業界において、我々グループの研究成果の発表にご尽力を賜った(株)新評論と同社の武市一幸氏にも心からの謝意を伝えたい。本書を上梓できたのは、ともすれば執筆や校正が遅れがちになる我々を後押しし、適切な助言を送ってくださった武市氏のご尽力ゆえである。

　結びに、本書の刊行に向け、終始お力をいただいた松岡憲司氏のご遺族に深謝の意を示したい。

2022年10月

辻田素子

# 執筆者一覧

**辻田素子**
　龍谷大学経済学部教授（奥付参照）
　執筆分担（イタリックは共同執筆・太字は筆頭、以下同様）：第1章、*第3章*、第5章、第6章、第7章、第8章、終章

**白須正**（しらす・ただし）
　龍谷大学政策学部教授
　1978年3月に京都大学法学部を卒業、同年4月に京都市役所入庁。2011年4月に京都市産業観光局長、2016年3月に産業戦略監で京都市を定年退職、同4月に龍谷大学政策学部教授に就任。2017年3月に大阪市立大学大学院創造都市研究科を修了。
　主要著作：「京都のにぎわいを支えるもの」井口富夫編著『都市のにぎわいと生活の安全』日本評論社、2009年所収。「文化都市・京都の産業政策」山田浩之・赤﨑盛久編著『京都から考える都市文化政策とまちづくり』ミネルヴァ書房、2019年所収。
　執筆分担：第2章、*第3章*、第10章

**松岡憲司**（まつおか・けんじ）
　龍谷大学名誉教授
　神戸大学大学院経済研究科博士後期課程単位取得退学。神戸大学博士（経済学）。尾道短期大学、大阪経済大学を経て、1999年から2019年まで龍谷大学教授。1997年にコペンハーゲン商科大学客員教授。2014〜2015年にサセックス大学客員研究員。専門は産業組織論、中小企業論。
　主要著作：『風力発電機とデンマーク・モデル──地縁技術から革新への途』新評論、2004年。『地域開発と企業成長──技術・人材・行政』（編著）、日本評論社、2004年。『地域産業とネットワーク──京都府北部を中心として』（編著）、新評論、2010年。『事業承継と地域産業の発展──京都老舗企業の伝統と革新』（編著）、新評論、2013年。『人口減少化における地域経済の再生──京都・滋賀・徳島に見る取り組み』（編著）新評論、2016年。『京都からみた、日本の老舗、世界の老舗』（編著）新評論、2019年。
　執筆分担：*第3章*、第7章、第8章、第12章、第13章

**原泰史**（はら・やすし）
　神戸大学経営学研究科准教授
　ITスタートアップ（株式会社クララオンライン）での勤務後、一橋大学イノベーション研究センター、政策研究大学院大学、パリ社会科学高等研究院（CEAFJP/EHESS）、一橋大学大学院経済学研究科を経て、現在神戸大学経営学研究科准教授。主な研究テーマは、定性・定量分析を組み合わせたイノベーションプロセスの解析。一橋大学、早稲田大学、学習院大学、立正大学、日本経済新聞社およびトヨタ自動車株式会社等でデータサイエンス講義・講演等を実施。
　主要著作：『Pythonによる経済・経営分析のためのデータサイエンス』東京図書、2021年。『Drug Discovery in Japan』Springer, 2019年。
　執筆分担：*第3章*

**神吉正三**（かんき・しょうぞう）
　龍谷大学法学部教授
　同志社大学法学部を卒業後、都市銀行に勤務。うち約10年、企業調査部門に所属して業界調査・企業調査業務に従事し、約200社を調査。主な担当業種は、鉄鋼・機械・電気機器（半導体・電子部品を含む）・輸送用機器・精密機器など。銀行員の傍ら、社会人向け夜間大学院に通学し、筑波大学経営・政策科学研究科企業科学専攻了。博士（法学）。その後、流通経済大学法学部専任講師に転じて2004年に助教授昇任。2007年に龍谷大学法学部教授に転じて現在に至る。専門は、商法・金融法。
　主要著作：『金融機関役員の融資決裁責任』酒井書店、2005年。『融資判断における銀行取締役の責任』中央経済社、2011年。『金融法と現在と未来』成文堂、2020年。「協同組織金融機関の『地区』に関する考察」（http://www.rieti.go.jp/publications/summary/06060001.html）
　執筆分担：第4章、第14章

**伊達浩憲**（だて・ひろのり）
　龍谷大学経済学部教授
　一橋大学大学院経済研究科博士課程単位取得満期退学。一橋大学経済学修士。龍谷大学経済学部講師、助教授を経て、2007年より現職。1998〜1999年にカリフォルニア大学バークレー校労使関係研究所客員研究員、1999〜2000年にコロンボ大学大学院客員教授。専門は日本経済論。
　主要著作：『自動車産業と生産システム』（編著）晃洋書房、2006年。『森里川湖のくらしと環境──琵琶湖水域圏から観る里山学の展望』（編著）晃洋書房、2020年。
　執筆分担：第9章、第11章、*第13章*

**編者紹介**

**辻田素子**（つじた・もとこ）
龍谷大学経済学部教授
一橋大学大学院商学研究科博士課程単位取得満期退学。京都大学文学修士。ロンドン大学経済学修士（M.Sc.）。静岡産業大学経営学部講師を経て、2006 ～ 2014年龍谷大学経済学部准教授（2007年までは助教授）、2014年より現職。専門は中小企業論、地域経済論。
主要著作：『飛躍する中小企業都市——「岡谷モデル」の模索』（編著）、新評論、2001年。『コミュニティー・キャピタル——中国温州企業家ネットワークの繁栄と限界』（共著）、有斐閣、2016年（2017年度 日本ベンチャー学会清成忠男賞書籍部門受賞、2016年度中小企業研究奨励賞経済部門本賞）。『コミュニティー・キャピタル論——近江商人、温州企業、トヨタ、長期繁栄の秘密』（共著）、光文社、2017年。

**長寿ファミリー企業のアントレプレナーシップと地域社会**
──時代を超える京都ブランド──　　　　　　　　　（検印廃止）

2023年2月28日　初版第1刷発行

| | | |
|---|---|---|
| 編　者 | 辻　田　素　子 | |
| 発行者 | 武　市　一　幸 | |
| 発行所 | 株式会社　新　評　論 | |

〒169 - 0051
東京都新宿区西早稲田3 - 16 - 28

電話　03（3202）7 3 9 1
振替・00160-1-113487

定価はカバーに表示してあります。
落丁・乱丁本はお取り替えします。

印刷　フォレスト
製本　松　岳　社
装幀　山　田　英　春

©辻田素子ほか　2023年

Printed in Japan
ISBN978-4-7948-1232-2

松岡憲司 編著

# 人口減少化における　　地域経済の再生

京都・滋賀・徳島に見る取り組み

【龍谷大学社会科学研究所叢書 第109巻】
劇的かつ深刻な環境変化の下、地域経済の新たなモデルはいかにして構築しうるか。近畿・四国3県の取組にその可能性を探る。

Ａ５上製　２４０頁

3080円　ISBN978-4-7948-1032-8

松岡憲司 編

# 地域産業とネットワーク

京都府北部を中心として

【龍谷大学社会科学研究所叢書 第85巻】
伝統産業にも及ぶグローバル化―情報通信網から人的交流まで、「ネットワーク」を軸に地域産業を考察。

Ａ５上製　２８０頁

3080円　ISBN978-4-7948-0832-5

北野裕子

# 生き続ける300年の　　織りモノづくり

京都府北部・丹後ちりめん業の歩みから
吉宗の時代から連綿と続く丹後の縮緬産業。その独特の歩みに、縮小・成熟社会における「モノづくり」のヒントを読みとる。

Ａ５上製　２４４頁

4400円　ISBN978-4-7948-0953-7

＊表示価格はすべて税込価格です。

**新評論　好評既刊　日本の地域産業を考える本**

松岡憲司 編著

## 京都からみた、
## 日本の老舗、世界の老舗

伝統産業にも及ぶグローバル化—情報通
信網から人的交流まで、「ネットワーク」
を軸に地域産業を考察。

A 5上製　286頁

3080 円　ISBN978-4-7948-1119-6

松岡憲司 編著

## 事業承継と
## 　　地域産業の発展

京都老舗企業の伝統と革新

【龍谷大学社会科学研究所叢書 第 98巻】
「老舗」の革新性と危機対応力に、後継
者問題の解決の方途を学ぶ。

A 5上製　232頁

3080 円　ISBN978-4-7948-0935-3

＊表示価格はすべて税込価格です。